"十三五"全国高等院校民航服务专业规划教材

航空物流

主　编◎王益友
主　审◎朱益民　李九鹏
副主审◎许　进

Aviation Logistics

清华大学出版社
北京

内 容 简 介

本书是一本全方位、全景式地介绍航空物流整个过程的教材，其中包括航空运输基础知识、航空货运站概况、航空货物运输出口操作实务、舱位控制、货物配载、货物载重平衡、货物中转与查询、货物安全检查、货物装载、航空货物进口处理方法、航空货物运输相关法律知识。作为航空物流专业知识的延伸，本书特地增加了国际多式联运及海关报关实务的相关内容。

本书适用于以下四类人员：航空类专业本科、专科、高职、高专类学校的学生；航海、铁路、水运、公路运输类本科、专科、高职、高专类学校的学生；航空公司相关从业人员；国际、国内货运代理公司、物流公司和快递公司从业人员。

本书封面贴有清华大学出版社防伪标签，无标签者不得销售。
版权所有，侵权必究。举报：010-62782989，beiqinquan@tup.tsinghua.edu.cn。

航空物流/王益友主编．—北京：清华大学出版社，2015（2022.1重印）
"十三五"全国高等院校航空专业规划教材
ISBN 978-7-302-40643-3

Ⅰ.①航… Ⅱ.①王… Ⅲ.①航空运输-货物运输-物流-物资管理-高等学校-教材 Ⅳ.①F560.84

中国版本图书馆 CIP 数据核字（2015）第 153195 号

责任编辑：刘淑丽
封面设计：刘　超
版式设计：魏　远
责任校对：马军令
责任印制：宋　林

出版发行：清华大学出版社
网　　址：http://www.tup.com.cn，http://www.wqbook.com
地　　址：北京清华大学学研大厦A座　　　　邮　编：100084
社 总 机：010-62770175　　　　邮　购：010-62786544
投稿与读者服务：010-62776969，c-service@tup.tsinghua.edu.cn
质 量 反 馈：010-62772015，zhiliang@tup.tsinghua.edu.cn

印 装 者：保定市中画美凯印刷有限公司
经　　销：全国新华书店
开　　本：185mm×260mm　　　印　张：14.75　　　字　数：365 千字
版　　次：2015 年 9 月第 1 版　　　　　　　印　次：2022 年 1 月第 6 次印刷
定　　价：42.00 元

产品编号：059873-02

"十三五"全国高等院校民航服务专业规划教材丛书主编及专家指导委员会

丛 书 总 主 编　　刘永（北京中航未来科技集团有限公司董事长兼总裁）
丛 书 副 总 主 编　　马晓伟（北京中航未来科技集团有限公司常务副总裁）
丛 书 副 总 主 编　　郑大地（北京中航未来科技集团有限公司教学副总裁）
丛 书 总 主 审　　朱益民（原海南航空公司总裁、原中国货运航空公司总裁、原上海航空公司总裁）
丛 书 英 语 总 主 审　　王朔（美国雪城大学、纽约市立大学巴鲁克学院双硕士）
丛 书 总 顾 问　　沈泽江（原中国民用航空华东管理局局长）
丛 书 总 执 行 主 编　　王益友［江苏民航职业技术学院（筹）院长、教授］
丛 书 艺 术 总 顾 问　　万峻池（美术评论家、著名美术品收藏家）
丛书总航空法律顾问　　程颖（荷兰莱顿大学国际法研究生、全国高职高专"十二五"规划教材《航空法规》主审、中国东方航空股份有限公司法律顾问）

丛书专家指导委员会主任

　　　　　　　　关云飞（长沙航空职业技术学院教授）
　　　　　　　　张树生（国务院津贴获得者，山东交通学院教授）
　　　　　　　　刘岩松（沈阳航空航天大学教授）
　　　　　　　　宋兆宽（河北传媒学院教授）
　　　　　　　　姚宝（上海外国语大学教授）
　　　　　　　　李剑峰（山东大学教授）
　　　　　　　　孙福万（国家开放大学教授）
　　　　　　　　张威（沈阳师范大学教授）
　　　　　　　　成积春（曲阜师范大学教授）

"十三五"全国高等院校民航服务专业规划教材编委会

主　任　　高宏（沈阳航空航天大学教授）　　　　杨静（中原工学院教授）
　　　　　　李勤（南昌航空大学教授）　　　　　　李广春（郑州航空工业管理学院教授）
　　　　　　安萍（沈阳师范大学）　　　　　　　　彭圣文（长沙航空职业技术学院）

副主任　　陈文华（上海民航职业技术学院）　　　郑越（长沙航空职业技术学院）
　　　　　　郑大莉（中原工学院信息商务学院）　　徐爱梅（山东大学）
　　　　　　黄敏（南昌航空大学）　　　　　　　　兰琳（长沙航空职业技术学院）
　　　　　　韩黎［江苏民航职业技术学院（筹）］　曹娅丽（南京旅游职业学院）
　　　　　　胡明良（江南影视艺术职业学院）　　　李楠楠（江南影视艺术职业学院）
　　　　　　王昌沛（曲阜师范大学）　　　　　　　何蔓莉（湖南艺术职业学院）
　　　　　　孙东海（江苏新东方艺先锋传媒学校）

委　员（排名不分先后）
　　　　　　于海亮（沈阳师范大学）　　　　　　　王玉娟（南昌航空大学）
　　　　　　王丽蓉（南昌航空大学）　　　　　　　王建惠（陕西职业技术学院）
　　　　　　王莹（沈阳师范大学）　　　　　　　　王晶（沈阳航空航天大学）
　　　　　　王姝（北京外航服务公司）　　　　　　车树国（沈阳师范大学）
　　　　　　邓丽君（西安航空职业技术学院）　　　石慧（南昌航空大学）
　　　　　　龙美华（岳阳市湘北女子职业学校）　　田宇（沈阳航空航天大学）
　　　　　　付砚然（湖北襄阳汽车职业技术学院，原海南航空公司乘务员）
　　　　　　朱茫茫（潍坊职业学院）　　　　　　　刘超（华侨大学）
　　　　　　刘洋（濮阳工学院）　　　　　　　　　刘舒（江西青年职业学院）
　　　　　　许赟（南京旅游职业学院）　　　　　　吴立杰（沈阳航空航天大学）
　　　　　　杨志慧（长沙航空职业技术学院）　　　杨莲（马鞍山职业技术学院）
　　　　　　李长亮（张家界航空工业职业技术学院）李芙蓉（长沙航空职业技术学院）
　　　　　　李雯艳（沈阳师范大学）　　　　　　　李姝（沈阳师范大学）
　　　　　　李仟（天津中德应用技术大学，原中国南方航空公司乘务员）
　　　　　　李霏雨（原中国国际航空公司乘务员）　狄娟（上海民航职业技术学院）
　　　　　　邹昊（南昌航空大学）　　　　　　　　邹莎（湖南信息学院）
　　　　　　宋晓宇（湖南艺术职业学院）　　　　　张驰（沈阳航空航天大学）
　　　　　　张进（三峡旅游职业技术学院）　　　　张利（北京中航未来科技集团有限公司）
　　　　　　张琳（北京中航未来科技集团有限公司）张程垚（湖南民族职业学院）
　　　　　　张媛媛（山东信息职业学院）　　　　　陈卓（长沙航空职业技术学院）
　　　　　　陈垣华（上海民航职业技术学院）　　　金恒（西安航空职业技术学院）
　　　　　　周佳楠（上海应用技术大学）　　　　　周茗慧（山东外事翻译职业学院）
　　　　　　郑菲菲（南京旅游职业学院）　　　　　赵红倩（上饶职业技术学院）
　　　　　　胥佳明（大连海事大学）　　　　　　　胡妮（南昌航空大学）
　　　　　　柳武（湖南流通创软科技有限公司）　　钟科（长沙航空职业技术学院）
　　　　　　柴郁（江西航空职业技术学院）　　　　倪欣雨（斯里兰卡航空公司空中翻译，原印度尼西亚鹰航乘务员）
　　　　　　唐珉（桂林航天工业学院）　　　　　　高熔（原沈阳航空航天大学继续教育学院）
　　　　　　高青（山西旅游职业学院）　　　　　　高琳（济宁职业技术学院）
　　　　　　郭雅萌（江西青年职业学院）　　　　　黄春新（沈阳航空航天大学）
　　　　　　黄晨（天津交通职业学院）　　　　　　黄婵芸（原中国东方航空公司乘务员）
　　　　　　黄紫葳（抚州职业技术学院）　　　　　曹璐璐（中原工学院）
　　　　　　崔祥建（沈阳航空航天大学）　　　　　崔媛（张家界航空工业职业技术学院）
　　　　　　梁向兵（上海民航职业技术学院）　　　梁燕（郴州技师学院）
　　　　　　彭志雄（湖南艺术职业学院）　　　　　蒋焕新（长沙航空职业技术学院）
　　　　　　操小霞（重庆财经职业学院）

本书编委会

主　编：王益友

主　审：朱益民　李九鹏

副主审：许　进

编委会委员：（按姓氏笔画排序）

王　越　王益友　方洪仙　朱益民　刘骊赟　汤晓斌

许　进　孙月红　李九鹏　李　杰　吴　卫　吴逸翔

宋　军　严　懿　张筱菱　张颖俐　陈　冕　陈颖桦

周培莉　赵　伟　郁敏敏　黄良仲　韩曙源　程立鸿

蔡　蔚　臧忠福

出 版 说 明

随着经济的稳步发展，我国已经进入经济新常态的阶段，特别是十九大指出：中国社会主要矛盾已经转化为人民日益增长的美好生活需要和不平衡不充分的发展之间的矛盾，这客观上要求社会服务系统要完善升级。作为公共交通运输的主要组成部分，民航运输在满足人们对美好生活追求和促进国民经济发展中扮演着重要的角色，具有广阔的发展空间。特别是"十三五"期间，国家高度重视民航业的发展，将民航业作为推动我国经济社会发展的重要战略产业，预示着我国民航业将会有更好、更快的发展。从国产化飞机 C919 的试飞，到宽体飞机规划的出台，以及民航发展战略的实施，标志着我国民航业已经步入崭新的发展阶段，这一阶段的特点是以人才为核心，而这一发展模式必将进一步对民航人才质量提出更高的要求。面对民航业发展对人才培养提出的挑战，培养服务于民航业发展的高质量人才，不仅需要转变人才培养观念，创新教育模式，更需要加强人才培养过程中基本环节的建设，而教材建设就是其首要的任务。

我国民航服务专业的学历教育经过 18 年的探索与发展，其办学水平、办学结构、办学规模、办学条件和师资队伍等方面都发生了巨大的变化，专业建设水平稳步提高，适应民航发展的人才培养体系初步形成。但我们应该清醒地看到，目前我国民航服务类专业的人才培养仍存在着诸多问题，特别是专业人才培养质量仍不能适应民航发展对人才的需求，人才培养的规模与高质量人才短缺的矛盾仍很突出。而目前相关专业教材的开发还处于探索阶段，缺乏系统性与规范性。已出版的民航服务类专业教材，在吸收民航服务类专业研究成果方面做出了有益的尝试，涌现出不同层次的系列教材，推动了民航服务的专业建设与人才培养，但从总体来看，民航服务类教材的建设仍落后于民航业对专业人才培养的实践要求，教材建设已成为相关人才培养的瓶颈。这就需要以引领和服务专业发展为宗旨，系统总结民航服务实践经验与教学研究成果，开发全面反映民航服务职业特点、符合人才培养规律和满足教学需要的系统性专业教材，以积极、有效地推进民航服务专业人才的培养工作。

基于上述思考，编委会经过两年多的实际调研与反复论证，在广泛征询民航业内专家的意见与建议，总结我国民航服务类专业教育的研究成果后，结合我国民航服务业的发展趋势，致力于编写出一套系统的、具有一定权威性和实用性的民航服务类系列教材，为推进我国民航服务人才的培养尽微薄之力。

本系列教材由沈阳航空航天大学、南昌航空大学、郑州航空工业管理学院、上海民航职业技术学院、长沙航空职业技术学院、西安航空职业技术学院、中原工学院、上海外国语大学、山东大学、大连外国语大学、沈阳师范大学、曲阜师范大学、湖南艺术职业学院、陕西师范大学、兰州大学、云南大学、四川大学、湖南民族职业学院、江西青年职业学院、天津交通职业学院、潍坊职业学院、南京旅游职业学院等多所高校的众多资深专家和学者共同打造，还邀请了多名原中国东方航空公司、原中国南方航空公司、原中国国际航空公司和原海南航空公司中从事多年乘务工作的乘务长和乘务员参与教材的编写。

目前，我国民航服务类的专业教育呈现着多元化、多层次的办学格局，各类学校的办学模式也呈现出个性化的特点，在人才培养体系、课程设置以及课程内容等方面，各学校之间存在着一定的差异，对教材也有不同的需求。为了能够更好地满足不同办学层次、教学模式对教材的需要，本套教材主要突出以下特点。

第一，兼顾本、专科不同培养层次的教学需要。鉴于近些年我国本科层次民航服务专业办学规模的不断扩大，在教材需求方面显得十分迫切，同时，专科层面的办学已经到了规模化的阶段，完善与更新教材体系和内容迫在眉睫，本套教材充分考虑了各类办学层次的需要，本着"求同存异、个性单列、内容升级"的原则，通过教材体系的科学架构和教材内容的层次化，以达到兼顾民航服务类本、专科不同层次教学之需要。

第二，将最新实践经验和专业研究成果融入教材。服务类人才培养是系统性问题，具有很强的内在规定性，民航服务的实践经验和专业建设成果是教材的基础，本套教材以丰富理论、培养技能为主，力求夯实服务基础、培养服务职业素质，将实践层面行之有效的经验与民航服务类人才培养规律的研究成果有效融合，以提高教材对人才培养的有效性。

第三，落实素质教育理念，注重服务人才培养。习近平总书记在党的十九大报告中强调，"要全面贯彻党的教育方针，落实立德树人根本任务，发展素质教育，推进教育公平，培养德智体美全面发展的社会主义建设者和接班人"，人才以德为先，以社会主义价值观铸就人的灵魂，才能使人才担当重任，也是高校人才培养的基本任务。教育实践表明，素质是人才培养的基础，也是人才职业发展的基石，人才的能力与技能以精神与灵魂为附着，但在传统的民航服务教材体系中，包含素质教育板块的教材较为少见。根据党的教育方针，本套教材的编写考虑到素质教育与专业能力培养的关系，以及素质对职业生涯的潜在影响，首次在我国民航服务专业教学中提出专业教育与人文素质并重，素质决定能力的培养理念，以独特的视野精心打造素质教育教材板块，使教材体系更加系统，强化了教材特色。

第四，必要的服务理论与专业能力培养并重。调研分析表明，忽视服务理论与人文素质所培养出的人才很难有宽阔的职业胸怀与职业精神，其未来的职业生涯发展就会乏力。因此，教材不应仅是对单纯技能的阐述与训练指导，更应该是不淡化专业能力培养的同时，强化行业知识、职业情感、服务机理、职业道德等关系到职业发展潜力的要素的培养，以期培养出高层次和高质量的民航服务人才。

第五，架构适合未来发展需要的课程体系与内容。民航服务具有很强的国际化特点，而我国民航服务的思想、模式与方法也正处于不断创新的阶段，紧紧把握未来民航服务的发展趋势，提出面向未来的解决问题的方案，是本套教材的基本出发点和应该承担的责任。我们力图将未来民航服务的发展趋势、服务思想、服务模式创新、服务理论体系以及服务管理等内容进行重新架构，以期能对我国民航服务人才培养，乃至整个民航服务业的发展起到引领作用。

第六，扩大教材的种类，使教材的选择更加宽泛。鉴于我国目前尚缺乏民航服务专业更高层次办学模式的规范，各学校的人才培养方案各具特点，差异明显，为了使教材更适合于办学的需要，本套教材打破了传统教材的格局，通过课程分割、内容优化和课外外延化等方式，增加了教材体系的课程覆盖面，使不同办学层次、关联专业，可以通过教材合理组合获得完整的专业教材选择机会。

本套教材规划出版品种大约为四十种，分为：① 人文素养类教材，包括《大学语文》《应用文写作》《艺术素养》《跨文化沟通》《民航职业修养》《中国传统文化》等。② 语言类教材，包括《民航客舱服务英语教程》《民航客舱实用英语口语教程》《民航实用英语听力教程》《民航播音训练》《机上广播英语》《民航服务沟通技巧》等。③专业类教材，包括《民航概论》《民航服务概论》《中国民航常飞客源国概况》《民航危险品运输》《客舱安全管理与应急处置》《民航安全检查技术》《民航服务心理学》《航空运输地理》《民航服务法律实务与案例教程》等。④职业形象类教材，包括《空乘人员形体与仪态》《空乘人员职业形象设计与化妆》《民航体能训练》等。⑤专业特色类教材，包括《民航服务手语训练》《空乘服务专业导论》《空乘人员求职应聘面试指南》《民航面试英语教程》等。

为了开发职业能力，编者联合有关VR开发公司开发了一些与教材配套的手机移动端VR互动资源，学生可以利用这些资源体验真实场景。

本套教材是迄今为止民航服务类专业较为完整的教材系列之一，希望能借此为我国民航服务人才的培养，乃至我国民航服务水平的提高贡献力量。民航发展方兴未艾，民航教育任重道远，为民航服务事业发展培养高质量的人才是各类人才培养部门的共同责任，相信集民航教育的业内学者、专家之共同智慧，凝聚有识之士心血的这套教材的出版，对加速我国民航服务专业建设、完善人才培养模式、优化课程体系、丰富教学内容，以及加强师资队伍建设能起到一定的推动作用。在教材使用的过程中，我们真诚地希望听到业内专家、学者批评的声音，收到广大师生的反馈意见，以利于进一步提高教材的水平。

丛 书 序

《礼记·学记》曰:"古之王者,建国君民,教学为先。"教育是兴国安邦之本,决定着人类的今天,也决定着人类的未来,企业发展也大同小异,重视人才是企业的成功之道,别无二选。航空经济是现代经济发展的新趋势,是当今世界经济发展的新引擎,民航是经济全球化的主流形态和主导模式,是区域经济发展和产业升级的驱动力。作为发展中的中国民航业,有巨大的发展潜力,其民航发展战略的实施必将成为我国未来经济发展的增长点。

"十三五"期间正值实现我国民航强国战略构想的关键时期,"一带一路"倡议方兴未艾,"空中丝路"越来越宽阔。面对高速发展的民航运输,需要推动持续的创新与变革;同时,基于民航运输的安全性和规范性的特点,其对人才有着近乎苛刻的要求,只有人才培养先行,夯实人才基础,才能抓住国家战略转型与产业升级的巨大机遇,实现民航运输发展的战略目标。经过多年民航服务人才发展的积累,我国建立了较为完善的民航服务人才培养体系,培养了大量服务民航发展的各类人才,保证了我国民航运输业的高速持续发展。与此同时,我国民航人才培养正面临新的挑战,既要通过教育创新,提升人才品质,又需要在人才培养过程中精细化,把人才培养目标落实到人才培养的过程中,而教材作为专业人才培养的基础,需要先行,从而发挥引领作用。教材建设发挥的作用并不局限于专业教育本身,其对行业发展的引领,专业人才的培养方向,人才素质、知识、能力结构的塑造以及职业发展潜力的培养具有不可替代的作用。

我国民航运输发展的实践表明,人才培养决定着民航发展的水平,而民航人才的培养需要社会各方面的共同努力。我们惊喜地看到,清华大学出版社秉承"自强不息,厚德载物"的人文精神,发挥强势的品牌优势,投身到民航服务专业系列教材的开发行列,改变了民航服务教材研发的格局,体现了其对社会责任的担当。

本套教材体系组织严谨,精心策划,高屋建瓴,深入浅出,具有突出的特色。第一,从民航服务人才培养的全局出发,关注了民航服务产业的未来发展趋势,架构了以培养目标为导向的教材体系与内容结构,比较全面地反映了服务人才培养趋势,具有良好的统领性;第二,很好地回归了教材的本质——适用性,体现在每本教材均有独特的视角和编写立意,既有高度的提升、理论的升华,也注重教育要素在课程体系中的细化,具有较强的可用性;第三,引入了职业素质教育的理念,补齐了服务人才素质教育缺少教材的短板,可谓是对传统服务人才培养理念的一次冲击;第四,教材编写人员参与面非常广泛。这反映出本套教材充分体现了当今民航服务专业教育的教学成果和编写者的思考,形成了相互交流的良性机制,势必对全国民航服务类专业的发展起到推动作用。

教材建设是专业人才培养的基础,与其服务的行业的发展交互作用,共同实现人才培养—社会检验的良性循环是助推民航服务人才的动力。希望这套教材能够在民航服务类专业人才培养的实践中,发挥更广泛的积极作用。相信通过不断总结与完善,这套教材一定会成为具有自身特色的、适应我国民航业发展要求的,以及深受读者喜欢的规范教材。

此为序。

原海南航空公司总裁、原中国货运航空公司总裁、原上海航空公司总裁
朱益民
2017 年 9 月

前　言

世界著名航空经济专家、美国北卡罗来纳大学教授约翰·卡萨达，是"航空经济区"理论和"航空大都市模型"理论的创立者，他提出"交通运输业的进步是促进世界经济发展第五冲击波"的观点，也就是著名的"第五冲击波"理论（第一、二、三、四冲击波分别由海洋、运河、铁路、公路运输引起）。随着世界经济全球化时代的到来，世界经济大发展进入了由航空运输引起的"第五冲击波"时代。

据预测，在不久的将来，中国经济很有可能成为世界第一大经济体，但据 2011 年底统计资料表明，我国共有 11 家货运航空公司，其货运飞机总数只有 87 架，而美国联邦快递公司一家就有货机 610 架。由此可见，中国货运航空市场的发展空间是非常大的。

2014 年国务院召开会议，专门研究我国物流业的发展规划，物流业已成为我国非制造业的一个新的经济增长点。面对这样一个潜力巨大的朝阳产业和就业市场，国内很多本科、高职、高专院校纷纷开设物流专业。然而和海洋运输、铁路运输、公路运输等学科的专业教材相比，我国目前还没有一本系统的、全方位的、理论联系实践操作的航空物流教材。因此，我们组织有关企业和学校的专家、教授编写了此书，填补了这一空白。

本书是一本具有全面、专业、权威、务实特点的航空物流教材。参加本书编写的专家、教授都具有在该业务领域长期工作、研究及教学的经验。本书适用于：航空类专业本科、高职、高专类学校的学生；航海、铁路、水运、公路运输类本科、高职、高专类学校的学生；航空公司相关从业人员；国际、国内货运代理公司、物流公司和快递公司从业人员。

本书是根据教育部校企合作编写教材的要求编撰而成，是一次理论联系实际的尝试。我们由衷地希望本领域的专家、学者和读者提出宝贵意见，以便再版时予以改进。

编者

2015 年 3 月

CONTENTS 目录

第一章 航空基础知识 ... 1
第一节 国际组织和国际公约 ... 2
第二节 航空运输业务知识 ... 5
第三节 航空运输相关知识 ... 8
思考题 ... 11

第二章 航空货运站 ... 13
第一节 航空货运站概述 ... 14
第二节 航空货运站设计、功能分区、设施设备及服务内容 ... 18
思考题 ... 28

第三章 航空货运操作实务 ... 29
第一节 航空货运单 ... 30
第二节 运价和运费 ... 36
第三节 特种货物运输 ... 38
第四节 邮件的运输 ... 47
思考题 ... 48

第四章 航空货物安全检查 ... 49
第一节 航空货物的安全检查程序和范围 ... 50
第二节 非一般货物的安全检查 ... 58
思考题 ... 61

第五章 航空货物运输舱位控制 ... 63
第一节 基本概念 ... 64

第二节　舱位控制与使用 ………………………………………………… 65
　　第三节　舱位控制与货物预订通知单 …………………………………… 67
　　思考题 ………………………………………………………………………… 68

第六章　航空货物装载 …………………………………………………………… 69

　　第一节　影响并决定航空货物装载的因素 …………………………………… 70
　　第二节　集装货物组装 ………………………………………………………… 78
　　第三节　货物垫板和系留固定 ………………………………………………… 85
　　思考题 …………………………………………………………………………… 94

第七章　航空货物配载原理与操作 …………………………………………… 97

　　第一节　配载概述 ……………………………………………………………… 98
　　第二节　构思配载计划 ……………………………………………………… 100
　　第三节　配载 ………………………………………………………………… 116
　　第四节　信息录入与资料处理 ……………………………………………… 118
　　第五节　航班报告的制作 …………………………………………………… 121
　　第六节　关闭航班 …………………………………………………………… 123
　　第七节　特种货物、中转货与邮件的配载 ………………………………… 123
　　第八节　电报拍发、分批货物与拉货操作 ………………………………… 131
　　思考题 ………………………………………………………………………… 132

第八章　航空货物载重平衡 …………………………………………………… 135

　　第一节　力学理论基础 ……………………………………………………… 136
　　第二节　平衡系统理论基础 ………………………………………………… 137
　　第三节　飞机的重量定义及重量限制 ……………………………………… 139
　　第四节　飞机的载重平衡表 ………………………………………………… 144
　　第五节　载重平衡实际操作 ………………………………………………… 145
　　第六节　常见装载不平衡事故介绍 ………………………………………… 159
　　思考题 ………………………………………………………………………… 160

第九章　航空货物中转与查询 ………………………………………………… 161

　　第一节　航空运输中转 ……………………………………………………… 162
　　第二节　航空货物运输查询 ………………………………………………… 171
　　思考题 ………………………………………………………………………… 176

第十章 航空货物进港操作 ········ 177

- 第一节 航空国际货物进港到达 ········ 178
- 第二节 国际货物的提取和交付 ········ 180
- 第三节 无法交付货物 ········ 184
- 思考题 ········ 185

第十一章 索赔和理赔 ········ 187

- 第一节 法律依据 ········ 188
- 第二节 责任 ········ 189
- 第三节 索赔、理赔流程 ········ 191
- 思考题 ········ 196

第十二章 国际多式联运及海关报关实务 ········ 197

- 第一节 国际多式联运 ········ 198
- 第二节 海关报关实务 ········ 200
- 思考题 ········ 202

参考文献 ········ 203

参考答案 ········ 205

第一章

航空基础知识

通过本章的学习，您将了解以下知识点。
1. 国际组织和国际公约；
2. 航空运输业务知识；
3. 航空运输相关知识。

建议课程教学安排 4 学时。

近年来，随着航空公司对于发展战略的调整，航空运输市场的格局正在发生重大的变化，航空货运的总体地位大幅度提升。货运市场的强劲增长刺激了货运从业人员队伍的迅速膨胀，对货运知识的理论研究与学术交流也进入前所未有的发展时代。

第一节　国际组织和国际公约

一、《芝加哥公约》

1783 年，法国蒙特戈费兄弟制造的可用于运载的热气球升空。第二年，巴黎市政当局发布了一条治安法令，该法令规定"未经批准，不得放飞"。这大概是人类历史上第一个航空法令。

1785 年，蒙特戈费式热气球由人驾驶，飞跃了英吉利海峡。1855 年，出现了第一个重于空气的非机动飞行器——滑翔机。

1903 年，美国的莱特兄弟，在北卡罗来纳州的基蒂霍克试验成功一种机动的重于空气的飞行器械——现代飞机的雏形。而在此之前，1902 年在国际法学会的布鲁塞尔年会上，法国著名法学家福希尔就提出了人类第一部航空法典的建议草案——《浮空器的法律制度》。

航空法的国际性源自人类航空活动天然的国际性，航空活动的中间是空气空间，而围绕地球的空气空间是一个立体存在，并无有形的边界可言，这与海运、铁路或公路不同。航空的特殊性质，决定了航空法的国际性。如果不用国际统一的法律规则，而是用各国千差万别的国内法，航空活动势必寸步难行，进而干扰和阻碍航空活动的发展。

第一次世界大战时，人类第一次使用飞行器参与战争，其造成的重大伤亡结果，也使得在战后对航空领域进行国际协作和规范的重要性变得不言而喻。战后的巴黎和会上，顺利地制定了第一个国际航空法典——《航空管理公约》（通称 1919 年巴黎公约）。该公约第一条规定，各国对其领土之上的空气空间具有完全的和排他的主权，这一规定为国际航空法奠定了基石，至今仍然如此。

第二次世界大战把人类的航空科学与技术推向一个更高的新阶段。为规范战后必然会有大跨步发展的国际民用航空事业，1944 年召开芝加哥会议，除德、意、日等"轴心国"没有资格派代表出席，苏联因不满某些中立国没有派代表出席之外，实际与会国有 52 个。这是航空法发展史上规模空前且影响最为深远的盛会，主要成就是制定了被称做国际民航宪章的《芝加哥公约》，取代了 1919 年巴黎公约和 1928 年哈瓦那公约，并废止一切与该公约相抵触的协议。因此，《芝加哥公约》是现行国际航空法的基础文件，全称《国际民用航空公约》，于 1944 年 12 月 7 日在美国芝加哥签订，1947 年 4 月 4 日起生效，是当前国际上最被广泛接受的国际公约之一。我国是《芝加哥公约》的缔约国，于 1974 年 2 月 15 日通知国际民航组织，承认《芝加哥公约》，并参加该组织的活动。

《芝加哥公约》对国际民航领域的基本问题作了规定。除序言外，分为空中航行、国际民用航空组织、国际航空运输和最后条款四部分，以及有关国际标准和检疫措施的十八个附件。公约规定：公约仅适用于民用航空器，不适用于供军事、海关和警察部门使用的国家航空器；确认领空主权原则，取消 1919 年巴黎公约中给予缔约国航空器有在其领土上空无害通过的自由，以更有利于保卫本国领空；航空器必须具有其登记国的国籍，航空器在哪个国家登记就有哪个国的国籍；航空器只能取得一个国家的国籍；各国由于军事需要和公共安全的理由，可以设置空中禁区等。

《芝加哥公约》规定了五种空中自由权，包括：

（1）不降停而飞越其领土的权利。

（2）非商业性降停的权利，即只作技术性降停，如增加燃油、检修飞机等，而不上下旅客、货物、邮件的权利。

（3）卸下来自航空器国籍国领土的旅客、货物、邮件的权利。

（4）装上前往航空器国籍国领土的旅客、货物、邮件的权利。

（5）装卸前往或来自任何其他缔约国领土的旅客、货物、邮件的权利。

其中，五种空中自由权的第三种、第四种自由权是两国通航的最基本原则，第五种自由权需经双方政府谈判并达成协议。

第五种自由权可以细分为三种：一是始发地前一站第五种自由，即飞入授权国领土并在该国领土卸下或装载前往约定航线上位于承运人所属国前一站的第三国的旅客、货物、邮件的权利；二是中间降停地第五种自由，即飞入授权国领土并在该国领土内卸下或装载约定航线上位于承运人所属国以远地第三国的旅客、货物、邮件的权利；三是延伸地（或以远地）第五种自由，即飞入授权国领土并在该国领土卸下或装载约定航线上位于承运人所属国以远地第三国的旅客、货物、邮件的权利。

二、《华沙公约》

传统的国际法指"国际公法"，即协调国家之间的法律规范。一方面，航空法中，1919 年的巴黎《航空管理公约》和取代它的现行 1944 年芝加哥《国际民用航空公约》就是为解决航空中遇到的公法问题而缔结的。另一方面，在私法领域，不论是财产权利、合同法还是侵权行为法，各国间的法律规则的差别与冲突如丛生的荆棘，采取统一的原则和规则是国际航空运输的必要前提条件。

1929 年 9 月，在华沙召开第二次航空私法国际会议，在航空法专家国际技术委员会提供的草案的基础上，经过反复讨论，制定了至今仍在有效运转的《统一国际航空运输某些规则的公约》（通称《华沙公约》）。这个公约名称虽称做"某些规则"，实际上却相当完备地规定了航空运输凭证和航空承运人责任的一整套国际统一规则。即使在整个国际私法领域，它也堪称统一规则的成功之作。

在航空运输凭证规定中，《华沙公约》规定了运输凭证的法定形式、法定内容、法定效力和对违反规定的承运人实施的法律制裁，并体现了航空运输以合同为准则的基本原则。在航空承运人损害赔偿责任规则中，《华沙公约》规定了承运人承担损害赔偿责任的范围、一般原则、损害赔偿责任、消费者索赔期限与诉讼期限、损害赔偿责任正义、司法管辖与程序，以及仲裁等事宜。

半个多世纪过去了，《华沙公约》的统一规则今天依然通行于世界。这个公约是在人类航空活动的幼年时期拟定的。当时的飞机还不能飞跨北大西洋，即使在航空最发达的欧洲，也只限于各国首都之间。之后，《华沙公约》经历了第一次世界大战，随着国家与边界的变幻更迭，联盟和意识形态的分裂与更迭，该公约经数次补充与修订，并引起许多矛盾和潜在的危机。但是，今天它仍保持着生命力，究其原因，除了归功于当初参与制定它的欧洲法律专家们的智慧、创造力与精心缜密的设计外，基本上也能够达成这样的共识：《华沙公约》是国际私法领域制定国际统一规则的成功范例。

三、国际民用航空组织

国际民用航空组织（International Civil Aviation Organization，ICAO）是《芝加哥公约》的产物，是协调各国有关民航经济和法律义务并制定各种民航技术标准和航行规则的政府间的国际组织。第二次世界大战后，为解决民用航空发展中的国际航空运输业务权等国际性问题，1944 年 11 月至 12 月 7 日在芝加哥召开了由 52 国参加的国际民用航空会议，签订了《国际民用航空公约》，简称《芝加哥公约》。1947 年 4 月 4 日，《国际民用航空公约》生效并根据国际民用航空临时协定成立了国际民航组织，同年 5 月成为联合国的一个专门机构。国际民航组织的总部设在加拿大的蒙特利尔。

《芝加哥公约》第 44 条规定，国际民航组织的宗旨和目的是发展国际航行的原则和技术，促进国际航空运输的规划和发展，以：

（1）保证全世界国际民用航空安全地和有秩序地发展。
（2）鼓励为和平用途的航空器的设计和操作技术。
（3）鼓励发展国际民用航空应用的航路、机场和航行设施。
（4）满足世界人民对安全、正常、有效和经济的航空运输的需求。
（5）防止因不合理的竞争而造成经济上的浪费。
（6）保证缔约国各国的权利得到充分尊重，每一个缔约国均有经营国际空运企业的公平的机会。
（7）避免缔约国各国之间的差别待遇。
（8）促进国际航行的飞行安全。
（9）普遍促进国际民用航空在各方面的发展。

四、国际航空运输协会

国际航空运输协会（International Air Transportation Association，IATA）是世界航空运输企业自愿联合组织的非政府性的国际组织。国际航空运输协会虽是各国航空公司之间的行业组织，却具有半官方的地位。它的立法活动如通过的决议，在程序或形式上需经有关国家批准方能生效，一旦生效就成为重要的法律文件。凡国际民航组织成员国的任意经营定期航班的空运企业，经其政府许可都可以成为该协会的成员。经营国际航班的运输企业为正式会员，只经营国内航班的航空运输企业为准会员。该协会在蒙特利尔和瑞士的日内瓦设有总办事处，在日内瓦设有清算所，通过清算所统一结算各会员之间及会员与非会员之间的联运业务账目。

国际航空运输协会的宗旨和目的如下。

（1）为全世界人民的利益，促进安全、正常和经济的航空运输的发展，扶持航空商业并研究与之相关的问题。

（2）为直接或间接从事国际航空运输服务的各航空运输企业提供协作的途径。

（3）与国际民航组织和其他国际组织合作。

该协会的主要活动主要体现在以下五个方面。

（1）运价协调。IATA 协商制定国际航空运输客货运价，国际航空运输协会通过召开运输会议确定运价，经有关国家批准后即可生效。

（2）运输服务。IATA 统一国际航空运输的规章制度，推进国际航空运输各项业务标准化，简化运输手续。

（3）代理人事务。IATA 在 1952 年制定了代理标准协议，为承运人与代理人之间的关系设置了模式，并结算会员在企业间联运业务的账目。

（4）在法律上，IATA 的工作首先是为世界航空的平稳运营而建立文件和程序的标准，如合同；其次是为会员提供民航法律方面的咨询和诉讼服务；再次是在国际航空立法中表达承运人的观点。

（5）在技术上，IATA 的工作主要包括航空电子与电信、工程环境、机场、航行、医学、简化手续和航空保安等工作。

第二节　航空运输业务知识

一、IATA 业务分区及区时计算

（一）IATA 区域及其分区范围

为了便于航空公司之间的合作和业务联系，国际航空运输协会将世界划分为三个业务区，称为"国际航协交通会议区"，其下又可以进行次一级的分区（或次区）。地理性的业务会谈，如运价协调会议等可分区进行。

1. IATA1 区

IATA1 区包括北美洲和南美洲的所有大陆部分及其相邻岛屿，还包括格陵兰岛、百慕大群岛、西印度群岛、加勒比海群岛和夏威夷群岛（包括中途岛和巴尔米拉岛）。

（1）加勒比海分区：

a. 美国（不包括波多黎各和美属维尔京群岛）和巴哈马、百慕大、加勒比海群岛、圭亚那、苏里南、法属圭亚那之间的地区。

b. 加拿大/墨西哥和巴哈马、百慕大、加勒比海群岛（包括波多黎各和美属维尔京群岛）、圭亚那、苏里南、法属圭亚那之间的地区。

c.（I）由巴哈马、百慕大、加勒比海群岛（包括波多黎各和美属维尔京群岛）所构成的区域之内。

（II）（I）中所述区域和圭亚那、苏里南、法属圭亚那之间的地区。

（2）墨西哥分区：加拿大/美国（不包括波多黎各和美属维尔京群岛）和墨西哥之间的地区。

（3）狭长地带分区：

a. 美国、加拿大、墨西哥和中美洲/南美洲之间的地区。

b. 巴哈马、百慕大、加勒比海群岛、圭亚那、苏里南、法属圭亚那和中美洲之间的地区。

c. 中美洲和南美洲之间的地区。

d. 中美洲之内的地区。

2. IATA2 区

IATA2 区包括欧洲全部（包括俄罗斯的欧洲部分）及其相邻岛屿、冰岛、亚速尔群岛、非洲全部及其相邻岛屿、亚松森群岛，包括伊朗在内及其以西的亚洲部分。

（1）欧洲分区：包括阿尔巴尼亚、阿尔及利亚、安道尔、奥地利、阿塞拜疆、亚速尔群岛、比利时、白俄罗斯、保加利亚、加纳利群岛、克罗地亚、塞浦路斯、捷克、丹麦、爱沙尼亚、芬兰、法国、格鲁吉亚、德国、直布罗陀、希腊、匈牙利、冰岛、爱尔兰、意大利、拉脱维亚、列支敦士登、卢森堡、马德拉群岛、马耳他、摩纳哥、摩洛哥、荷兰、挪威、波兰、葡萄牙、罗马尼亚、俄罗斯（欧洲部分）、圣马力诺、斯洛伐克共和国、斯洛文尼亚、西班牙、瑞典、瑞士、突尼斯、土耳其（跨欧洲和亚洲）、乌克兰、英国、南斯拉夫。

（2）中东分区：包括巴林、埃及、伊朗、伊拉克、以色列、约旦、科威特、黎巴嫩、阿曼、卡塔尔、沙特阿拉伯、苏丹、叙利亚、阿拉伯联合酋长国（由阿布扎比、阿基曼、迪拜、富查伊拉、哈伊马角、沙迦、乌姆盖万组成）、也门。

（3）非洲分区：包括中非、东非、印度洋群岛、利比亚地区、南非和西部非洲。其中，中非包括马拉维、赞比亚、津巴布韦；东非包括布隆迪、吉布提、埃塞俄比亚、肯尼亚、卢旺达、索马里、坦桑尼亚、乌干达；印度洋群岛包括科摩罗、马达加斯加、毛里求斯、马约特、留尼旺群岛、塞舌尔群岛；南非包括博茨瓦纳、莱索托、莫桑比克、南部非洲、西南非洲（纳米比亚）、斯威士兰和乌姆塔塔。西部非洲包括安哥拉、贝宁、布基纳法索、喀麦隆、佛得角群岛、中非共和国、乍得、刚果人民共和国、科特迪瓦、赤道几内亚、加蓬、冈比亚、加纳、几内亚、几内亚比绍、利比里亚、马里、毛里塔尼亚、尼日尔、尼日利亚、圣多美、普林西比、塞内加尔、塞拉利昂、多哥。

3. IATA3 区

IATA3 区包括亚洲及未包括在 IATA2 区范围内的相邻岛屿，东印度群岛，澳大利亚、新西兰及未包括在 IATA1 区内的太平洋岛屿。

（1）南亚次大陆分区：包括阿富汗、孟加拉国、不丹、印度、马尔代夫群岛、尼泊尔、巴基斯坦、斯里兰卡在内的地区。

（2）东南亚分区：包括文莱、缅甸、中国（包括港、澳、台地区）、关岛、印度尼西亚、哈萨克斯坦、吉尔吉斯斯坦、柬埔寨、老挝、马来西亚、马绍尔群岛、密克罗尼西亚联邦、蒙古、缅甸、北马里亚那群岛、帕劳、菲律宾、俄罗斯（亚洲部分）、新加坡、塔吉克斯坦、泰国、土库曼斯坦、乌兹别克斯坦、越南。

（3）西南太平洋分区：包括萨摩亚（美）、澳大利亚、库克群岛、斐济群岛、法属波利尼西亚、基里巴斯、瑙鲁、新喀里多尼亚、新西兰、巴布亚新几内亚、萨摩亚独立国、所罗门群岛、汤加、图瓦卢、瓦努阿图、瓦利斯和法图那一级中间岛屿。

(4) 日本/朝鲜分区：包括日本、韩国、朝鲜在内的地区。

（二）区时的计算

1. 标准时区和夏令时

众所周知，地球一刻不停地由西向东旋转。为了确定一个统一的标准，将东西经 7°30′ 划分为一个时区，称为格林威治标准时区（Greenwich Mean Time），又称 UTC（Universal Time Coordinated）。每一小格表示一小时，如要求计算两点间的时间，只要数一下有几个空格即可。在某些特定的场合，如一个国家或一群岛屿内必须使用统一的时间，这一理论体系早已被采纳，这些当地时间是由法律规定的，称为"标准时"（Standard Clock Time）。有些国家在夏季使用"夏令时"（Daylight Saving Time, DST），使用时有一定期限。

2. 飞行小时的计算

飞行小时是指自始发地机场至目的地机场之间的运输时间，包括中转时间。

航空公司的班期时刻表，其出发时间和到达时间都是以当地时间公布的，所以在计算航班飞行小时时，往往是通过时差来计算的。实际飞行常受风向等因素的影响，所以实际到达时间和班期公布的到达时间有时会有差异。

例如，Flight MU583 自 8 月 3 日 13:00 于上海浦东（PVG）出发，于 8 月 3 日 10:05（太平洋时间，Pacific Time；DST）到达美国洛杉矶（LAX），求飞行时间是多少？

步骤如下：

第一步，查出始发地与目的地机场的时区

$$PVG=GMT+8$$
$$LAX=GMT-7(DST)$$

第二步，将出发和到达时间转换成 GMT 时间，其中 GMT（+）的时区减去时差，GMT（-）的时区加上时差。

$$PVG1300=GMT(1300-8)=GMT0500\ 2nd\ August$$
$$LAX1005=GMT(1005+7)=GMT1705\ 2nd\ August$$

第三步，将到达时间减去出发时间，即得飞行时间为 12 小时 5 分钟。

二、地面服务代理协议

机场的地面服务是航空公司运输生产组织中的一个重要组成部分。由于人员和设备所限，航空公司很难在其航班飞抵的每一个机场都利用自己的人员和设备为其航班提供所需的地面服务，通常会在当地指定另一家航空公司或地面服务公司为其提供所需的服务。为了确保承运方和代理方双方的利益免受损害，双方通常签订一个服务协议。

1958 年，欧洲范围内的航空公司和地面服务公司试图使地面服务代理协议标准化，以此推动国际航空运输协会（IATA）在全球提供标准地面服务代理协议文本（Standard Ground Handling Agreement）。1964 年，得以实现，航空公司立即采取了标准地面服务代理协议。标准地面服务代理协议由以下三个部分组成。

（1）主件。主件是签约双方（即承运人和提供服务方）根据国家有关法律和行政条款，就提供地面服务事宜达成的基本协议。主件共有十一个部分，分别为地面服务的提供和保障、公平合作、分包代理服务、承运方代表机构、服务标准、付费、计算、责任与赔偿、仲裁、印花税和有效期限、修改与终止。

（2）附件 A。附件 A 列出地面服务的项目，供承运方选择，依次为代理服务、装卸控制及通信、集装设备控制、旅客与行李、货物与邮件、机坪服务、飞机服务、燃油与滑油、飞机机务维修、航行服务与机组管理、地面运输、配餐服务、监管与管理和安全。

（3）附件 B。附件 B 列明服务地点，承运方从附件 A 中选择的服务项目和代理方根据承运方所选择的服务项目收取的费用。附件 B 主要是由服务收费、额外收费、支付、结算等部分组成。一个标准地面服务代理协议中可以有多个附件 B。这是因为尽管承运方和服务方不变，但服务地点不同，并且承运人所选择的服务项目也不同。因此，每个附件 B 都有一个编号，即附件 B、X、Y。其中，X 表示服务地点数，Y 表示附件 B 修改的次数。

三、《国际航空货物运价及规则手册》

《国际航空货物运价及规则手册》（The Air Cargo Tariff，TACT），由国际航协统一出版发行，主要提供与航空运输相关的货运业务信息。TACT 分为三册：一是 TACT 规则（TACT Rules）；二是 TACT 运价表——世界范围分册（TACT Rates—Worldwide）；三是 TACT 运价表——北美分册（TACT Rates—North America）。TACT 每年出版三期，分别在 2 月、6 月和 10 月，生效期为发行当月的日期。

TACT 的内容包括国际航空运价的所有规定、运价计算规则及程序等大部分内容，具体如下。

第一部分：一般规定（General Information）。
第二部分：货物的接收（Acceptance for Carriage）。
第三部分：航空运费（Transportation Charges）。
第四部分：服务及相应费用（Services and Related Charges）。
第五部分：付款（Payment of Rates and Charges）。
第六部分：货运单（The Air Waybill）。
第七部分：各国规定（Information By Countries）。
第八部分：承运人的特殊规定（Carriers Special Regulations）。

第三节　航空运输相关知识

一、各管理局管辖范围

我国民航总局下辖七大管理局：华北管理局、华东管理局、西北管理局、西南管理局、中南管理局、东北管理局、乌鲁木齐管理局。每个管理局的管辖范围如下。

华北管理局管辖范围：北京市、天津市、河北省、内蒙古自治区、山西省。
华东管理局管辖范围：上海市、山东省、江苏省、安徽省、浙江省、江西省、福建省。
西北管理局管辖范围：陕西省、甘肃省、青海省、宁夏回族自治区。

西南管理局管辖范围：重庆市、四川省、贵州省、云南省、西藏自治区。
中南管理局管辖范围：广东省、广西壮族自治区、湖北省、湖南省、河南省、海南省。
东北管理局管辖范围：辽宁省、黑龙江省、吉林省。
乌鲁木齐管理局管辖范围：新疆维吾尔自治区。

二、我国机场的分类

第一类是连接国际国内航线的大型枢纽机场，即北京首都机场、广州白云机场和上海虹桥/浦东机场。这三个机场也是我国主要的国际门户机场。

第二类是以国内航线为主，空运量较大的国内干线机场。此类机场的依托城市多为行政中心、旅游中心、贸易中心、开放城市或交通枢纽。

第三类是次干线机场。这类机场既有支线与本省区内的干线机场相接，又有少数干线与域外的重要城市相连。

第四类为支线机场，一般只与本省区内的干线机场相接，较大的支线机场也可有短程航线与邻近省区的城市相连。

三、主要航空公司

（一）我国一些主要的航空公司（见表1-1）

表1-1 国内主要航空公司

航空公司名称	IATA二字代码	三字数字代码
中国国际航空公司	CA	999
中国东方航空公司	MU	112
中国北方航空公司	CJ	782
中国南方航空公司	CZ	784
中国西南航空公司	SZ	785
中国航空货运公司	CK	112
厦门航空公司	MF	731
海南航空公司	HU	880
深圳航空公司	ZH	479

（二）主要的国外航空公司（见表1-2）

表1-2 国外主要航空公司

航空公司名称	二字代码	三字代码	三字数字代码
American Airlines Inc.	AA	AAL	001
Air France	AF	AFR	057
British Airway	BA	BAW	125
Biman Bangladesh Airlines	BI	RBA	997
Cathay Pacific Airways Ltd.	CX	CPA	160
Federal Express Corporation	FX	FDX	023

续表

航空公司名称	二字代码	三字代码	三字数字代码
Japan Airlines Company Ltd.	JL	JAL	131
Dragonair	KA	HDA	043
Korean Air	KE	KAL	180
Malaysia Airlines	MH	MAS	232
All Nippon Airways Co.Ltd.	NH	ANA	205
Northwest Airlines, Inc.	NW	NWA	012
Asiana Airlines	OZ	AAR	988
Philippine Airlines	PR	PAL	079
Qantas Airways Ltd.	QF	QFA	081
Singapore Airlines	SQ	SIN	618
Aeroflot Russian International Airlines	SU	AFL	555
Thai Airways International Ltd.	TG	THA	217
United Airlines Inc.	UA	UAL	016

四、航班号的编排规定

（一）国内航班号的编排规定

我国直属航空公司的国内航班编排方法，一般是由执行航班任务的航空公司二字代码和四位阿拉伯数字组成。其中，第一个数字表示执行该航班任务的航空公司的数字代码；第二个数字表示该航班的终点站所属的管理局或航空公司所在地的数字代码；第三、四个数字表示该航班的具体编号，其中第四个数字单数表示去程航班，为双数表示回程航班。例如，CZ3101航班表示中国南方航空股份有限公司（CZ）执行的由广州（南方航空3）飞往北京（所属华北管理局/国际航空1）的去程航班（01）。

地方航空公司的航班号由航空公司二字代码和阿拉伯数字组成，尾数为单数表示去程航班，为双数表示回程航班。例如，HU7802航班表示由海南航空公司执行的由广州至北京的航班（回程）。

（二）国际航班号的编排规定

国际航班编号是由执行该航班任务的航空公司二字代码和三位阿拉伯数字组成。第一个数字表示执行航班任务的航空公司数字代码，第三个数字为单数表示去程航班，为双数表示回程航班。

五、常见机型代码（见表1-3）

表1-3 常见机型代码

简称	机型代码	名称
340	A340	空中客车340
319/320/321	A319/320/321	空中客车319/320/321

续表

简 称	机型代码	名 称
310	A310	空中客车310
300	A300	空中客车300
777	BOEING777-200	
77B	B777-21BIGW	波音777 21BIGW型远程客机
767	BOEING767-200/300	
757	B757	波音757型
74E	B747E	波音747-400型
74F	B747F	波音747-400/200全货型
74M	B74M	COMBI波音747-200客货混装型
738	B737-800	波音737-800型
737	B737-700	波音737-700型
735	B737-500	波音737-500型
733	B737-300	波音737-300型
M80	MD-80	麦道80
M82	MD-82	麦道82
M90	MD-90	麦道90
M11	MD-11	麦道11
146	BAE146-100/300	英国宇航公司146-100/300

六、飞机注册编号

我国的飞机编号由前缀字母B加四位阿拉伯数字组成（字母B是国际民航组织指定中国使用的国籍代号）。编号的第一个数字表示飞机驱动方式，喷气式飞机以2表示，螺旋桨式飞机以3、4、8表示；第二个数字表示机型；第三、四个数字表示这种飞机的序列编号，直升机编号的第一个数字为7。

由于飞机的不断引进，现行编号的编排已渐渐失去了规律。但如果某架飞机失事或报废，则此编号永远空缺，不再使用。

思 考 题

1. 试述国际航空运输协会的宗旨和目的。
2. 简述五种空中自由权。

第二章

航空货运站

通过本章的学习，您将了解以下知识点。
1. 航空货运站的概念和类型；
2. 航空货运站的设计；
3. 航空货运站的功能分区；
4. 航空货运站的设施设备；
5. 航空货运站的服务内容。

建议课程教学安排 3 学时。

航空货运站是航空运输中不可缺少的环节，承担了航空运输货物的安全和保障任务。我国的航空运输虽然起步较晚，但发展迅速，短短二十年来，更多的航空货运站已经从航空公司的一个隶属部门发展为独立的、专业的货运站公司，并不断成熟壮大。

第一节　航空货运站概述

一、什么是航空货运站

航空货运站是航空货运业务链上的重要环节，也是航空物流的重要一环。航空货运和航空货运站在航空货运过程中是紧密相连的，航空货运提供的是货物的"空间位移"，而其能实现"空间位移"的一个重要基础就是航空货运站。航空货运站作为向航空货物提供"登机"服务的设施，其作用相当于为旅客提供航空客运服务的机场"航站楼"。

航空货运站作为航空运输的中间环节，是连接货物与承运飞机的唯一通道，为货物提供从陆侧到空侧的转换服务。航空货运站的业务主要包括货物收运、安检、计重、存储、驳运、分解/组装、载重平衡、装载/装卸及货物报关/转关等服务。

航空货运站在航空货运中担当着空陆衔接的重要角色。以浦东机场国际进出港货物为例，其流程如图 2-1 与图 2-2 所示。

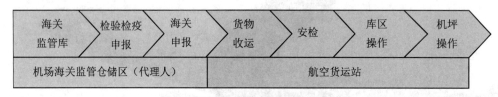

图 2-1　浦东机场国际出港货物

图 2-2　浦东机场国际进港货物

二、航空货运站的类型

（一）按照所操作的货物类型划分

1. 以集装货物和散货操作为主的航空货运站

以集装货物和散货操作为主的航空货运站是航空货运站中的传统模式，目前国内外绝大部分航空货运站是这种类型的。此类航空货运站按照不同航空承运人的各类机型要求，对其客机腹舱或全货机提供仓储及机坪操作服务。通常情况下，宽体飞机装载集装货物和散货，而窄体飞机仅装载散货。

2. 以快件包裹操作为主的航空货运站

以快件包裹操作为主的航空货运站，是经营航空快件业务的航空公司的自营货运站，仅为其公司的自属航空器提供货运操作服务，UPS 和 FedEx 的航空货运站均属此类货运站。这种航空货运站操作的货物多以 45 千克以下的小件包裹为主，其货运站设计、设施设备、操作流程均是为其小件包裹能在货运站中快速运作而服务的，这与以集装货物和散货操作为主的航空货运站有很大的不同。

（二）按照隶属关系划分

1. 隶属于航空公司的货运站

隶属于航空公司的货运站属于航空公司的自建货运站，有仅为其自身货运业务提供服务的，也有同时对其他承运人提供货运操作服务的。目前，除像 UPS、FedEx 这样以航空快件货物操作为主的极个别航空公司的货运站，仅为自己公司的货物提供操作外，大部分航空公司的自建货运站是对外提供服务的，即作为地面服务代理人为多家航空公司提供货物操作服务。

国内三大航空公司——国航、东航和南航——在其主运营基地都建有自己的货运站。这些货运站不仅为其公司自身货运业务提供操作服务，同时也作为其他航空公司的地面服务代理人为它们提供货物操作服务。

2. 中性货运站

中性货运站类似机场的候机楼，是航空公司、货运代理人等共同使用的一个公共服务平台，提供中性和专业的货运操作服务，不隶属于任何航空公司。所谓中性服务，即面向所有客户服务，可以是任何航空公司，也可以是任何货运代理人。中性航空货运站的模式，在国外民航机场中早已被广泛采用。在国内，从 20 世纪 90 年代开始，中性航空货运站作为一种新型而有效的组织形式，已逐渐被认识和采纳。国内部分航空港中性货运站的情况如表 2-1 所示。

表 2-1 国内部分航空港中性货运站情况

货运站名称	所 在 机 场	主要资本构成情况
北京空港航空地面服务有限公司（BGS）	北京首都国际机场	东航、南航、新加坡新翔（SATS）和首都机场集团公司
上海浦东国际机场货运站有限公司（PACTL）	上海浦东国际机场	上海机场集团有限公司 德国汉莎货运航空公司 上海锦海捷亚物流管理有限公司

续表

货运站名称	所在机场	主要资本构成情况
深圳机场国际货运站有限公司（ICCS）	深圳宝安国际机场	深圳机场股份有限公司 德国汉莎货运有限公司
元翔空运货运站（厦门）有限公司	厦门高崎国际机场	中厦门国际航空港股份有限公司 台湾华航（亚洲）股份有限公司、 长荣航空股份有限公司、台湾航勤（萨摩亚）有限公司
成都双流国际机场航空地面服务有限公司	成都双流国际机场	四川省机场集团有限公司
香港空运货运站有限公司（HATCL）	香港国际机场	怡和有限公司和记港口集团有限公司 九龙仓集团有限公司 中国航空（集团）有限公司

三、世界上重要的货运站介绍

（一）Cargo City

法兰克福机场是欧洲最重要的货运枢纽，而 Cargo City 是位于法兰克福机场的航空货运站，其 2008 年的货运量为 211 万吨，预计到 2020 年该货运站每年可以处理 316 万吨货物。

Cargo City 分为两个主要区域，北部区域是汉莎货运的基地，而其南部区域则包罗了世界上很多不同的航空公司及本地货运公司 Fraport AC。Cargo City 拥有全面的设施设备，可以满足不同的空运需求，如针对快运的设备和专门针对冷冻食品、空运邮件、动物及灾害物品的设施。其面积为 9000 平方米的易损物品中心有 20 个不同温度区域；而 3750 平方米的动物休息室则被视为世界上最先进的同类设施，拥有 42 个大型动物畜栏及 12 个独立的气候控制室。

（二）香港空运货运站（HATCL）

香港空运货运站从 1996 年以来，就跻身于最繁忙的国际货运站之列，其在 2008 年的总货运吞吐量占到了中国总对外贸易的 35.5%，达 20750 亿港币。

超级一号货运站为全球最大的单一多层式航空货运站。货运站除提供 3500 个航空货箱储存位置及 10000 个散货储存位置外，更备有全面特殊货件处理设施，可有效处理温控货物、贵重货物及活动物等，货物处理能力每年可达 350 万吨。

（三）新加坡 SATS

SATS（Singapore Airport Terminal Service）作为新加坡樟宜国际机场最大的货运地面服务公司，2009 年空运货物处理量达到 130 万吨，占樟宜机场空运货量的 80%。其占地 47 万平方米，拥有 6 个货运站，货运站 1～4 的货物处理能力为 70 万吨/年、货运站 5 为 60 万吨/年、货运站 6 为 80 万吨/年。SATS 地面代理操作网络遍布 6 个国家和地区的 38 个机场，包括中国（含港、澳、台地区）、印度、印尼、马尔代夫、菲律宾、越南。

SATS 能处理各种类型的货物，设有 1 个快件中心、1 个邮件中心、1 个大型冷库、1 个贵重品库、2 个危险品库、2 个小件货物存放区、3 个活动物库和 4 个敏感货物区域。

（四）大韩航空仁川机场货运站

2004年，位于韩国仁川国际机场的大韩航空货运站的年吞吐能力已达到135万吨，能够同时执行六架B747货机的装卸任务，其设施设备的现代化程度也在业内领先。2004年，大韩航空对仁川货运站进行了扩建，并于2005年2月完工，整个项目耗资多达150亿韩元。完工后，占地4.68万平方米的A座向两翼各扩展了60米，使总长度达到了420米，占地面积也相应增加到5.46万平方米。仁川机场货运站扩建的同时，还添置了许多重要的现代化设备。其二号货运站也于2007年8月投入使用。目前，大韩航空仁川机场货运站不仅能够满足仁川国际机场外国航班不断增长的出港货运需求，而且也为仁川国际机场发展成为东北亚地区航空物流枢纽贡献极为重要的力量。

（五）UPS 优比速世界港（Worldport）

肯塔基路易斯维尔转运中心——世界港，占地240万平方米，其营运面积为37万平方米，内有1.9万条运输带，总长150多千米，每秒货件可移动5米以上，共有9000名员工。世界港的运作中枢是一条信息高速公路，世界港每小时处理超过5000万笔资料交易。世界港是UPS轮抽与辐射式分类运送系统的中心，集中处理来自当地转运中心的所有货件。世界港拥有堪称全球科技最先进的货件分类设施。世界港的核心是4层楼高的庞大处理中心，内有多条数千米长的运输带，处理中心连接有44个货机位的3大收发侧翼，每4小时轮班能供多达100多架货机起降。工厂作业规模更是惊人，世界港每天处理超过100万件货，最高纪录是在24小时内处理250万件。

（六）FedEx 超级快运中心

FedEx超级快运中心建于1993年，位于美国孟菲斯国际机场，占地面积约为223万平方米，拥有179个停机位和近500千米长的传输带。孟菲斯超级快运中心有7500名员工负责夜间分拣操作，4500名员工负责日间分拣操作，以及3000名员工负责提供支持工作。每天约有220万个包裹通过孟菲斯超级快运中心发往世界各地。作为联邦快递主要的全球枢纽机场，从孟菲斯出发的联邦快递直达包裹的目的地，包括横跨美洲的很多美国城市，如阿拉斯加安克雷奇、夏威夷檀香山，以及加拿大、墨西哥和加勒比海的众多城市。在跨洲际方面，直达地点包括科隆、迪拜、巴黎、伦敦、坎皮纳斯、首尔和东京等地。从1993年到2009年，孟菲斯国际机场货物运输量居世界首位。在2010年，其货运量被香港国际机场超越排在第二，但依然是全美货运量最大的机场。

（七）东方航空物流有限公司货运站

东方航空物流有限公司旗下共有6个航空货运站，分布在上海虹桥（SHA）和浦东（PVG）两个国际机场，从事国内外航空承运人在上海浦东、虹桥两个机场的货运地面代理服务并提供各种仓储和仓库租赁服务等业务。目前有40余家国内外航空承运人以及300多家货运代理公司成为货运站事业部的签约客户。

东方航空物流货运站拥有大量先进的货邮处理设施设备，以及一批高素质、经验丰富的从业人员。2012年，货运站事业部全年累计处理货邮191万吨，创历史新高。货运站除了巩固基本业务外，还积极谋求转型、升级，为客户提供更多的额外增值服务。

第二节 航空货运站设计、功能分区、设施设备及服务内容

一、航空货运站设计

近年来,随着货运市场不断增长、航空货运新兴增长点转移和国内新一轮航空枢纽港建设的热潮,多地的航空货运站为满足现有业务及未来发展的需要,进行了航空货运站的新建或改扩建。这些货运站的设计特点基本可以概括为:因地制宜,合理规划;功能全面,便捷顺畅;节能减排,绿色环保。

(一) 因地制宜,合理规划

1. 航空货运站群

在大型枢纽航空港,尤其是建有一个以上航站楼的航空港,航空货运站的概念往往不是一个单独的货运站,而是航空货运站群。货运站群中的每个货运站都是一个可独立操作的航空货运站,但它们又相互关联,为众多的航空公司和货运代理人提供货运操作服务。例如,在上海浦东国际机场内有东方航空物流有限公司航空货运站群(共有 4 个货运站,见图 2-3)和上海浦东国际机场货运站有限公司货运站群(共有 3 个货运站,见图 2-4),以及 UPS、DHL 等公司的自建货运站。

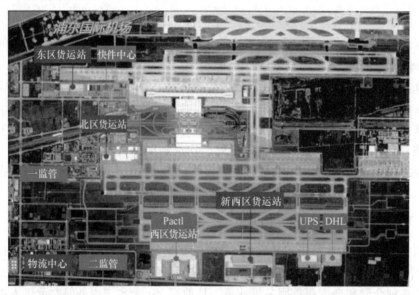

图 2-3 东方航空物流有限公司浦东国际机场货运站分布图

东方航空物流有限公司旗下共有 6 个航空货运站,分布在虹桥(SHA)和浦东(PVG)两个国际机场。其中,虹桥机场货运站分东、西两个货运站,对应虹桥机场 T1 和 T2 两个航站楼;在浦东机场设有北区、东区、西区和物流中心共 4 个货运站。

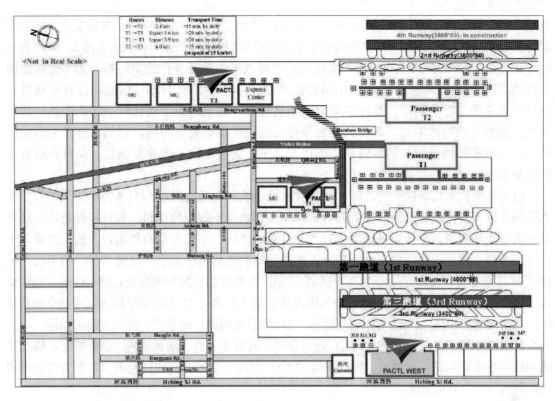

注：▼ 标注的就是 3 个货运站。

图 2-4 上海浦东国际机场货运站有限公司货运站分布图

（1）浦东北区货运站紧邻浦东国际机场一号航站楼，占地 7.6 万平方米，已建有货运站、机坪待装区、停车场和营业厅等设施，年处理货邮量约为 70 万吨。

（2）浦东东区货运站则靠近浦东机场二号航站楼，总面积约为 2.6 万平方米，年处理货邮量约为 30 万吨。

（3）浦东西区货运站可为在浦东国际机场第三跑道起降的航空承运人提供地面代理服务，总面积约为 40 万平方米，设计年处理能力为 150 万吨，可提供货邮处理及办公室租赁等服务。

（4）浦东物流中心货运站位于浦东国际机场西侧，距离机坪约 2.5 千米，总面积约为 65 万平方米。其中建有 7.5 万平方米货物处理区域，还建有面积为 19 万平方米的海关监管仓库供货运代理租赁入驻。该中心拥有齐全的设备和设施，每年处理货量在 100 万吨以上。

（5）虹桥货运站东、西货运站面积分别为 2 万平方米和 3 万平方米，年处理能力约为 40 万吨。

上海浦东国际机场货运站有限公司在浦东国际机场拥有 3 个货运站，分别分布于浦东机场 3 条跑道的一侧。

2. 航空货运站布局

传统航空货运站的布局大多是"一"字形布局，这是为了满足航空货运作业性质和货物流向性的需要，即分为空侧、陆侧两方向进出货，设计简洁、直接。但航空货运站的设计往往还受到地形地貌、用地面积、建造预算、公司规划等多方面因素的影响，因此在规划设计货运站时，往往会综合考虑，因地制宜，尽可能采用最经济合理的规划来布局航空货运站。同时具有国际、国内货物操作业务的货运站大多会按照国际货运站（进港/出港）、国内货运站（进港/出港）的模式进行分区，而仅进行国际或国内业务操作的货运站，大多会按照国际进港/国际出港或国内进港/国内出港的模式进行分区。而像 UPS、FedEx 这样以快件包裹操作为主的航空货运站，其布局类似机场航站楼，完全是基于现代航空物流的高科技、现代化的独立的物流中心。其设计理念和传统航空货运站完全不同，它们具有庞大的处理中心，内有多条数千米长的运输带，连接有几十个货机位的不同收发侧翼，来自各地的快件包裹都要经过中心处理器的处理。

（1）昆明长水机场航空货运站。昆明长水机场航空货运站用地约 11.5 万平方米，位于长水机场东跑道南侧段，场地北侧为高台地，平面形状呈不规则阶梯状，高低错综起伏，地势高差大，地形复杂。由于该场地高差较大，传统的"一"字形布局将使用较大的土方量，很不经济合理，因此设计中根据地形特点，在货运站的布局上采用了"化整为零"的手法，平面采用 U 形布置，将货运站分为三个区域，其中 U 形左侧区域为国际货运站、U 形右侧区域为国内货运站（进港）、U 形底部区域为国内货运站（出港）。U 形内部空间为共用的空侧待运区，与空侧道路相接，U 形外侧为陆侧区，与陆侧道路相连，满足空、陆侧分离的原则，并且三个区域在陆侧分别设置不同的出入口进行管理，有效地避免了陆侧国内、国际货运车辆交叉的问题，整个货运站流线清晰顺畅（见图 2-5），而且三个区域又通过两条 12 米宽的通道相连，形成了一个有机整体。

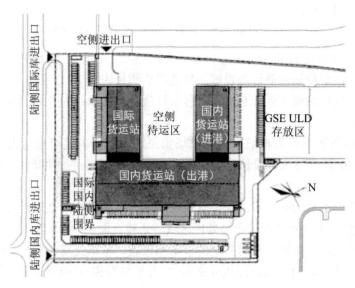

图 2-5　昆明长水机场航空货运站总平面布置图

（2）上海浦东国际机场货运站有限公司西区货运站。上海浦东国际机场货运站有限公司西区货运站占地面积为 36.51 万平方米，建筑面积为 16.25 万平方米，库区面积为 12.1 万平方米，货物设计处理能力 120 万吨/年。该货运站采用 M 形布局（见图 2-6），M 形的左半边为出港散货操作区，M 形的右半边为进港货物操作区（其中右下角为 FedEx 操作区），中间长条地带为出港代理组板区和进港 T-货处理区，M 形的左外侧、右外侧和里侧均为空侧区域，外侧为停车场和办公区域。

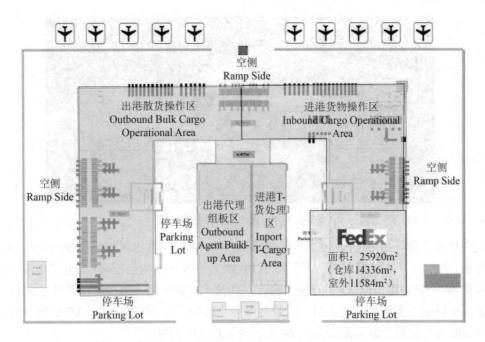

图 2-6　上海浦东国际机场货运站有限公司西区货运站平面图

（3）UPS 优比速世界港（Worldport）（见图 2-7 和图 2-8）。UPS 作为世界上最大的快递承运商与包裹快递公司，每天都在世界上 200 多个国家和地域管理着物流、资金流与信息流。如此庞大的物流运作自然离不开物流中心发挥的作用，物流中心物流功能健全，信息网络完善，存储/吞吐能力强，是物流运作的中心环节。UPS 优比速世界港作为 UPS 最大（也是世界最大）的航空中转中心，是 UPS 轮轴式与轴幅式分类运送系统的中心，集中处理来自当地转运中心的所有货件，拥有全球科技最先进的货件分类设施，帮助 UPS 每年处理近 40 亿件货物。

图 2-7　UPS 世界港鸟瞰

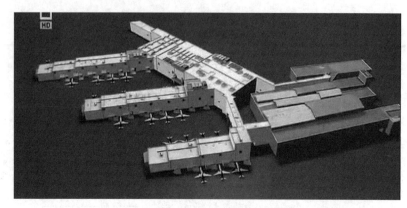

图 2-8　UPS 优比速世界港平面图

UPS 优比速世界港是 UPS 位于美国肯塔基州路易斯维尔的航空物流中转中心，占地 240 万平方米，结合工厂与机场航站，营运面积达 37 万平方米，相当于 80 个美式橄榄球场地大小，拥有 44 个航站近机位，1.9 万条运输带，总长 150 多千米，每秒移动货件 5 米以上。世界港运作中枢是一条信息高速公路，其数据库每小时操作近 5900 万次。UPS 世界港每天处理超过 100 万件货物，最高纪录是在 24 小时内处理 250 万件。

（二）功能全面，便捷顺畅

航空货运站的功能是通过对航空货物进行收运、安检、存储、驳运、分解/组装等一系列作业，完成其由陆侧到空侧的转换，因此它必须包含一定的货物存储空间、货物作业空间和能使货运站高效运行的管理空间。

现在的航空货运站往往属于社会运输服务型物流系统工程，具有航空货物快速过站的通道性质，要求可以对目前各种机型的客、货机运载的集装货物和散货进行快速处理，同时要考虑到国际货物的海关监管因素等。

如图 2-9 所示为国货航 T3 航空货运站总平面布置图。

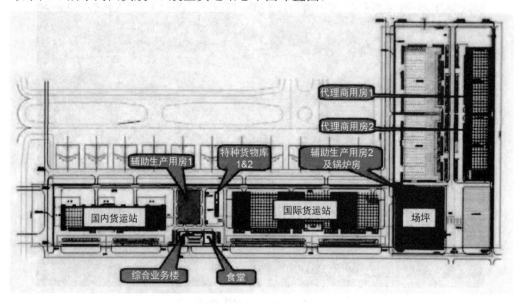

图 2-9　国货航 T3 航空货运站总平面布置图

以国货航 T3 航空货运站设计为例，该货运站由多个功能区域组成，包括国际与国内货运站房、综合业务楼、辅助生产用房、代理商用房和特种货物库等，是一个功能齐全的枢纽型现代化航空货运站。其左侧横向地块设计，使得国际与国内货物处理区的陆侧车辆完全分流，便于海关对国际货物处理区的监管。其右侧纵向地块的布置，是根据海关对航空货运大通关基地的规划要求，结合国货航未来的发展，预留货运站的位置，并考虑了代理商用房。

国际、国内货运站的运营管理及业务办公集中在综合业务楼内，达到人流与货流分离的目的。货物处理区均采用大跨度、大柱网结构形式，便于叉车、拖车等设备作业，并具有适应未来工艺布置调整的灵活性。国际、国内货物处理区之间距离较近，中转货物可以通过空侧场坪的运输通道进行运输中转，节省了货物驳运时间，可降低货物驳运损耗。

（三）节能减排，绿色环保

绿色设计也称为生态设计、环境设计，是 20 世纪 80 年代末出现的国际设计潮流。其基本指导思想是：在设计阶段就将环境因素和预防污染的措施纳入设计之中，将环境性能作为项目的设计目标和出发点，力求对环境的影响降为最低。下面以昆明长水机场货运站为例进行介绍。

昆明长水机场货运站是昆明长水机场建设的一部分，按照民航局和云南省政府将昆明长水机场建设成为节约型、环保型、科技型和人性化的现代化国际机场的理念，昆明长水机场货运站也按照绿色机场的要求进行设计，以高效率地利用资源、低限度地影响环境的方式，建造合理环境负荷下安全、健康、高效及舒适的工作与活动空间，促进人与自然、发展与环境、建设与保护、经济增长与社会进步相协调的机场体系。

昆明长水机场货运站在物流工艺设计方面严格贯彻绿色机场的要求，在工艺流程、设备选型、工艺节能、包装及垃圾处理等方面进行充分论证与考虑，进行了物流工艺的绿色设计。例如，在鲜活库的设计上，货运站在鲜活库的大空间里做了分割，以应对鲜活货量的不确定性波动，货量少时可以启用其中的部分库房，其他不用的可以关闭，减少制冷量，以达到节能的目的。在鲜活货物进入货运站的工艺设计上，交接货运站台采用了内站台的方式，并考虑加设门封，设置贯流风幕阻断冷、热空气对流，有利于温度控制和节能。

另外，目前货运站内所有航空集装器均为标准化设备，集装器满载后所覆盖的塑料膜与网套均采用坚固、耐用、可回收的材料，在操作的管理上要求工人注意不损坏这些包装材料，并回收做定期维护，实现包装材料的重复利用。

二、航空货运站功能分区

（一）以集装货物和散货操作为主的航空货运站

如表 2-2 所示为目前以集装货物和散货操作为主的航空货运站的基本分区情况，但不同的航空货运站会根据自身货运站设计、操作货物品系、客户需求等因素进行功能区细分，划分出更细化的功能区域，以便于更高效、精准地进行货物操作。如图 2-10 所示为东方航空物流有限公司新西区货运站的功能分区。

表2-2 航空货运站功能分区

国 际	国 内	作 用
国际营业厅	国内营业厅	办理单证交接、交提货、收费等业务
国际进出港货物汽车装卸站台	国内进出港货物汽车装卸站台	散货、集装货物装卸
国际出港收货区（安检口）	国内出港收货区（安检口）	货物安检、收运、入库
国际散货储存区	国内散货储存区	散货存储
国际出港集装货物组装区	国内出港集装货物组装区	集装货物组装
集装货物储存区	集装货物储存区	集装货物存储
冷冻、冷藏、温控库	冷冻、冷藏、温控库	存放有冷冻、冷藏或温控要求的货物
贵重品库	贵重品库	存放贵重品
危险品库	危险品库	存放1～9类危险品
活动物库	活动物库	存放活动物
灵柩室	灵柩室	存放灵柩
熏蒸室	熏蒸室	用于木质包装熏蒸
国际进港集装货物理货区	国内进港集装货物理货区	进港集装货物拆板拆箱、理货
国际进港散货处理区	国内进港散货处理区	进港散货理货
空侧待运区	空侧待运区	货物组装后，进入机坪前的待运
中转货储存区	中转货储存区	中转货物存储
超限货物操作区		超限货物装卸，适用大型吊装设备作业
海关检验区		货物海关过检
海关扣留物品区		暂存海关扣留物品
进港动植物检验隔离区		进港动植物检验检疫待检

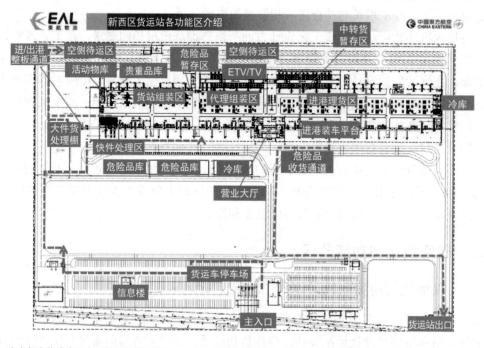

注：东方航空物流有限公司新西区货运站于2014年6月投入试运行，该货运站仅处理国际货物。

图2-10 东方航空物流新西区货运站

（二）以快件包裹操作为主的航空货运站

这类航空货运站和传统航空货运站完全不同，没有传统货运站的功能区概念，而是完全按照其物流转运中心的概念来进行设计和安排，快件包裹进入其货运站后，就被送上传输带，然后通过传输带和各种高科技自动化装置，到达指定地点，最后进行装机。

以 UPS 优比速世界港为例，其外观就像规模庞大的机场航站，跑道后方有三个侧翼，能容纳 44 架货机；其核心是 4 层楼高的庞大处理中心，处理中心是世界港最重要所在，宽 1 千米，4 层楼，高 25 米，足以装进 39 架喷气式飞机。送来世界港的所有货件，都要通过这座巨大的迷宫，快件包裹经过处理中心的处理，按照正确路线到达侧翼的正确货机位装机位置，装上正确的配送货机。

UPS 将货物分成三类：小件、包裹和特殊件。小件是低于 4.5 千克、23 厘米×30 厘米的信封和纸盒；包裹是 45 磅/千克内的一般立体纸箱；特殊件是笨重或形状不规则的货件。

1. 小件

世界港每晚处理约 50 万件小件，输送带把小件直接送上处理中心的 4 楼，员工从输送带中取出小件，放进滑槽，接着快速帮小件分门别类，然后小件被放上另一条传送带，送入引导区。员工在引导区迅速把每个小件的标签朝上（如果货件的标签向下，就等于没贴标签），放上超过 3 千米长的活动轨道，这条特殊的蛇形运输带，称为倾斜盘分拣机。倾斜盘分拣机共有超过 6700 个货件放置口，每个放置口一次只能放一项货件。倾斜盘分拣机的设计，能够尽快把货件自动送入正确目的地。倾斜盘分拣机由带有摄影机的电脑操作，放上倾斜盘的每个货件内设尖端激光读码器，通过特制的摄影机在几纳秒内扫描货件上的智慧标签，辨识出货件的邮递区号。摄影机会立即把信息送入世界港运输带控制系统处理器，指示运输带把货件分别送入根据送达地邮递区号区分的正确货袋。

2. 包裹

45 磅/千克以下的包裹则采用不同的分类方式，这是 UPS 运送量最大的一类货物。这些包裹在处理中心的低楼层进行全自动化处理，这些无人操作的区域被称为主要区，里面有数千米长的运输带，设置有数十架摄影机和条码读码器，负责将货件送往正确目的地，一旦主要区的摄影机成功读取货件标签，系统就会知道货件的送达地，然后把货件带往正确的地点。

货件在传输带上时，传输带速度太快会引起阻塞或碰撞，太慢则会浪费时间，世界港采用滑块式分拣机来解决这一问题。滑块式分拣机就设置在传输带上，它的作用是协助被输送的货件通过处理中心。系统收到摄影机成功读取的信息后，就能跟踪滑块式分拣机输送货件的速度。滑块式分拣机通过安装在运输带上的滑块，让货件保持安全距离，成排前进。摄影机会确认货件在运输带上占据的空间，并判断要用几个滑块来推开货件。当运输带抵达连接处（交叉口）时，滑块就开始滑动，把货件推往正确的方向。

3. 特殊件

世界港以人工处理方式来进行特殊件的操作。处理中心有运送特殊件的专门系统，能顺畅输送最特别的货件，特殊件专门系统包括货箱、老练技师和交通灯。员工先手动扫描特殊件的标签，再把特殊件放入运输带上的大塑料箱，这些塑料箱是参考航空行李分拣机设计的，能将形状特殊的货件牢固固定。员工把特殊件从滚筒滑入大塑料箱，并确认特殊件已置中固定，然后按下代表启动的绿灯，特殊件就会被送出去。特殊件货箱的前进速度高达每分钟 300 米，输送轨道类似云霄飞车的轨道。做好设定的电脑系统能预知货箱将来到的交叉口，于是指示轨道像铁路一样变换，把货箱送到世界港侧翼的正确路线。

小件、包裹和特殊件最后都要到达侧翼，装上待命货机。分类好的小件和包裹，用滑块式分拣机送到侧翼，由员工将货件放入标示不同邮递区号的货机货柜。特殊件在到达侧翼后，由员工小心放上运输带，送入特殊件上货站装货，再由这里的员工搬进正确货柜。

三、航空货运站设施设备

（一）以集装货物和散货操作为主的航空货运站的设施设备

1. 集装货物处理系统（见表 2-3）

表 2-3　集装货物处理系统

名　　称	作　　用
集装器升降调平台	集装货物装卸，在陆侧与集卡对接装卸
TV/ETV	TV：转运车，ETV：升降式转运车
集装器储存货架	集装货物的存储和转运
空侧集装器交接台	空侧出货，将集装器卸到平板车上
货物分解组合工作台（升降式、固定式）	散货组合和集装货物分解
叉车	集装货物及空集装器驳运
磅秤（地磅、滚筒磅）	集装货物称重
体积测量设备	集装货物轮廓扫描和体积测量

2. 散货处理系统（见表 2-4）

表 2-4　散货处理系统

名　　称	作　　用
堆垛机	散货网箱的立体搬运
散货存储货架	散货网箱的立体式集中存储
出入库输送设备（滚道）	散货网箱的出入库
体积测量设备	散货的轮廓扫描和体积测量
磅秤	散货称重

（二）以快件包裹操作为主的航空货运站的设施设备

以 UPS 优比速世界港为例，如表 2-5 所示。

表 2-5　UPS 优比速世界港处理系统

名　　称	作　　用
DWS	集测量尺寸、称重、扫描于一身，它能显示无名包裹的完整输送信息
中央服务器	快速计算，确定每个包裹应该采取的输送路线，避免运输带拥堵、系统超重和包裹碰撞
运输带	使货件在其上快速移动，到达指定地点

续表

名称	作用
倾斜盘分拣机	专用于小件分拣的蛇形运输带，能尽快把货件自动送入正确目的地
远端编码干预措施	用于防止无法识别标签的货件失踪
滑块式分拣机	掌握正确时机连接不同运输带，避免货件阻塞或碰撞，节省时间
智慧标签	内含有重要数据，包括重量、急迫性与邮递区号和地址，避免人为错误，以精确、及时地送达货件

智慧标签、倾斜盘分拣机和滑块式分拣机如图 2-11 所示。

（a）智慧标签　　　　（b）倾斜盘分拣机　　　　（c）滑块式分拣机

图 2-11　UPS 优比速世界港处理系统

四、航空货运站服务内容

（一）标准服务

标准服务是指航空货运站按照与航空公司（承运人）签订的 IATA 标准地面处理协议所提供的服务，主要包括货物及邮件的处理、特殊货物（贵重品、危险品、活动物等）处理、单证处理、货物查询、ULD 控制及处理、中转货联程服务等。

（二）延伸服务

延伸服务是指航空货运站在除标准服务以外，为其客户提供的向物流服务链两端延伸的服务项目。

（三）增值服务

增值服务是指航空货运站根据客户需要，为客户提供的超出常规服务范围的服务或者采用超出常规的服务方法提供的服务。以客户为中心，不断满足客户需求，持续开发新的增值服务项目，这是一个航空货运站实力和能力的体现，也往往可以为货运站带来较好的声誉和收入，形成新的利益增长点。目前，较为多见的增值服务是航空货运站为客户提供的培训服务，有些条件较好、实力较强的航空货运站往往设有自己的培训中心，对外开展培训业务。

除培训服务外，有些航空货运站还开发了不同的增值服务来满足客户需求。例如，东航物流有限公司货运站为客户提供如下服务：

（1）VUN 货物跟踪操作服务（Vulnerable Cargo Tracking Service）。VUN 货物是价值介

于普货和贵重品之间，易损、易丢失的货物。东航物流货运站针对航空公司提出的货运操作要求，为其提供 VUN 货物的货运站全程监控服务。进港 VUN 货物全程监控范围为空侧交接口至代理仓库交接完毕；出港 VUN 货物全程监控范围为收货口到空侧交接口。VUN 货物全程监控内容包括：提供 VUN 货物全程跟踪及拍照记录，提供重要转换节点（卡车装卸点等）货物情况确认并提供监控信息（照片及相关监控资料）反馈。

（2）温控箱现场操作服务（Environmental Containers on Site Operations）。该项服务是针对工业、生物、医疗等领域中有严格温度恒定要求的产品提供不间断的恒温存储服务，并指派专人定时对温控货物存储状态进行巡查，并记录存储温度，确保货物存储要求得到满足。

（3）安检增值服务（Value Added Security Service）。此项服务是根据客户现场或驻场安检的服务需求，派遣安检团队至客户指定地点进行现场安检及监装监卸。这能使安全关口前移，提高航空安全系数，加快货运站收货口现场交货速度。服务内容主要包括展会展品、超大件（含赛车）上门安检服务、电子设备（新品）上门安检服务、上门开箱查验及核对货物型号服务。另外，对于有货物押运需求的客户，还可提供押运服务，如超大件随车押运服务、异地全程上门押运服务等。

思 考 题

1. 简述下列航空货运站的类型。
（1）DHL；
（2）东航昆明长水机场航空货运站；
（3）新加坡 SATS。
2. 根据图 2-10 列出该航空货运站的功能区，并简述各功能区的作用。
3. 简述航空货运站根据 IATA 标准地面处理协议提供的服务主要有哪些。

第三章

航空货运操作实务

通过本章学习，您将了解以下知识点：
1. 航空货运单的概念；
2. 货物运价和运费；
3. 特种货物运输；
4. 货运单的填制；
5. 货物的交付；
6. 邮件运输。

建议课程教学安排 4 学时。

航空运输业务操作离不开对基础知识的掌握，并进而形成知识积累。对基础知识的掌握更多地需要结合实践操作，并随着实践操作的发展而得到不断的丰富。

第一节 航空货运单

一、航空货运单简介

航空货运单是航空货物运输中较重要的单证，是集发票、保险为一体的运输凭证和合同。通俗地说，航空货运单就是货物的机票，既是货物的主要运输文件，也是申报海关的文件。航空货运单务必由托运人或以托运人的名义填制，是托运人托运货物和交付运费的收据，也是托运人要求航空公司代办保险的证明。总之，航空货运单是航空公司和托运人缔结运输契约的书面凭证，是航空公司运输、查询和处理货物的主要依据。

航空货运单分国际航空货运单和国内航空货运单。我国国际航空货运单有 12 联，包括 3 联正本、6 联副本和 3 联额外副本。我国的国内航空货运单有 8 联，包括 3 联正本、5 联副本。航空货运单的每联上都注明该联的用途。作为运输合同的凭证，航空货运单是有有效期的，其法律有效期至运输停止之日起两年内有效。

需要强调的是，航空货运单有以下两个有别于其他运输合同的特点。

（1）航空货运单是不可转让的，一张货运单只用于一个托运人在同一时间、同一地点托运的，由承运人承运的，运往同一目的地的一件或多件货物。

（2）每份航空货运单都有一个无可替代的号码，运单号码由三部分组成。以货运单号 113-57328202 来说明：113 为航空公司 IATA（国际航空运输协会）票证代码，5732820 为货运单的序号，2 为检验号（是货运单序号的 7 位数字除以 7 所得的余数）。

如图 3-1 所示为国际货运单样例，如图 3-2 所示为国内货运单样例。

二、航空货运单的填制

航空货运单是根据托运人填写的货物托运书上的内容填制的。托运书是托运人提供给航空公司或其代理人填开航空货运单的一种表单，表单上有填制货运单的内容和托运人授权航空公司或其代理人代替在货运单上签字的文字说明。

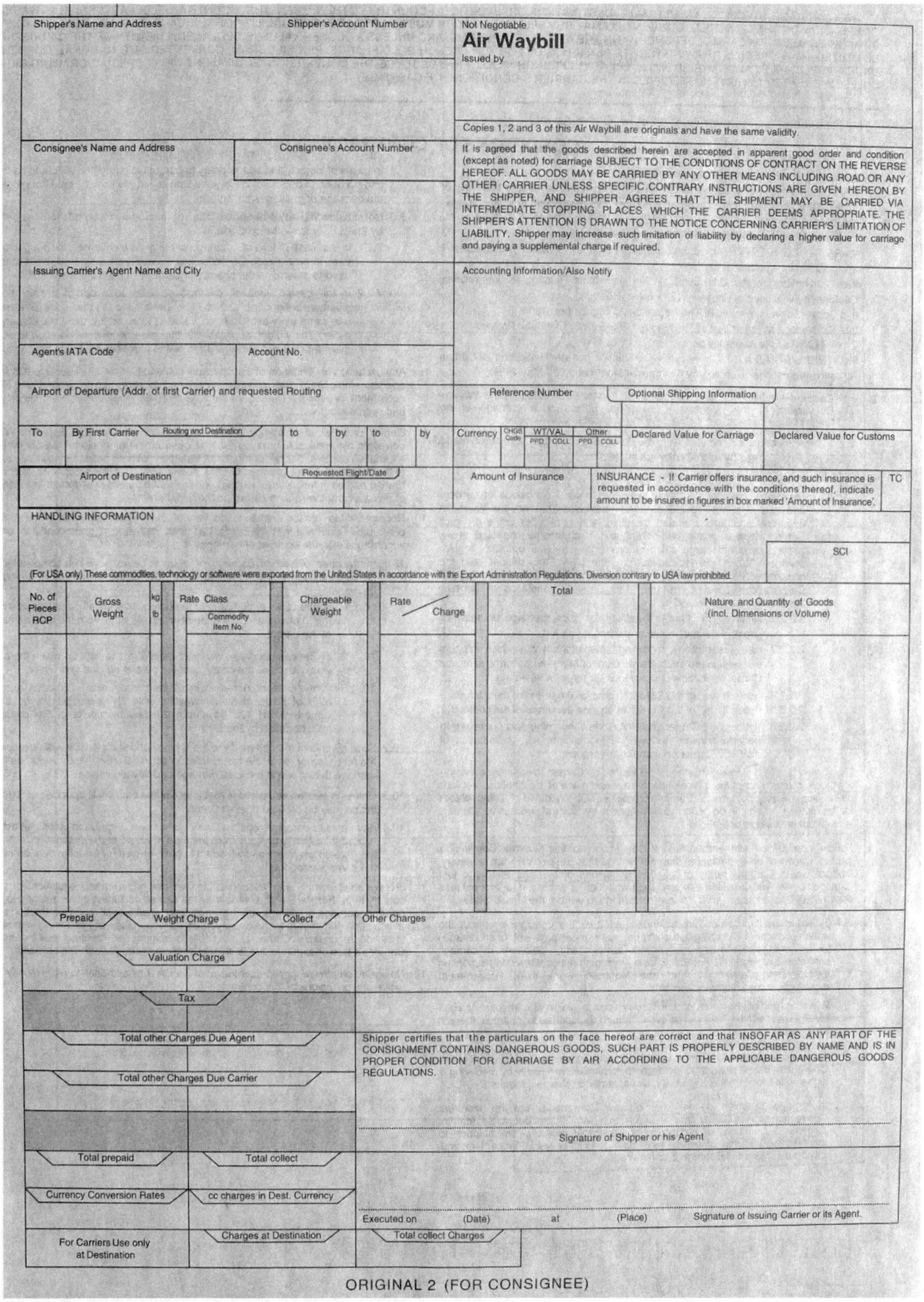
Shipper's Name and Address | Shipper's Account Number

Not Negotiable
Air Waybill
issued by

Copies 1, 2 and 3 of this Air Waybill are originals and have the same validity.

Consignee's Name and Address | Consignee's Account Number

It is agreed that the goods described herein are accepted in apparent good order and condition (except as noted) for carriage SUBJECT TO THE CONDITIONS OF CONTRACT ON THE REVERSE HEREOF. ALL GOODS MAY BE CARRIED BY ANY OTHER MEANS INCLUDING ROAD OR ANY OTHER CARRIER UNLESS SPECIFIC CONTRARY INSTRUCTIONS ARE GIVEN HEREON BY THE SHIPPER, AND SHIPPER AGREES THAT THE SHIPMENT MAY BE CARRIED VIA INTERMEDIATE STOPPING PLACES WHICH THE CARRIER DEEMS APPROPRIATE. THE SHIPPER'S ATTENTION IS DRAWN TO THE NOTICE CONCERNING CARRIER'S LIMITATION OF LIABILITY. Shipper may increase such limitation of liability by declaring a higher value for carriage and paying a supplemental charge if required.

Issuing Carrier's Agent Name and City | Accounting Information/Also Notify

Agent's IATA Code | Account No.

Airport of Departure (Addr. of first Carrier) and requested Routing | Reference Number | Optional Shipping Information

To | By First Carrier | Routing and Destination | to | by | to | by | Currency | CHGS Code | WT/VAL PPD COLL | Other PPD COLL | Declared Value for Carriage | Declared Value for Customs

Airport of Destination | Requested Flight/Date | Amount of Insurance | INSURANCE - If Carrier offers insurance, and such insurance is requested in accordance with the conditions thereof, indicate amount to be insured in figures in box marked 'Amount of Insurance'. | TC

HANDLING INFORMATION

SCI

(For USA only) These commodities, technology or software were exported from the United States in accordance with the Export Administration Regulations. Diversion contrary to USA law prohibited.

No. of Pieces RCP	Gross Weight	kg lb	Rate Class (Commodity Item No.)	Chargeable Weight	Rate / Charge	Total	Nature and Quantity of Goods (incl. Dimensions or Volume)

Prepaid | Weight Charge | Collect | Other Charges

Valuation Charge

Tax

Total other Charges Due Agent

Shipper certifies that the particulars on the face hereof are correct and that INSOFAR AS ANY PART OF THE CONSIGNMENT CONTAINS DANGEROUS GOODS, SUCH PART IS PROPERLY DESCRIBED BY NAME AND IS IN PROPER CONDITION FOR CARRIAGE BY AIR ACCORDING TO THE APPLICABLE DANGEROUS GOODS REGULATIONS.

Total other Charges Due Carrier

Signature of Shipper or his Agent

Total prepaid | Total collect

Currency Conversion Rates | cc charges in Dest. Currency

Executed on (Date) at (Place) Signature of Issuing Carrier or its Agent.

For Carriers Use only at Destination | Charges at Destination | Total collect Charges

ORIGINAL 2 (FOR CONSIGNEE)

图 3-1 国际货运单样例

始发站 Airport of Departure		目的站 Airport of Destination		不得转让 NOT NEGOTIABLE 航空货运单 AIR WAYBILL 印发人 Issued by
托运人姓名、地址、邮编、电话号码 Shipper's Name, Address, Postcode & Telephone No.				航空货运单一、二、三联为正本，并具有同等法律效力。Copies 1, 2 and 3 of this Air Waybill are originals and have the same validity
收货人姓名、地址、邮编、电话号码 Consignee's Name, Address, Postcode & Telephone No.				结算注意事项 Accounting Information 填开货运单的代理人名称 Issuing Carrier's Agent Name

航线 Routing	到达站 To	第一承运人 By First Carrier	到达站 To	承运人 By	到达站 To	承运人 By
航班/日期 Flight/Date		航班/日期 Flight/Date	运输声明价值 Declared Value for Carriage		运输保险价值 Amount of Insurance	

储运注意事项及其它 Handling Information and Others

件数 No. of Pcs. 运价点 RCP	毛重（千克）Gross Weight (Kg)	运价种类 Rate Class	商品代号 Comm. Item No.	计费重量（千克）Chargeable Weight (Kg)	费率 Rate/Kg	航空运费 Weight Charge	货物品名（包括包装、尺寸或体积）Description of Goods (incl. Packaging, Dimensions or Volume)

预付 Prepaid		到付 Collect	其它费用 Other Charges
	航空运费 Weight Charge		本人郑重声明：此航空货运单上所填货物品名和货物运输声明价值与实际交运货物品名和货物实际价值完全一致。并对所填航空货运单和所提供的与运输有关文件的真实性和准确性负责。 Shipper certifies that description of goods and declared value for carriage on the face hereof are consistent with actual description of goods and actual value of goods and that particulars on the face hereof are correct.
	声明价值附加费 Valuation Charge		
	地面运费 Surface Charge		
	其它费用 Other Charges		托运人或其代理人签字、盖章 Signature of Shipper or His Agent
			填开日期 Executed on (Date)　填开地点 At (Place)　填开人或其代理人签字、盖章 Signature of Issuing Carrier or Its Agent
	总额（人民币）Total (CNY)		
付款方式 Form of Payment			

图 3-2　国内货运单样例

下面对照图 3-3 所示的国际货运单样本，介绍填写要求。

1——航空公司票据代码，如 113；

2——货运单序号及检验号，如 57328202；

3——始发站机场（要填机场 IATA 三字代码）；

4——托运人的姓名和地址；

第三章　航空货运操作实务

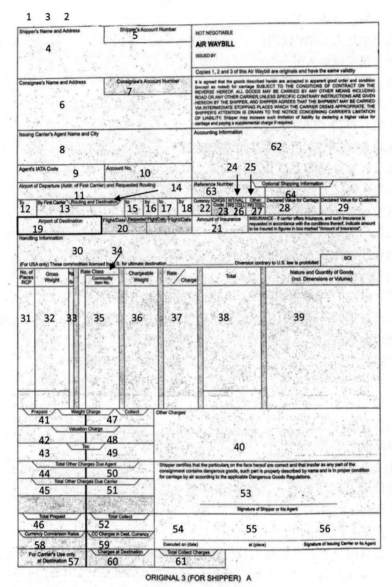

图 3-3　国际货运单样本

5——托运人的账号（允许不填）；

6——收货人的姓名和地址；

7——收货人的账号（允许不填）；

8——货运单的承运人的代理人；

9——国际航协代码；

10——账号（允许不填）；

11——始发站机场（第一承运人地址）和所要求的运输路线；

12——至（第一承运人）；

13——第一承运人 IATA 代码；

14——运输路线和目的站；

15——至（第二承运人）；

16——第二承运人 IATA 代码；

17——至（第三承运人）；

18——第三承运人 IATA 代码；

19——目地站机场，一定要填写目的站全称或目的站城市全称；

20——航班、日期（仅供承运人用）；

21——保险金额，如无，必须打印"XXX"；

22——货币（始发国的 ISO 货币代码）；

23——运费代码（允许不填）；

24——航空运费（货物计费重量乘以适用的运价）；

25——始发站的其他费用；

26——运费预付；

27——运费到付；

28——供运输用的声明价值，如无声明价值，此栏必须打印"NVD"（无声明价值）；

29——供海关用的声明价值，如无声明价值，此栏必须打印"NCV"（无商业价值）；

30——储运注意事项；

31——件数，运价组合点（运价组合点城市的 IATA 三字代码）；

32——毛重（货物实际毛重，单位为千克，保留小数后两位）；

33——重量单位（千克为 K，磅为 L）；

34——运价等级；

35——商品品名编码；

36——计费重量；

37——运价/运费；

38——总计；

39——货物品名和数量；

40——其他费用（始发站运输中发生的其他费用，如货运单费、危险品处理费、动物处理费等）；

41——预付运费；

42——预付声明价值附加费；

43——预付税款；

44——预付由代理人收取的其他费用总和；

45——预付由承运人收取的其他费用总和；

46——预付总计（41+42+43+44+45）；

47——到付运费；

48——到付声明价值附加费；

49——到付税款；

50——到付由代理人收取的其他费用总和；

51——到付由承运人收取的其他费用总和；

52——到付总计（47+48+49+50+51）；

53——托运人证明栏(托运人在此栏签名或盖章);

54——承运人填写货运单的日期;

55——承运人填写货运单的地点;

56——填写货运单的承运人或代理人签字;

57——仅供承运人在目的站使用(无需填写);

58——货币兑换比价(目的站的国家货币代码和兑换比率);

59——用目的站的国家货币付费;

60——在目的站产生的费用(如利息等);

61——到付费用总额(59+60);

62——财务说明(付款方式,如现金或支票);

63——参考数(允许不填);

64——任意的装载指示(允许不填)。

如图3-4所示为已填写完成后的国际货运单样本。

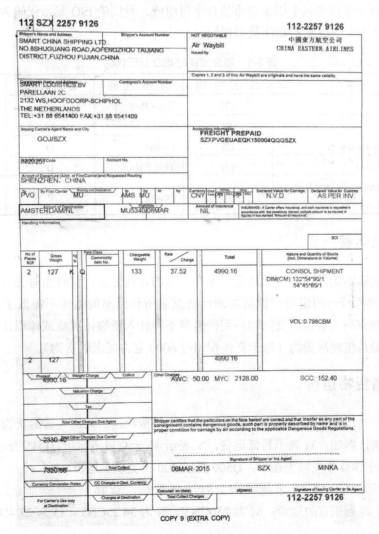

图3-4 已填写完成后的国际货运单样本

第二节 运价和运费

一、运价

运价即费率或称运价率,是航空公司为运输货物规定的单位重量(或体积)收取的费用。运价只是机场之间的空中运输费用,不包括航空公司、代理人或机场收取的其他费用。运价一般以始发站国家的货币表示,并严格按照始发站向到达站的方向使用。所有的航空公司都会遵循各种运价计算出的航空运费以最低运费优先的原则。

二、货币

国际标准化组织(ISO)在1990年1月1日公布了统一的货币代号,每一ISO货币代号由国家代码的两个字母和这个国家货币的首字母组成。我国的ISO货币代码为CNY。

表3-1列举了一些国家的ISO货币代码。

表3-1 部分国家的ISO货币代码

国　　家	二字代码	货币名称	货币首字母	ISO货币代码
China,P.R	CN	Yuan Renminbi	Y	CNY
Japan	JP	Yen	Y	JPY
United States of America	US	Dollar	D	USD
Kingdom of Thailand	TH	Thai Baht	B	THB
The United Kingdom of Great Britain and Northern Ireland	GB	Pound	P	GBP

三、最低运费

航空货物运输的始发站和目的站之间都有公布的直达运价,同时也有公布的最低运费。所有的航空公司都统一约定每一批货物的计费重量所计算出的运费不得低于公布的最低运费,且如果货物有声明价值,货物的声明价值费不得计入货物按重量或体积计算出的运费;这里的体积重量是指轻泡货物(每千克体积超过6000立方厘米的货物)。

四、普通货物运价

航空普通货物运价是指除去指定商品运价和等级货物运价外适合普通货物运输的运价,一般有多个等级。例如,M表示最低运费,N表示45千克以下运价,Q45表示45千克以上运价,Q300表示300千克以上运价,Q500表示500千克以上运价。

例如,托运人有一票普通货物从上海运到东京,货物毛重5千克,体积50cm×50cm×10cm。上海到东京的运价:M为230CNY,N为36.25CNY,Q为27.45CNY。求这票货物的运费。

步骤如下：

第一步，体积重量：50cm×50cm×10cm=25000cm^3÷6000cm^3/kg=4.16kg≈4.5kg

　　　　　计费重量：5kg（4.5kg＜5kg）

第二步，计算运费：5kg×36.25CNY=181.25CNY

　　　　　运费比较：181.25CNY＜230CNY

第三步，收取运费：230CNY

注：计费重量是按照 0.5 千克为单位的，重量不足 0.5 千克按照 0.5 千克计算，重量超过 0.5 千克的则按照 1 千克计算。

五、指定商品运价

指定商品运价是一种优惠运价，要低于相应的普通货物运价，只适用于从指定的始发站到指定的目的地运输特定品名的货物，一般是运输批量大、季节性强、单位价值低的货物，如纺织品、纸张、橡胶等。在使用指定商品运价时，货物的起讫地、运价的使用期限和货物的最低重量等都是有条件的。指定商品运价代码用"C"表示。

六、等级货物运价

等级货物运价是在普通货物运价的基础上附加（S）或附减（R）一定百分比构成的，是航空公司在规定的业务区或业务区之间运输特别指定的等级商品的运价。在 IATA 的规定里，等级货物包括贵重货物，作为货物运输的行李，书报杂志类货物，尸体灵柩与骨灰，活动物，邮件、快件及特种货物（国内航空运输）和汽车等。前五种是 TACT 运价中规定的，后两种是随着货运的发展才被归入等级货物运价中的。

七、混合运价

混合运价又称混运货物运价，是指在同一份货运单运输的货物中有不同运价的货物，如瓷器、书。收取运费的方法是，先把这票货物作为整体计算运费，再按分别申报的品名计算运费，两者比较取低者。

八、到付运费

运费到付不是所有国家都接受的。我国是允许货物到付的，如果货物是运费到付的，要将始发站的货币换算成目的站货币，汇率以付款当日银行牌价为准，同时要向收货人收取运费到付手续费。

$$运费到付手续费=(运费+声明价值附加费)×2\%$$

下面举例说明一下到付运费的收取。

例如，有一票货物从芝加哥运到上海，货运单上的到付总运费为 7390.32USD（美元），如果采用运费到付的方式，计算应收取多少到付运费。

第一步，查汇率：1 美元=6.1115 元人民币

第二步，计算运费：7390.32 美元×6.1115=45165.94 元人民币

计算运费到付手续费：45165.94 元人民币×2%=903.32 元人民币

第三步，收取到付运费：45165.94 元人民币+903.32 元人民币=46069.26 元人民币

第三节　特种货物运输

一、贵重货物运输

航空贵重品是指毛重每千克货物运输时的声明价值，国际货物超过 1000 美元或等值货币，国内货物超过 2000 元人民币，以及含有如图 3-5 所示中的一种或多种的货物。

> 黄金、铂金、铱、铑、钯等稀贵金属及其制品；
> 各类宝石、玉器、钻石、珍珠及其制品；
> 白银及其银质首饰、珍贵文物（包括书、古玩、名人字画等）；
> 现钞、纪念币、有价证券（包括股票、债券、印有面值的各种票据、已填写的运输凭证和已有银行填写的存折、支票、汇票等）。

图 3-5　贵重品

为了保证贵重货物的安全运输，贵重货物是不和其他货物使用同一张运单的，而且货运单的品名栏务必注明"贵重货物"。贵重货物尽量选择直达航班，如必须中转也应订妥全程航班，并收到对方确认后方可起运。贵重货物的运价是用等级货物运价附加的。贵重货物的包装是贵重货物安全运输的再次保证，一定要坚固完好，最好装在木制或铁制的箱内，包装上要有托运人的封志，写明托运人的名称、地址并保证与货运单上的一致。贵重货物在货物的始发站、中转站和目的站都必须存放在贵重物品仓库，确保安全操作。贵重货物在运输途中也应装在有特别安全控制或指定的区域，由机上工作人员上锁封存。

二、活动物运输

活动物运输在航空运输中比较特殊，运输途中动物一定要放置在有氧舱，不可与其他普通货物混运，除非全部是活动物。由于活动物的特殊性，运价是附加的且运费不可到付。活动物的运输文件务必提供活动物健康证明书、动物检疫证明书及相关的进出口许可证。活动物的包装是活动物安全运输的重要保证，要清洁，容器应牢固，防止逃逸，同时要有防粪便外溢装置，附加食物应挂拴在动物容器上。容器的大小应考虑活动物合理的活动范围。活动物尽量选择直达航班，如必须中转也应订妥全程航班，并收到确认方可起运。

每一种动物都有不同的习性，活动物在运输、寄养途中尽量按动物习性放置，如野生哺乳动物和爬行动物喜暗，应放置在安静、阴凉处，家禽或鸟类放置在敞亮处。实验类动物应与其他动物分开存放。活动物不能与食品、放射性物质、毒性物质、传染性物质、灵柩、干冰等存放在一起。存放活动物的区域应定期清扫，每隔 24 小时进行消毒。

如图 3-6 和图 3-7 所示为活动物的航空托运包装。

图 3-6　活动物的航空托运包装 1

图 3-7　活动物的航空托运包装 2

三、危险品运输

危险品（Dangerous Goods）是指对健康、安全、财产或环境构成严重危害，并在 ICAO《危险品安全运输技术细则》的危险品表中列出并进行分类的物品或物质。有些危险品的危险性太大以至于禁止在任何飞机上运输，有些则可以装在全货机上，还有的可以装在客机和货机上。具体请参阅国际航协出版的《危险品规则》来确定其可否进行航空运输。

（一）危险品的分类（见表 3-2）

表 3-2　危险品的分类

类　别	项　别	内　容
第一类		爆炸品
	1.1 项	具有整体爆炸危险性的物品和物质
	1.2 项	具有喷射危险性而无整体爆炸危险性的物品和物质
	1.3 项	具有起火危险性和轻微的爆炸危险性或轻微的喷射危险性，或两者兼而有之，但无整体爆炸危险性的物品和物质
	1.4 项	不存在显著危险性的物品和物质
	1.5 项	具有整体爆炸危险性的非常不敏感物质
	1.6 项	无整体爆炸危险性的非常不敏感物质
第二类		气体
	2.1 项	易燃气体
	2.2 项	非易燃无毒气体
	2.3 项	有毒气体
第三类		易燃液体
第四类		易燃固体、自燃物质、遇水释放易燃气体的物质
	4.1 项	易燃固体
	4.2 项	自燃物质
	4.3 项	遇水释放易燃气体的物质
第五类		氧化性物质和有机过氧化物
	5.1 项	氧化性物质
	5.2 项	有机过氧化物
第六类		有毒物质和感染性物质
	6.1 项	有毒物质
	6.2 项	感染性物质

续表

类　别	项　别	内　容
第七类		放射性物品
第八类		腐蚀性物质
第九类		杂项危险物品和物质，包括环境污染物质

根据危险性程度不同，危险品的危险性分为以下三个包装等级：I 级危险性较大，II 级危险性中等，III 级危险性较小。

（二）托运人危险品申报单

在托运每一件危险品时，托运人应按国际航协《危险品规则》中的定义和分类，填写好《托运人危险品申报单》（以下简称申报单）。交运危险品时托运人必须用正确的方法填写正确的表格，确保表格内所填内容的准确性、容易识别和耐久，确保在向航空公司交运货物时申报单已按规定的要求签署，而且货物已经按照国际航协《危险品规则》的规定准备完毕。

如图 3-8 所示为危险品申报单实样。

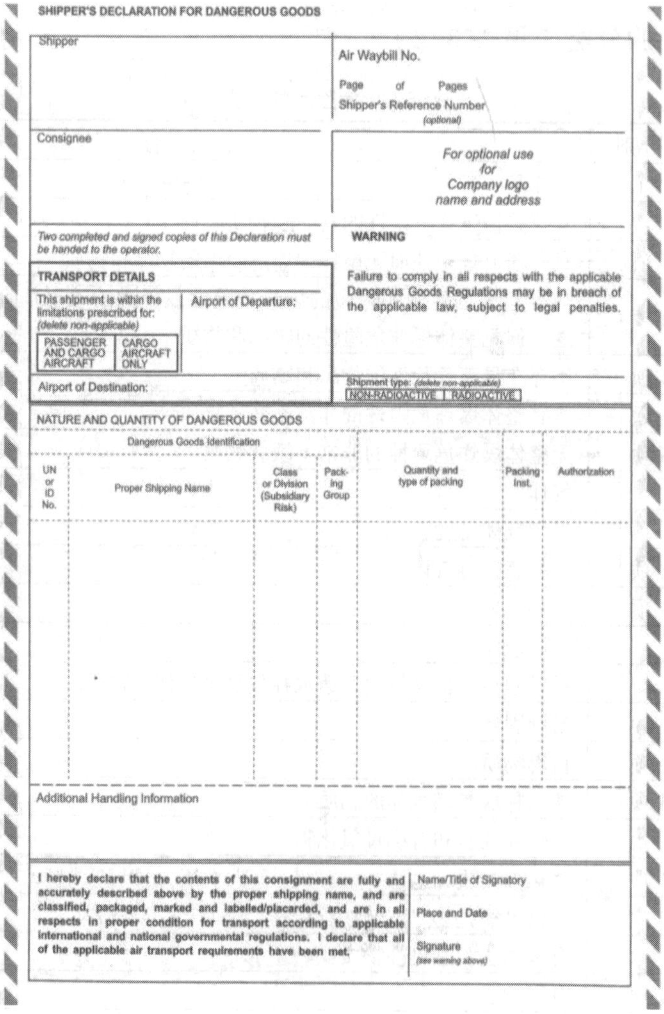
SHIPPER'S DECLARATION FOR DANGEROUS GOODS

Shipper

Air Waybill No.

Page of Pages

Shipper's Reference Number (optional)

Consignee

For optional use for Company logo name and address

Two completed and signed copies of this Declaration must be handed to the operator.

WARNING

Failure to comply in all respects with the applicable Dangerous Goods Regulations may be in breach of the applicable law, subject to legal penalties.

TRANSPORT DETAILS

This shipment is within the limitations prescribed for: (delete non-applicable)

PASSENGER AND CARGO AIRCRAFT | CARGO AIRCRAFT ONLY

Airport of Departure:

Airport of Destination:

Shipment type: (delete non-applicable) NON-RADIOACTIVE | RADIOACTIVE

NATURE AND QUANTITY OF DANGEROUS GOODS

Dangerous Goods Identification						
UN or ID No.	Proper Shipping Name	Class or Division (Subsidiary Risk)	Packing Group	Quantity and type of packing	Packing Inst.	Authorization

Additional Handling Information

I hereby declare that the contents of this consignment are fully and accurately described above by the proper shipping name, and are classified, packaged, marked and labelled/placarded, and are in all respects in proper condition for transport according to applicable international and national governmental regulations. I declare that all of the applicable air transport requirements have been met.

Name/Title of Signatory

Place and Date

Signature (see warning above)

图 3-8　危险品申报单实样

（三）例外数量危险品

极少量的危险品可以作为例外数量危险品载运，并可以免受《危险品规则》关于危险品标记、装载和文件要求的限制，该类货物定义为例外数量危险品。只有允许客机运输且符合表 3-3 中类别、项别和包装等级（如适用）标准的危险品，方可按例外数量危险品的规定进行运输。

表 3-3　可作例外数量危险品

序号	可作例外数量危险品
1	无次要危险性的 2.2 项物质，但不包括 UN1950、UN2037、UN2857、UN3164
2	第三类物质，所有包装等级，但不包括次要危险性、包装等级 I 级的物质和 UN1204、UN2059、UN3473
3	第四类物质，II 级和 III 级包装，但不包括自身反应物质和 UN2555、UN2556、UN2557、UN2907、UN3292、UN3476
4	5.1 项的物质，II 级和 III 级包装
5	仅限于装在化学品箱或急救箱的 5.2 项物质
6	除了 I 级包装具有吸入毒性的物质外，所有 6.1 项中的物质
7	第八类物质，III 级和 II 级包装，但 UN1774、UN2794、UN2795、UN2800、UN2803、UN2809、UN3028 和 UN3477 除外
8	第九类物质，仅限固态二氧化氮、转基因生物、转基因微生物

注：以上类别、项别和包装等级的物品与物质也可以是例外包装件中的放射性物质。

有关例外数量危险品的内包装及每个包装件的最大允许净含量的具体要求如表 3-4 所示。

表 3-4　例外数量危险品代号（DGR2.6.A）

代码	最大内包装数量	最大外包装数量
E0	不允许例外数量	
E1	30g/30mL	1kg/1L
E2	30g/30mL	500g/500mL
E3	30g/30mL	300g/300mL
E4	1g/1mL	500g/500mL
E5	1g/1mL	300g/300mL

托运人在向经营人交运货物前，必须确保例外数量危险品的包装件能够承受正常航空运输的条件，不需要特别操作、装载或仓储条件，即可能需要避免阳光直射、通风及远离热源等。

例外数量的危险品不允许装入或作为交运行李、手提行李及航空邮件运输。

包装件必须粘贴如图 3-9 和图 3-10 所示的标记或标签。标记或标签的最小尺寸为 100 毫米×100 毫米。如有次要危险性，必须在标记或标签上标明。

注：*——需填写类别、项别的标号，**——需在此注明包装件上未注明的托运人或收货人的姓名。

图 3-9　例外数量包装件标记

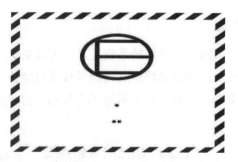

图 3-10　例外数量放射性物质包装件标签

（四）限制数量危险品

对于某些危险品，如果符合国际航协《危险品规则》关于限制数量危险品包装、数量限制和包装件测试等规定，可以作为限制数量危险品进行运输。除另有规定外，对于限制数量危险品的所有要求同样适用于客机和货机。

准许运输的限制数量危险品如表 3-5 所示。

表 3-5　准许运输的限制数量危险品

类　别	具　体　物　品
第二类	2.1 项和 2.2 项中的 UN1950，无次要危险性的 2.1 项和 2.2 项中的 UN2037
第三类	属于包装等级 II、III 级的易燃液体
第四类	4.1 项中属于包装等级 II、III 级的易燃固体，但自身反应物质除外（不考虑包装等级）；4.3 项中属于包装等级 II、III 级的物质，只限固体
第五类	5.1 项中属于包装等级 II、III 级的氧化剂；5.2 项中仅限包装在化学品箱或急救箱内的有机过氧化物
第六类	属于包装等级 II、III 级的 6.1 项的毒性物质
第八类	属于包装等级 II、III 级的第八类腐蚀性物品，但不包括编号 UN2794、UN2795、UN2803、UN2809 和 UN3028 的物质
第九类	仅限第九类物质中的二溴二氟甲烷（UN1941）、苯甲醛（UN1990）、硝酸铵肥料（UN2071）、危害环境物质[固体，泛指名称 Environmentally hazardous substance，Solid，n.o.s（UN3077）]；[液体，泛指名称 Environmentally hazardous substance，Liquid，n.o.s（UN3082）]，化学品箱或急救箱（UN3316）

每个包装的净数量不得超过危险品表中相应栏标示的数量，且每个包装件的毛重不得超过 30 千克。

限制数量危险品的包装应按照危险品表中相应栏内的前缀为"Y"的限制数量包装说明的要求进行包装。必须使用组合包装，不允许使用单一包装。内包装必须符合 DGR6.1 的要求，外包装必须经过严格设计制造以使其达到 DGR6.2 的结构要求。限制数量包装件必须标有如图 3-11 所示的"有限数量"标记。

图 3-11　"有限数量"标记

（五）危险品的包装

危险品的包装是危险品安全航空运输的重要保证，国际航协《危险品规则》为所有可进行航空运输的危险品提供了包装说明，所有允许航空运输的危险品数量都受到国际航协《危险品规则》的严格限制。托运人必须按照国际航协《危险品规则》的要求对货物进行正确的包装。

危险品的包装分为单一包装和组合包装。单一包装是指在运输过程中，不需要任何内包装来完成其盛放功能的包装，一般由钢铁、铝、塑料或其他被许可的材料制成。组合包装是指木材、纤维板、金属或塑料制成一层外包装，由金属、塑料、玻璃或陶瓷制成内包装，根据不同需要，包装内还有可以吸附或衬垫的材料。

危险品的包装类型分为 UN 规格包装、限制数量包装、例外数量包装和其他类型包装等（不包括放射性物质）。干冰作为制冷剂运输时要求包装件不能密封，要保证通风，外包装要粘贴九类标签，并标注每个包装件内干冰的净含量。

（六）危险品的标记和标签

在进行航空运输时，必须在每一危险品的包装件和每一含有危险品的集合包装件上正确标注所需的标记和标签。每一包装件上必须有足够的位置粘贴所需的标记和标签。

1. 标记

标记分为两类，一类为包装件规格标记，用以识别包装设计和规格。无论是否用于特定托运的货物，收货人和托运人都必须符合国际航协《危险品规则》的 6.0.4 节至 6.0.7 节包装标记规定的要求，这类标记通常为制造商所应用，但仍然是托运人的职责。另一类标记仅为托运人应用，这类标记作为某一货物使用的特定包装标记，如说明内装物、收货人和托运人等，必须符合国际航协《危险品规则》7.1.5 节包装使用标记的有关规定。这里所指包装的规格标记不适用于限量包装。

2. 标签

标签分为两种，一种是危险性标签（45°角正方形），绝大多数危险品需要这种标签；另一种是操作标签（各种长方形），某些危险品需要这种标签，可单独使用，也可与危险性标签同时使用。

如图 3-12 所示为航空危险性标签，如图 3-13 所示为航空危险品操作标签。

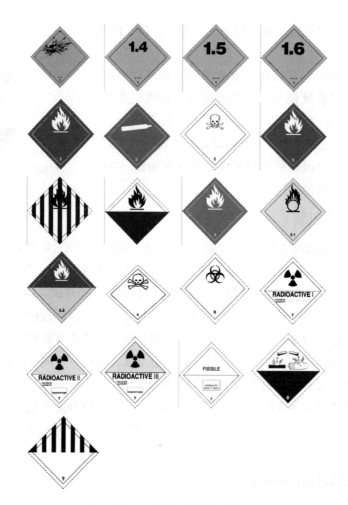

图 3-12 航空危险性标签

（a）磁性物品标签　　　　　（b）仅限货机标签　　　　　（c）方向性标签

（d）冷冻液体标签　　（e）放射性物质例外包装件　　（f）远离热源标签　　（g）锂电池标签

图 3-13 航空危险品操作标签

（七）案例[①]

关于对申通快递有限公司等三家货运代理企业违规行为的处理通告

2014 年 3 月 10 日，吉祥航空 HO1253 航班在执行上海飞往北京的班机任务过程中，货舱烟雾警告装置被触发，班机紧急备降济南遥墙机场。

经查，该航班共承运三票货物，236 件，1689 千克。涉案货物货号为 768198656934，属于货运单 018-06440700。该票货物是申通快递有限公司的快件，货运单上填写的货物品名为"标书、鞋子、连接线和轴承"，托运人为上海申海杰国际物流有限公司，收货人为北京市多元申通快递服务有限公司。实际货物中含有危险品"二乙胺基三氟化硫"，UN 编号为"UN2920"，运输专用名称为"腐蚀性液体，易燃"（Corrosive liquid,flammable,n.o.s*），主要危险性为腐蚀性（第八类），次要危险性为易燃液体（第三类）。

中国航协华东代表处于 2014 年 3 月 11 日早上 8:30 接到 HO1253 航班于 3 月 10 日货舱烟雾警告事件的通知，随即召集申通快递有限公司、上海秉信物流有限公司、上海申海杰国际物流有限公司三家相关代理企业就此事件进行了约谈。

申通快递有限公司为揽货方，因与航空公司无销售代理协议，交由上海秉信物流有限公司运送；上海秉信物流有限公司也未与航空公司签订销售代理协议，将货物转交持有航空货运单的上海申海杰国际物流有限公司进行托运。

鉴于这三家公司超出经营范围承揽危险品，在未按照民航 276 部规章与委托航空公司签订危险品协议的情况下，采取隐瞒手法将危险品谎报为普通货物运输，性质十分恶劣，严重危及民航安全。

根据《中国民用航空运输销售代理资格认可办法》的有关规定，中国航空运输协会决定注销申通快递有限公司、上海秉信物流有限公司、上海申海杰国际物流有限公司的货运销售代理资质。

鉴于在调查中发现上海申海杰国际物流有限公司与上海利腾货运代理有限公司、上海翔鹰航空服务有限公司的实际控制人相同，决定同时对上海利腾货运代理有限公司、上海翔鹰航空服务有限公司停业整顿 3 个月，视其整改情况再做进一步处理。

中国航空运输协会要求各销售代理企业，从此次恶意违章事件中吸取深刻教训，真正充分认识到隐报、瞒报、夹带危险品对民航运输安全可能造成的巨大危害和严重后果，切实遵守和执行《中国民用航空危险品运输管理规定》和《民用航空货物运输安全保卫规则》，严格履行收运职责，坚决杜绝隐报、瞒报、夹带等危及航空运输安全的事件再次发生。

四、尸体骨灰运输

在航空运输中，尸体灵柩、骨灰的运输也是比较常见的。灵柩的运输必须提供卫生或其他有关部门出示的死亡证明书、入殓证明书、防腐证明及各航空公司所需的文件。骨灰的运输必须提供死亡证明、殡仪馆的证明及各航空公司所需的文件。尸体灵柩、骨灰的运输尽量选择直达航班，如需中转也要订妥全程航班并得到对方确认。尸体灵柩、骨灰的运价是附加

[①] 资料来源：申通快递等三家企业货运销售代理资质被注销. 中国民航报，2014-03-13.

的，且运费不可到付。灵柩尽量装在集装板上并水平放置，必须贴上"不可倒置"的标签，同时远离活动物和食品。

五、湿货运输

航空湿货是指带水或会出水的货物，包括鲜鱼、虾、肉等，活鳗鱼、龙虾、小龙虾，湿的鲜花、蔬菜，软饮料，需冷藏的物品，如牛奶、酸奶。

湿货都有一定的保质期，尽量安排最早的航班出运，并选择直达航班。湿货的运输包装必须能防水，且运费不可到付。同时，湿货不可与有毒、传染性物品混装。

六、鲜活易腐货物运输

鲜活易腐货物是指在装卸、储存及运输途中，由于气温变化或运输延误等因素可能导致其变质或失去原有价值的物品。它包括水果，海鲜，鲜花、植物，新鲜蔬菜、肉类，正在孵化的禽蛋，疫苗和医疗设施。

由于鲜活易腐货物具有不稳定性，所以尽量选择直达航班，如需中转，必须订妥全程航班并得到对方确认。鲜活易腐货物的包装要符合各航空公司的运输要求，且运费不可到付。鲜活易腐的货物装机需远离有毒物品和传染性物品，如危险品、尸体、骨灰等。

七、强烈异味货物运输

有些货物会散发出不受欢迎的异味，如大蒜、榴莲、香精油和硫化物，不仅影响乘客，还会渗透到其他货物中，因此有强烈异味的货物在运输时对包装要求较严格，务必保证不散发异味，且运费不可到付。

八、超大超重货物运输

超大超重货物的运输取决于各航空公司提供的机型和装卸设备。超大超重货物的运输必须事先做好安排，订妥全程航班，并收到对方确认方可起运。

九、武器、弹药、战争物资运输

武器、弹药、战争物资在一般情况下属于民用航空的禁运品，如能承运需按危险品运输的相关规定办理。

十、作为货物运输的行李

作为货物运输的行李是指旅客的个人物品，如手提运动器具、手提的乐器等，但不包括珠宝、现金、债券和票证。旅客是作为货物托运的行李的托运人，必须如实申报行李的内容，备齐运输和清关所需文件，且运费不可到付。作为货物运输的行李是在航空免费行李额之外，将行李作为货物托运，不能保证与旅客同机到达。

第四节　邮件的运输

邮件是指邮政部门交给航空运输部门运输的邮政物件，包括信函、印刷品、包裹、报纸和杂志等小件物品。邮件运输是航空货物运输的重要组成部分，所以应按照航班计划，安全、迅速、准确地组织运输。航空邮件运输需填制《航空邮运结算单》，如图 3-14 所示为已填制完成的航空邮运结算单。

始发站	上海	目的站	北京	航空邮运结算单	
邮件托运局名称、地址 上海邮局 电话：021-62686868 联系人：王南航				中国国内航空	
邮件接收局名称、地址 北京邮局 电话：010-38888888 联系人：张吉祥				始发站航方接收邮件单位及制单人员（签章） 制单日期 2014.10.11　制单地点 SHA	
承运人		航班日期		到达站	应分运费
第一承运人：MU		MU5101/12OCT		PEK	
第二承运人：					
第三承运人：					
邮件种类 （特快、普件）		件数 （包括尺寸和体积）		实际重量 （千克）	计费重量 （千克）
普件		20		200	200
航空运费 （元）	费率/千克 （特快）		储运注意事项及其他： 小心轻放		
	费率/千克 （普件） 8.5	1700.00			
总额（元）		1700.00		到达站交接情况 航方交付单位及经手人（签章）王东航 邮方接收单位及经手人（签章）张国航	

图 3-14　已填制完成的航空邮运结算单

邮件运输禁止易燃易爆等危险品的运输。

思 考 题

1. 简述特种货物的分类。
2. 活动物运输有哪些注意事项?
3. 什么是危险品?危险品分为几大类?
4. 危险品分为哪几个包装等级?
5. 例外数量危险品可作为航空邮件运输吗?
6. 限制数量危险品可使用单一包装吗?
7. 危险品的包装形式和包装类型分别可以分为哪几类?
8. 危险品的标签分为哪两大类?

第四章

航空货物安全检查

通过本章学习,您将了解以下知识点。
1. 航空货物安全检查程序;
2. 航空货物的安全检查范围;
3. 证件、人身、车辆检查方法;
4. 智能远程安全检查;
5. 非一般货物的安全检查。

建议课程教学安排 3 学时。

根据民航局关于印发《民用航空货物运输保卫规则》相关规定,所有进入航空货物控制区的航空货物、人员、物品及车辆应当接受安全检查。航空货物安全检查是指对经过航空运输的物品和物质的安全检查。安全检查方式一般包括 X 光机检查、存放 24 小时检查、爆炸物探测仪检查、手工开箱包检查及其他符合民航局要求的检查手段。

第一节 航空货物的安全检查程序和范围

由于一般货物的检查对托运人没有特殊要求,承运人和中国民用航空局对没有特殊规定的货物的安全检查,可按一般的运输程序处理,也就是随到随检,所有物品都需经过 X 光机或其他符合中国民用航空局认可的检查方法的检查。

一、航空货物的安全检查程序

航空货物的安全检查程序一般为先进行单证审核,再结合 X 射线机检查,必要时辅以开箱包检查与爆炸物探测器检查。在实际操作时,应结合各自货物的特点采取相应的检查程序,以确保货物符合航空运输要求,保障空防安全。

(一)单证审核

托运人/代理人提交有效的航空货物交运凭证,安检人员对有关单据进行审核。通过核对航空货物安检申报清单、航空货运单、货物运输条件鉴定书等文件,查看填写内容是否符合交运标准,以初步判定货物是否符合安全检查要求。其中,航空货运单包括国内航空货运单和国际航空货运单。

下面介绍航空货物安检申报清单与航空货物运输条件鉴定书。

1. 航空货物安检申报清单

航空货物安检申报清单是由国家民航局制定的体现航空货物申报信息及安检过程信息的申明单据,分为托运人/代理人部分和安检部分,如图 4-1 所示。

航空货物安检申报清单填写要求如下。

(1)托运人/代理人部分内容应与航空货运单及提供的货物运输条件鉴定书内容相符。

(2)安检部分内容应与实际操作相匹配,不得出现记录不全或漏填。

(3)所有签字栏必须相应操作人员本人签字,不得由他人冒签。

(4)所有签章栏必须加盖公司公章,不得使用其他印章代替。

航空货物安检申报清单（范本）

航空货物托运人名称：________运单号：________日期：________

航空货运销售代理人名称：________航协资质认定代码：________

货物品名	公斤	件数	目的地	航空货物运输条件鉴定书出具单位	鉴定书编号

我声明：以上申报内容真实可信，与实际货物相符，愿承担一切因该货物产生的后果和法律责任。

航空货物托运人签章		航空货运销售代理人签章	

以下由安检人员填写

安全检查开始时间		安全检查结论	
安全检查结束时间			

安全检查通道	____号X光机	X光机操作员		开箱检查员	

安检勤务调度员		单据审核员	
已检货物抽检员		已检货物抽检情况	

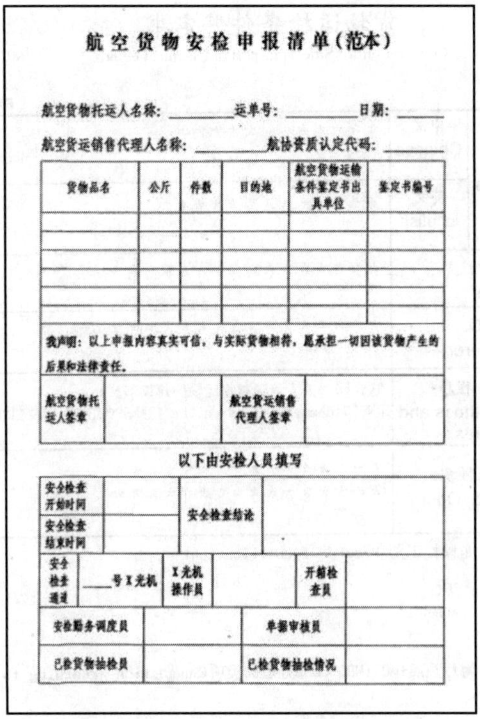

图 4-1　航空货物安检申报清单

2. 航空货物运输条件鉴定书

航空货物运输条件鉴定书是指由承运人认可的具有资质的鉴定机构开具的证明所运输的货物符合航空运输要求的文件。

航空货物运输条件鉴定书样本如图 4-2～图 4-4 所示。

NO. XXXXXXXXXX

CNAS 检查 CNAS IB0071

货物运输条件鉴定书

Certification for Safe Transport of Chemical Goods

普通货物

样品名称：*************

Name of Goods: *************

送样单位：******************

生产单位：******************

上海化工研究院检测中心

（上海天科化工检测有限公司）

Shanghai Research Institute of Chemical Industry Testing Centre

(Shanghai TECH. Chemical Industry Testing Co.,Ltd)

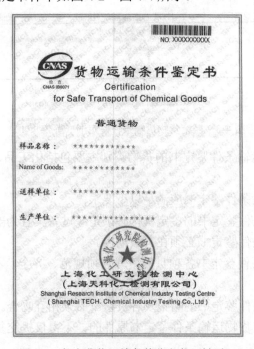

图 4-2　航空货物运输条件鉴定书（封面）

货物运输条件鉴定书
Certification for Safe Transport of Chemical Goods   NO. XXXXXXXXXX

Page 1/2

样品名称 Name of Goods	中文 Chinese	＊＊＊＊＊＊＊＊＊＊＊
	英文 English	＊＊＊＊＊＊＊＊＊＊＊
送检单位 Shipper		＊＊＊＊＊＊＊＊＊＊＊＊＊
生产单位 Manufacturer		＊＊＊＊＊＊＊＊＊＊＊＊＊
检查方法、程序 Insepection Methods and Procedures		联合国《关于危险货物运输的建议书》 UN "Recommendations on the TRANSPORT OF DANGEROUS GOODS"
样品外观与性状 Appearance & Odor		＊＊＊＊＊＊＊＊＊＊＊＊＊ ＊＊＊＊＊＊＊＊＊＊＊＊＊

TRANSPORT INFORMATIO — 鉴定结果

1. 危险性识别(Hazards identification)

   无。
   None.

2. 海运按照IMO IMDG Code办理的类项(Suggestion according to IMO IMDG Code)

   可按普通货物条件办理。
   The substance is not subject to IMO IMDG Code.

3. 包装要求(Packaging requirements)

   可按普通货物条件办理。
   The goods are packaged according to the packaging requirement of ordinary goods.

检查日期：2009年＊月＊日   至 2009年＊月＊日   签发日期：2009年＊月＊日

备注 Comment	无。None.

批准 Approver：   审核 Checker：   主检 Appraiser：

图4-3 航空货物运输条件鉴定书（鉴定页1）

需要提供航空货物运输条件鉴定书的货物类别主要包括化工品、磁性物质、锂电池类货物和危险品等。

提供的航空货物运输条件鉴定书应满足以下要求。

（1）航空货物运输条件鉴定书的鉴定机构必须是经过备案且为安检机构认可的。

（2）航空货物运输条件鉴定书必须在有效期内。

（3）航空货物运输条件鉴定书各项目的填写必须规范、齐全，不得有涂改、粘贴等伪造与变造痕迹。

（4）航空货物运输条件鉴定书的暗记及各页敲章必须相互吻合。

（5）对需要提供航空货物运输条件鉴定书原件的，不得仅提交复印件。

货物运输条件鉴定书
Certification for Safe Transport of Chemical Goods

NO. XXXXXXXXXX

Page 2/2

鉴定项目名称 ITEM	鉴 定 结 果 CONCLUSION
爆炸危险性鉴定 Determination of Explosives	
易燃危险性鉴定 Determination of Flammability	
氧化剂危险性鉴定 Determination of Oxidizing Substances	
毒害危险性鉴定 Determination of Toxic & Infectious Substances	
放射危险性鉴定 Determination of Radioactive Materials	
腐蚀危险性鉴定 Determination of Corrosives	
其他危险性鉴定 Determination of other Dangerous properties	

图 4-4 航空货物运输条件鉴定书（鉴定页 2）

（二）X 射线机检查

安检人员对运输凭证核查无误后，可通过 X 射线机检查，通过比对实际托运的货物与申报情况是否相符，查看图像中有无可疑物品，从而对货物类别进行进一步判断。

对于体积、重量超过 X 光机额定范围的，采取 24 小时存放安全检查方式，其他特殊货物根据规定采取相应的符合民航局要求的检查措施。

（三）开箱包检查

开箱包检查是由安检人员根据检查过程中发现的货物可疑情况，要求托运人/代理人对所交运货物进行开箱开包检查的一种检查手段。

（四）爆炸物探测检查

在 X 射线机检查无误后，根据民航局相关安全等级要求，对经 X 射线机检查后的货物采取一定比例的爆炸物探测抽查，抽查比例根据响应级别不同而改变。

货物经检查合格后，安检人员在货运单/托书上加盖安检放行章，准予交运。

如在安检过程中发现不正常货物，即不符合航空运输条件的货物、违规交运的危险品及违禁品、安检合格后因其他原因导致无法运输的货物等，其主要处置方法包括退运、暂存、注销及移交机场公安机关处理等。

二、航空货物交付时的安全检查范围

航空货物在交付时，除了按规定程序对货物本身进行安全检查外，还应做好交付人员、车辆等相关方面的检查。

（一）证件检查

证件检查是安全检查工作中基础性和专业性较强的工作。在日常工作中，一般证件种类主要包括有效身份证件及机场控制区通行证两种。机场控制区通行证件一般分为人员证件和车辆通行证件。人员证件又分为长期通行证、临时通行证。

1. 证件检查的要求

（1）所有进入航空货物控制区的人员均需接受证件检查。

（2）证件的有效期应在规定的有效期内。

（3）使用临时通行证时，必须出示有效身份证件原件。

（4）持证人与证件照片必须一致，证件须本人持有。

（5）持证人到达的区域应与证件限定的范围相符。

（6）如证件内配有电子芯片，应在进入机场控制区时，在专用读卡设备上进行识读。

2. 人员通行证件的检查要素

无论是长期或是临时通行证件，证件上都需标注持证人照片、公司名称、所属单位、可通行区域、有效期等要素。安检人员应根据当地机场公安机关通行证管理规定实施证件检查工作。

3. 人员通行证件的检查方法

查验证件时应采取检查、观察和询问相结合的方法，具体为一看、二对、三问。

看：就是对证件进行检查，要注意甄别证件的真伪，认真查验证件的外观式样、规格、塑封、照片、印章、颜色、字体、印刷及有效期等主要识别特征是否与规定相符，有无变造、伪造的疑点。如人员通行证件内含电子芯片，应使用读卡设备对证件进行识读，辨别真伪。

对：就是观察与辨别持证人与证件照片的性别、年龄、相貌特征是否吻合，有无疑点。

问：就是对有疑点的证件，通过简单询问其姓名、单位/部门等进一步加以核实。

（二）人身检查

人身检查是安全技术检查的重要工作，它是采用仪器和手工相结合的方式，对所有进出库区人员的人身进行安全技术检查,其目的是发现其人员身上藏匿的危险品、违禁物品及限制物品,确保空防安全。

1. 人身检查的程序

(1)前衣领→右肩→右大臂外侧→右手→右大臂内侧→腋下→右前胸→右上侧外侧→腰、腹部→左肩→左大臂外侧→左手→左大臂内侧→腋下→左前胸→左上侧外侧→腰、腹部。

(2)从右膝部内侧→裆部→左膝部内侧。

(3)从头部→后衣领→背部→后腰部→臀部→左大腿外侧→左小腿外侧→左腿→左小腿内侧→右小腿内侧→右脚→右小腿外侧→右大腿外侧。

2. 人身检查的重点对象

(1)精神恐慌、言行可疑、伪装镇静者。

(2)冒充熟人、假献殷勤、接受检查过于热情者。

(3)表现不耐烦、催促检查或者言行蛮横、不愿接受检查者。

(4)窥视检查现场、探听安全检查情况等行为异常者。

(5)上级或有关部门通报的来自恐怖活动频繁的国家和地区的人员。

(6)着装与其身份不相符或不合时令者。

(7)检查中发现的其他可疑对象。

3. 人身检查的重点部位

在对所有进出库区人员进行人身检查时,应重点探测检查容易藏匿武器、管制刀具等危险、违禁物品的部位,以达到准确、有效的检查效果。

头部:头发容易被人忽视,但有时也是可能利用的部位。如在头发中可隐藏雷管、子弹等物品。

肩胛:肩胛部位可用于捆绑或粘贴较大点的匕首等违禁物品。

胸部:胸部容易隐匿手枪、匕首、炸药等危险品,特别是女性。可利用生理特点藏匿炸药等违禁物品。

臀部:臀部下部容易用来藏匿违禁物品。

腋下:最容易藏匿危险品,应特别注意仔细检查。

裆部:裆部隐藏危险品、毒品情况较多,检查中不容忽视。

腰部:最容易被利用的地方,能隐藏较大型的武器、匕首等,必须从严检查。

腹部:空间较大,从外表上不易看出,需通过摸、按、压等方法从严检查。

脚部:是藏匿枪支、弹药、子弹、刀具的理想位置,而且取用方便,应特别注意。

检查中应特别注意腋下、腰部和裆部等重点部位。

(三)车辆检查

依照有关法律、法规及相关规定,对进入货运控制区的车辆实施安全检查,防止夹带危险品和违禁物品。

1. 车辆检查的基本程序

(1)车辆靠近时,观察车辆外观,确定该车辆属性。

（2）要求车辆熄火，车上人员全数下车执行人身安全检查。

（3）查看车辆通行证件是否与车辆相符，通行区域是否正确。

（4）登记车辆进出时间、驾驶员姓名、车辆牌号等信息。

（5）检查车辆外部及内部情况：

a. 对进入货运控制区的车辆，查看车内有无可疑物品，防止车辆及人员携带违禁品、未经申报的危险品及其他未提供有效证明的可能危及航空安全的可疑物品进入；

b. 对离开货运控制区的车辆，查看车内有无未提供有效证明的货物及其他可疑物品；

c. 查看车辆油箱盖是否盖好，车上是否配有灭火瓶（特别针对各类铲车）；

d. 利用车辆底盘检测仪，从车头开始逆时针绕车身一圈，查看车辆底盘有无装有非正常装置或藏匿物品。

（6）确认无误，予以放行。

（7）如发现可疑情况，会同保安人员控制住人与车辆，报安检作业主管。

如图4-5所示为工作人员对车辆进行检查。

图4-5　工作人员检查车辆

2. 常见车辆种类及其检查重点

不同的车辆种类，由于外观、内部结构、性能及用途不同，检查方法也会有所区别，在对其进行安全检查时，应注意以下重点。

（1）轿车，如图4-6所示，应重点检查车辆内前后排坐垫下、车内抽屉及后备箱内是否有可疑物品。

图4-6　轿车

（2）叉车，如图4-7所示，应重点检查油箱盖是否盖好，灭火器配备是否到位。

（3）集装箱卡车及厢式货车，分别如图4-8和图4-9所示，应重点检查箱体深处是否藏匿可疑物品。

图 4-7　叉车　　　　　　　　　　　图 4-8　集装箱卡车

（4）平板拖车，如图 4-10 所示。未托有航空箱体的，检查车头内部；托运航空箱体的，应打开箱盖，检查内部情况。

图 4-9　厢式货车　　　　　　　　　　图 4-10　平板拖车

三、未来安检发展趋势

随着民用航空事业的飞速发展，当前世界航空货运业正处于蒸蒸日上的阶段，国际贸易与空运业务相互促进，国际航空运输规模日益庞大，中国航空货运在这股大潮中也在不断滋养。在这样的大背景下，航空安全作为保障航空货运业持续发展的重要因素，一直以来起着举足轻重的作用。加之随着科技的不断进步，各式各样的航空货物频现，尤其在邮件和快件货物中，品种繁多复杂，对航空货物的安全检查提出了更高的要求。面对如此严峻而复杂的环境，安检设施设备数量增多，其空间地域分布广泛，各设备之间没有有效联网，数据缺少关联，上级部门对一线情况缺少必要的掌控，安检部门对各查验点日常业务的监管需要投入更大的精力和资源。

目前，安检设施设备也在进一步的研发和改进中，以单极化的模式向网络化发展。将不同类型的安检设备，以数据交换标准，通过网络进行连接，同时构建数据中心，集中运算，集中存储，智能分析，设备互联，然后利用数据计算平台对各类数据、图像进行智能判读。基于图形分析的智能识别系统，能够自动识别出含违禁品的行李、邮件等，在降低劳动强度的同时提高了违禁品检出效率。安检数据交换系统如图 4-11 所示。

所谓数据中心主要用于 X 光图像的智能识别与分析，可自动识别出该物体的种类、属性等特征信息，并根据该信息自动、准确地判别出该物体是否为违禁物品，同时，应用其强大的数据分析能力为相关的数据拓展分析提供保证。安检系统数据中心如图 4-12 所示。

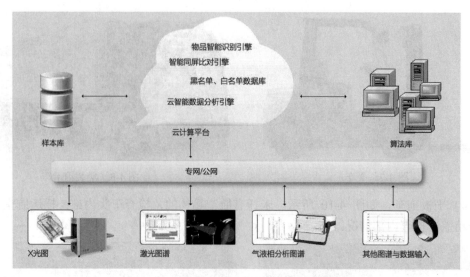

图 4-11 安检数据交换系统

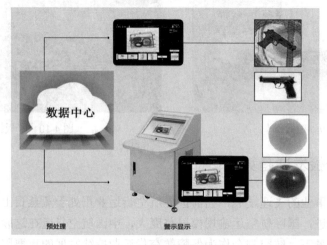

图 4-12 安检系统数据中心

当检测对象被检测到含有疑似违禁品时，系统发出警报并向查验人员发出声响提示，经查验人员确认结果后予以处理，并将识别过程与结果输入计算机，然后由计算机自动归档、分类、存储，并按照一定程序（算法）抽取其特征，当存储的数据足够大时，其关联性、规律性和特殊性将自动显现，作为识别依据应用于嫌疑物的鉴别，为实现安检智能化奠定基础。

第二节　非一般货物的安全检查

一、危险品检查

危险品是指能对健康、安全、财产或环境构成危险，并在国际民用航空组织发布的现行有效的《危险品航空安全运输技术细则》的危险品清单中列明或根据《危险品航空安全运输技术细则》进行分类的物品或物质。

安检人员在对申报品名为危险品的货物进行检查时，应根据由危险品主管部门确认的危险品申报清单及货物运输条件鉴定书等相关文件，对所交运危险品的物理形态等进行符合性检查，防止夹带、隐匿运输与申报内容不符的危险品和国家法律、法规规定的违禁品。

二、超大超重货物检查

超大超重货物是指单体货物的重量超过 X 射线机额定载重或体积超过 X 射线机通道限高、限宽而无法使用 X 射线机进行检查的货物。对于超大超重货物的检查方式主要是采取手工开箱包检查、存放 24 小时及其他中国民用航空局认可的方式进行安全检查。

三、航空邮件的检查

航空邮件是指邮局交给航空运输部门运输的邮政物品，其中包括信函、印刷品、包裹、报纸和杂志等。航空邮件应当按种类用完好的航空邮袋分袋封装，加挂"航空"标牌。

四、其他航空货物的检查

在航空货物的安全检查中，因为一些货物具有特殊性质，所以其检查方法在普通货物检查的基础上提出了一些额外的检查要求。下面对部分类别检查要求进行介绍。

（一）鲜活易腐货物的检查

鲜活易腐货物是指在一般运输条件下，因气候、温度、湿度、气压的变化或者运输时间等原因，容易引起变质、腐烂或者死亡的物品，如肉类、水果类、蔬菜类、鲜花等植物类，水产品类，需要低温保存的食品、药品。

上述货物的安全检查，除了要根据货物的时效性合理安排检查时间，防止货物腐坏变质之外，还应注意对其中起保温作用的冰块、干冰等进行检查。

（二）急（快）件的检查

急（快）件是指托运人要求以最早航班或者在限定时间内将货物运达目的站，并经承运人同意受理的货物，如中央文件、新闻资料、抢险救灾物资和急救药品、援外物资、国防和科研急需物品。

急（快）件货物可根据现场安排，临时开辟专门通道进行安全检查，确保相关货物能准时运输。

（三）生物制品的检查

生物制品是指经国家卫生主管部门批准制造、使用的，用微生物、微生物和动物的毒素、人和动物的血液及组织等制成的，作为人、畜预防治疗与诊断疾病用的制品和带有生命信息的脐血、血浆、种蛋、试剂、疫苗、人体白蛋白、人体球蛋白、胎盘球蛋白、人体活器官。

安检人员在查验国家政府相关部门出具的证明和承运人书面意见后，方可放行。

（四）枪械的检查

枪械包括枪支和警械，是特种管制物品。根据枪支管理法的规定，任何单位和个人未经许可，不得运输枪支。需要运输枪支的，必须向公安机关如实申报运输枪支品种、数量和运输的路线、方式，领取枪支运输许可证。在本省、自治区、直辖市运输的，向运往地设区的市级人民政府公安机关申请领取枪支运输许可证。跨省、自治区、直辖市运输的，向运往地省级人民政府公安机关申请领取枪支运输许可证。境外人员和我国运动员参加国际比赛携带的枪支包括狩猎枪支，凭公安部门或边防检查部门出具的枪支携带证，或者外交部、总政保卫部、省级体育管理部门出具的证明信，准予运输。

（五）骨灰和灵柩的检查

1. 骨灰运输检查

托运人应凭医院出具的死亡证明和殡仪馆出具的火化证明办理骨灰托运手续。骨灰应当装在密封的塑料袋或者其他密封的容器内，外加木盒，最外层用布包裹，通过X射线机检查。

2. 灵柩运输检查

灵柩内必须是非传染性疾病死亡的尸体。

（1）国内运输中托运人应当出示的文件材料包括：

a. 国家民委或者中国伊斯兰协会出具的同意运输的有关证明文件；

b. 卫生检疫部门出具的检疫证明；

c. 死者的身份证件或者复印件；

d. 属于正常死亡的，应当出具县级以上医院签发的死亡证明；

e. 属于非正常死亡的，应当出具县级以上公安机关签发的死亡证明或者法医证明；

f. 国家民委或者中国伊斯兰协会指定的殡仪馆出具的入殓证明和防腐证明。

（2）国际运输中托运人应当出示的文件材料包括：

a. 属于正常死亡的，应当出具县级以上医院签发的死亡证明；

b. 属于非正常死亡的，应当出具县级以上公安机关签发的死亡证明或者法医证明；

c. 殡仪馆出具的入殓证明；

d. 公安、卫生防疫等有关部门出具的准运证明；

e. 中国殡葬协会国际运尸网络服务中心签发的《遗体入/出境防腐证明》和《尸体/棺柩/骸骨/骨灰入/出境入殓证明》。

（六）活动物的检查

活动物包括家禽、鸟类、哺乳动物、爬行动物、鱼、昆虫、软体动物等。托运人托运的活动物必须健康情况良好，无传染性疾病。

托运人应当提交的文件材料如下。

（1）托运人托运属于检疫范围的动物，应当提供当地检疫部门的动物检疫合格证明。

（2）托运人托运属于国家保护的动物，应当提供政府主管部门出具的准运证明。

（3）托运人托运属于市场管理范围的动物，应当提供市场管理部门出具的证明。

活动物运输检疫证明检查中发现有下列情形之一的可不予受理。

（1）证明上品名与实物不相同的，或证明已过有效期，或有涂改痕迹的。
（2）属于检疫范围的活动物，不能提供当地检疫部门的禽类、动物检疫合格证明的。
（3）属于国家禁止运输的活动物，不能提供政府主管部门出具的准运证明的。
（4）属于市场管理范围的活动物，不能提供市场管理部门出具的准运证明的。

（七）人体血液和标本的检查

运输人体血液和人体的组织、器官、废弃物（以下简称标本），应当凭当地县以上卫生检疫部门出具的证明。通过国际航班运输的，应提前办好海关手续，并根据有关国家法律、行政法规和其他有关规定，办妥进出口和过境许可证。

（八）外交、信使邮袋的检查

外交信（邮）袋是指各国政府（包括联合国下属组织）与各国驻外使（领）馆、政府驻外办事处之间作为货物托运的，使用专用包装袋盛装的公务文件。当使（领）馆工作人员报检外交信（邮）袋时，安检人员应查验外交信使护照和使（领）馆出具的证明，对具有明显标志并加封的外交信使邮袋免予检查。

（九）机密尖端产品的检查

对于机密以上重要国防军工产品及文件资料，凭国防科工委保卫部门统一出具的《国防尖端保密产品航空运输安全免检介绍信》、《国防尖端保密产品航空运输安全检查验收表》和铅封，到起运机场的公安机关办理物品免检手续。安检人员可凭此证明将货物放行，免予检查。

（十）装有外汇箱（袋）的检查

对于装有外汇的箱（袋），凭中国银行、中国工商银行、中国建设银行、交通银行或中信实业银行保卫部签发的《押运证》、所在银行开具的证明信与专用箱（袋）和铅封，免予检查。

（十一）机要文件、密码的检查

对装有机要文件的航空专用文件箱，凭中办机要交通局的《机要交通专用证》和铅封免予检查；不能铅封的箱（包），凭《专用证》和贴有的金黄色五角星标志免予检查。

（十二）携带黄金的检查

对装有黄金的箱（袋）凭企业经营执照副本和单位介绍信查验放行。

思 考 题

1. 简要阐述航空货物的程序和范围。
2. 提供的航空货物运输条件鉴定书应满足什么要求？
3. 证件检查的要求有哪些？

第五章

航空货物运输舱位控制

通过本章的学习,您将了解以下知识点。
1. 舱位控制与舱位数据的定义;
2. 舱位控制与使用方法;
3. 航线选择的原则;
4. 申请续程航班注意事项;
5. 舱位控制与 CBA 的关系。

建议课程教学安排 2 学时。

航空运输的舱位与载量是受限的,如何协调不同类型、不同规格、不同价格、不同等级、不同需求的货物,兼顾航班运力与效益最大化,是航空运输所需要面临的问题。这显然是需要合理规划的。

一般情况下,航空公司普遍实行舱位控制。

第一节 基本概念

一、舱位控制的定义

航班舱位控制是指根据飞机货舱载量和容积的数据,将所接受的订舱货物的重量和体积控制在该数据之内,以便充分、合理地利用航班载量和舱位。舱位控制部门应根据各货运站舱位的利用率、收益及货物的体积重量来分配舱位。

二、航班舱位数据

(一) 货舱载量

货舱载量一般使用飞机货舱的设计载量作为控制依据。而货邮可用载量可以通过以下公式计算:

货邮可用载量=航班允许最大业载-旅客人数×旅客重量-行李重量

全货机可用载量为航班允许最大业载。

影响货舱载量的因素包括机型、季节、机场条件、航路、航程和燃油等。

(二) 货舱容积

货舱容积一般使用飞机货舱的设计容积作为控制依据。而货邮最大可用容积可以通过以下公式计算:

货邮最大可用容积=货舱容积-旅客行李体积

全货机最大可用容积即为货舱容积。

第二节　舱位控制与使用

一、舱位控制方法

（一）舱位分配

舱位分配可以分为协议舱位和开放舱位两种方式。

协议舱位主要是指为保证航班舱位的充分利用，承运人与销售代理人签订相关协议，在一定时间内，在一定航线上，给予该销售代理人固定舱位配额。一般货源稳定的代理，或者由于货物的特殊性，需要在舱位上予以保障的，代理与航空公司之间通常会用协议的办法固定舱位。在一些淡旺季非常明显的航线上，航空公司也会通过协议舱位的办法控制货量，保证基本收益。

在航班舱位不紧张的情况下，一般使用开放舱位的办法。通常情况下，两种方式同时使用。

（二）舱位控制

一般情况下，航班的始发站作为航班舱位的控制站，负责全程航线的舱位控制和分配。有多个经停站的航班，采取固定配额的方式分配舱位，配额量由控制站（始发站）、经停站商定。已经确定的配额不得随意变更。装机站可以使用至远程航站的舱位配额配装近程航站的货物，不得使用至近程航站的舱位配装远程航站的货物。经停站不得将过站货拉下换装本站货物。

舱位控制部门必须随时注意查看有关机型数据的变更信息，对机型调整做出及时反应，调整舱位分配比例。当小机型换大机型时，及时组织货源，而当大机型换小机型时，根据货物优先等级及货物重量、体积进行重新调整，对不能按原定航班运送的货物应及时安排其他航班。

（三）舱位预订

航空公司舱位控制部门向托运人、代理人、其他航空公司承运人提供舱位预订服务。订舱时间根据各航空公司有所不同，但都应在航班起飞前的规定时间（一般不少于 48 小时）内予以确认，以便于后续环节各项操作的有序开展。在舱位利用不足的情况下，舱位预订的时限可予以适当放宽，但应以保证航班安全正点为前提，需要灵活处理。

申请舱位可以书面形式向航空公司提出申请预订，也可以通过航空公司提供的计算机系统、电话、传真、电报、电子邮件等方式提出。

订舱的内容往往包括以下的内容。

（1）航班日期、航班号、始发站、中转站、到达站；对于特种货物都要求全程订妥舱位。

（2）托运人或代理的单位、地址、联系人姓名、电话、传真。

（3）预订吨位货物的件数、重量、货物品名、包装、尺寸、体积和目的站。预订舱位的货物重量和体积必须是准确的，并且必须符合飞机的装载要求，包装的尺寸符合飞机货舱门尺寸和货舱可装载尺寸。如无法提供准确的重量和体积，则可以在保留舱位的情况下尽快（一般为航班起飞前 48 小时）予以确认。

（4）托运注意事项。特种货物还应提供不同于一般普货运输的特种货物信息。例如危险品订舱的信息包括危险物品的联合国或国际航协编号、运输专用名称、净重、包装编号等。鲜活易腐货物则包括预计最长运输时限、储运特殊要求等。

订舱人可以提出具体的运输路线、地面操作和运输时限等。承运人接受订舱要求则视为可以满足该运输要求。如无法满足订舱人的舱位预订要求，则应向其推荐其他可利用航班。

如图 5-1 所示为中国东方航空现行订舱管理系统。

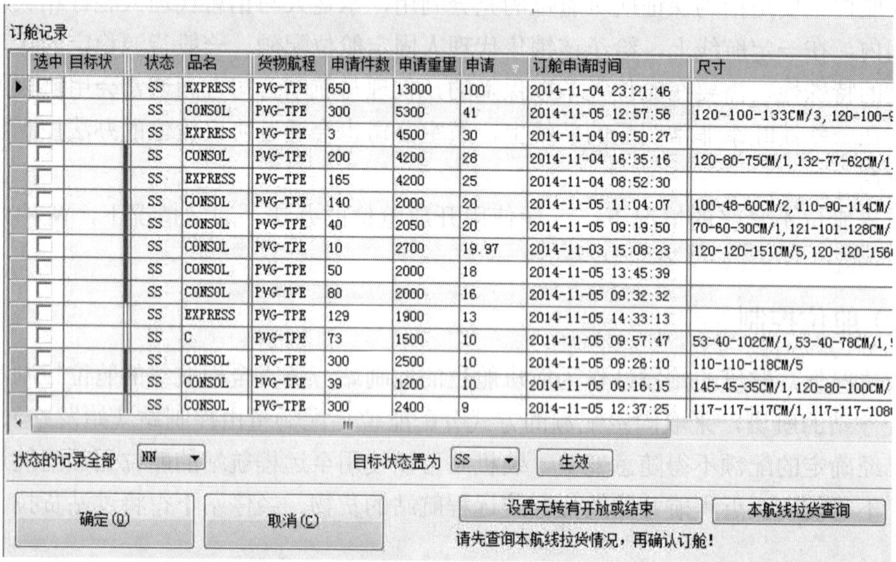
订舱记录

选中	目标状	状态	品名	货物航程	申请件数	申请重里	申请	订舱申请时间	尺寸
		SS	EXPRESS	PVG-TPE	650	13000	100	2014-11-04 23:21:46	
		SS	CONSOL	PVG-TPE	300	5300	41	2014-11-05 12:57:56	120-100-133CM/3, 120-100-
		SS	EXPRESS	PVG-TPE	3	4500	30	2014-11-04 09:50:27	
		SS	CONSOL	PVG-TPE	200	4200	28	2014-11-04 16:35:16	120-80-75CM/1, 132-77-62CM/1
		SS	EXPRESS	PVG-TPE	165	4200	25	2014-11-04 08:52:30	
		SS	CONSOL	PVG-TPE	140	2000	20	2014-11-05 11:04:07	100-48-60CM/2, 110-90-114CM/
		SS	CONSOL	PVG-TPE	40	2050	20	2014-11-05 09:19:50	70-60-30CM/1, 121-101-128CM/
		SS	CONSOL	PVG-TPE	10	2700	19.97	2014-11-03 15:08:23	120-120-151CM/5, 120-120-156
		SS	CONSOL	PVG-TPE	50	2000	18	2014-11-05 13:45:39	
		SS	CONSOL	PVG-TPE	80	2000	16	2014-11-05 09:32:32	
		SS	EXPRESS	PVG-TPE	129	1900	13	2014-11-05 14:33:13	
		SS	C	PVG-TPE	73	1500	10	2014-11-05 09:57:47	53-40-102CM/1, 53-40-78CM/1,
		SS	CONSOL	PVG-TPE	300	2500	10	2014-11-05 09:26:10	110-110-118CM/5
		SS	CONSOL	PVG-TPE	39	1200	10	2014-11-05 09:16:15	145-45-35CM/1, 120-80-100CM/
		SS	CONSOL	PVG-TPE	300	2400	9	2014-11-05 12:37:25	117-117-117CM/1, 117-117-108

状态的记录全部 NN 目标状态置为 SS 生效

确定(O) 取消(C) 设置无转有开放或结束 本航线拉货查询

请先查询本航线拉货情况，再确认订舱！

图 5-1　中国东方航空现行订舱管理系统

（四）舱位优先顺序

由于飞机载量限制和货物性质，应当按照下列顺序运输货物。

（1）抢险、救灾、急救、外交信袋和政府指定急运的物品。

（2）指定日期、航班和按急件收运的物品，以及鲜活货物和特快邮件。

（3）有时限、贵重物品、活动物和零星小件物品。

（4）国际和国内中转联程货物。

（5）一般货物按照收运的先后顺序发运。

另外，如有航空公司停场急需的零配件，应优先安排出运。对于同等级别的货物，运价较高者优先安排运输。

（五）其他变更

托运人取消订舱，舱位控制部门应根据航班的舱位情况，安排其他货物运输。如托运人虽确定预订舱位，但因故不能（未能）按规定时间及时交运货物，舱位控制部门可以取消其订舱，并组织其他货物运输。如订舱货物在实施载运过程中，因自身原因而造成最终无法出运，则产生的后果一律由托运人承担。如托运人实际交运货物吨位大于预订吨位，应保留预订吨位货物的运输，超出部分则重新订舱或根据航班空余舱位情况安排运输。

二、航线选择

选择货物运输路线应遵循以下原则。

（1）优先选择直达航班。

（2）中转运输的货物，航空公司应优先选择本航空公司全程承运的航线。

（3）联程运输的货物，航空公司应选择本航空公司运输航线较长、结算收益较大的航线。

（4）选择中转航班时，航空公司应选择与该航签有双边、多边运输协议的承运人或具有合作关系的承运人经营的航线。

（5）联程运输货物，航空公司应考虑中转站的航班密度、航班机型、衔接时间、装卸能力、设备条件和中转站所在地区的气候、灾情、疫情等条件，可能对货物运输带来的不良影响。

（6）联程运输的货物，航空公司会确定最短中转时限。

（7）特种货物的运输路线，应符合特种货物运输的相关规定。

（8）中转货物需要考虑全程航班的机型，当各航段机型不一致时，按照全程最小机型所能够载运的货物体积、尺寸和重量预订航班。其中，整集装器中转的货物，必须考虑续程航班的机型对集装器机型、重量及装载的限制。

另外，还应考虑始发站、目的站及中转站所在国家的政府规定，避免经过有关国家法律法规禁止货物过境或有相关制约的路线。

三、申请续程航班

始发站舱位控制人员应为联程运输的货物申请并确认续程航班。舱位控制人员应根据始发航班、日期选择好续程航班的承运人，并在了解与掌握中转站的中转能力、机型及当地海关规定等信息后，向续程承运人申请并确认舱位。如申请续程航班舱位未（及时）得到确认，应及时申请其他航班或选择其他航线。如始发站运输计划发生变更，始发站舱位控制人员应及时通知续程承运人。

第三节　舱位控制与货物预订通知单

航空公司将订舱信息传达给地面代理最通用的做法就是根据订舱情况制定货物预订通知单（Cargo Booking Advice，CBA）。

CBA 的形式和称谓各个航空公司不尽相同，但通常包括航班号、日期、机型、路径、起飞时间、旅客情况及订舱明细。其中，订舱明细中还含有全部或部分主要订舱货物的类别、运单号、件数、重量、体积、目的港、操作代理、舱位预留情况等信息。其作用主要是提供地面代理作为在货物收运、装载等一系列操作过程中的依据。一般地面代理规定，没有订舱的货物不能实施交运。

如图 5-2 所示为中国东方航空现行 CBA。

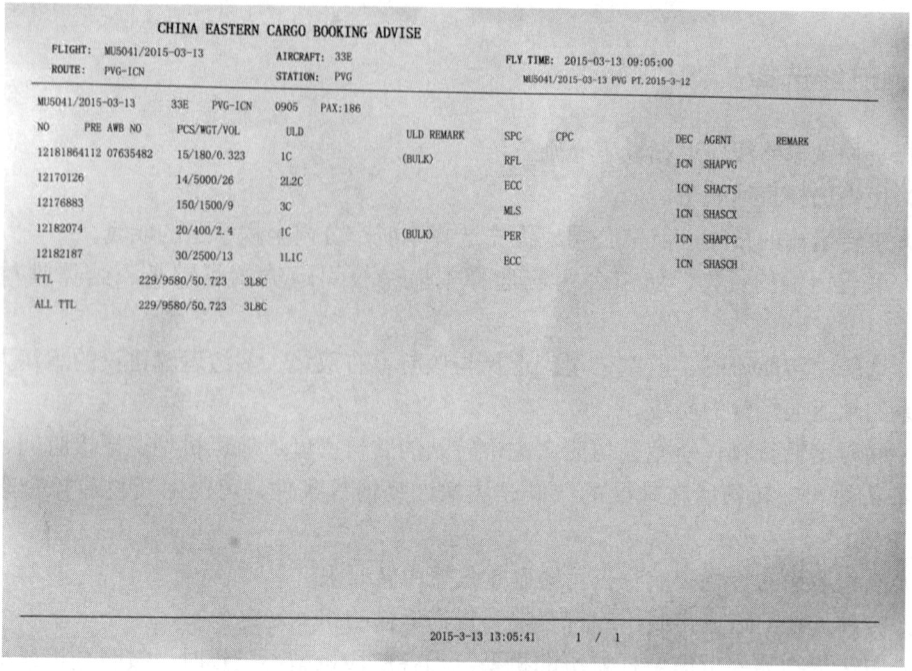

图 5-2　中国东方航空现行 CBA

思 考 题

1. 简述舱位控制的定义。
2. 航班舱位数据及计算公式是什么？
3. 舱位分配的方式有哪些？
4. 订舱的内容一般有哪些？

第六章
航空货物装载

通过本章的学习，您将了解以下知识点。
1. 航空货物装载的含义；
2. 影响航空货物装载的因素；
3. 集装货物组装的基本要求和程序；
4. 超大超重货物垫板和系留固定。

建议课程教学安排 3 学时。

航空货物装载是指航空承运人根据航线机型的货舱容积、载重、货舱门尺寸限制和货物的体积、重量等因素，按照科学的方法、规定的程序和步骤将准备起运的货物组装到集装器或飞机货舱内。货物装载是航空货物运输的重要环节，因其直接关系到飞机的载重与平衡，所以直接影响航班飞行安全。

第一节　影响并决定航空货物装载的因素

影响并决定航空货物装载的因素很多，其中航空承运人必须考虑的主要因素有以下几个。

一、航线机型

航线机型直接决定着货物装载的方式。目前全球范围内服役的民用航空运输机型呈多样化趋势，其中主流机型仍为波音和空客两大系列。在机型划分上，国际行业协会从三个角度对这些飞机进行了机型划分：从客舱宽度尺寸及其他条件角度划分为宽体飞机和窄体飞机；从性能角度划分为货运飞机和客运飞机；从载客量角度划分为大型飞机、中型飞机和小型飞机。

（一）宽体飞机和窄体飞机

宽体飞机是指客舱横向宽度不小于 472 厘米，具备两条或两条以上服务通道的飞机。

宽体飞机的一个机型定产后，随着自身技术的不断完善和对客户需求满足的最大化，往往呈系列化生产。例如，波音 747（B747-100、B747-200、B747-300、B747-400）系列、波音 777（B777-200、B777-300）系列和波音 787（B787-3、B787-8、B787-9）系列；空客的 A330（A330-200、A330-300）系列、A340（A340-200、A340-300、A340-400、A340-500、A340-600）系列等。

所有宽体飞机的层舱布局为：上层舱（主舱）为客舱，用来载运旅客；下层舱（腹舱）为货舱，用来载运货物。下层舱分为前下货舱、后下货舱和散货舱。前下货舱位于机翼的前面，后下货舱位于机翼后面，均为集装化运输舱，装载航空专用集装器；最后部分（靠近机尾）为散装货舱，用来装运行李或散装货物。宽体飞机客机布局图如图 6-1 所示。

不能满足宽体飞机条件的机型为窄体飞机。例如，波音的 B737 系列（B737-100、B737-200……B737-600……B737-900，其中 B737-100 至 B737-500 被称为老波音 737 系列飞机，B737-600 至 B737-900 被称为新波音 737 系列飞机）；空客的 A320 系列（包括 A318、

A319、A320、A321 等 4 种机型）。

所有窄体飞机的层舱布局为：上层舱（主舱）为客舱，用来载运旅客；下层舱（腹舱）为货舱，用来载运货物。下层舱均为散装货舱，用来装运行李和货物。窄体飞机客机布局图如图 6-2 所示。

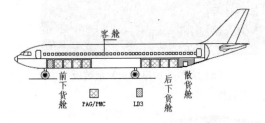

图 6-1　宽体飞机客机布局图

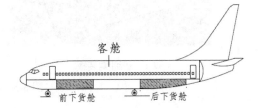

图 6-2　窄体飞机客机布局图

（二）货运飞机

货运飞机是指整架飞机全部用来载运货物，禁止载运旅客（货物押运员除外）的飞机。

货运飞机与客运飞机一样，分为两个层舱：上层舱为主货舱；下层舱为下货舱。

货运飞机可以是大型宽体飞机，也可以是窄体飞机。其主货舱都是集装化运输货舱，宽体飞机下货舱由集装化运输货舱和较小空间的散货舱组成，窄体飞机下货舱全部为散货舱。如图 6-3 所示为宽体飞机货舱分布，如图 6-4 所示为窄体飞机货舱分布。

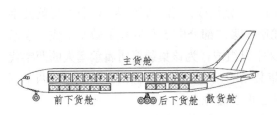

图 6-3　宽体飞机货机示意图

图 6-4　窄体飞机货机示意图

货运飞机的标识方式为机型后面缀加 F 或 SF 表示。其中，F 表示该飞机为原装型货机；SF 表示该飞机原来为客机，后改为货机。例如，波音 747 原装型货机标识为 B747F，由客机改为货机的标识为 B747SF。

二、航空集装器

航空集装器（Unit Load Device，以下简称集装器或 ULD）是指在飞机上使用的，用来装载货物、邮件和行李的专用设备，包括各种类型的集装箱、集装板及其附属设施。集装器装上飞机后，可以通过飞机货舱地板上的锁定装置（卡锁）将其固定在飞机货舱地板上，因此，集装器也被称做飞机货舱的可移动部分。

航空集装板如图 6-5 所示，航空集装箱如图 6-6 所示。

集装板或集装箱型号是按照飞机货舱地板宽度和固定卡锁设计的，绝大部分为国际标准的集装板或集装箱，这些集装器可以在所有宽体飞机上通用。但是也有部分集装箱或集装板只适合于某些机型的货舱，其他机型不允许或只能有条件地使用。

（a）普通集装板　　　　　　　　（b）大型（加厚加长）集装板

图 6-5　航空集装板

图 6-6　航空集装箱

所有航空集装器都有识别代码。集装器识别代码是表示集装器种类、规格和所属人的一组代码。它是由国际航空运输协会统一分配或规定的。承运人的集装器在投入使用前，必须在国际航协进行代码注册。集装器的识别代码由三部分组成：第一部分为 3 个大写英文字母，分别表示集装器的种类、底板尺寸及装载轮廓；第二部分由 5 位阿拉伯数字组成，表示该集装器的序列编号；第三部分由 2 个大写英文字母组成，为该集装器所属承运人的两字代码。例如，集装器识别代码 PMC 23356 CA。集装箱的识别代码一般标识在集装箱的两个侧面，集装板的识别代码一般标识在集装板四个角正面的边框上。

下面以 PMC 23356 CA 为例说明集装器识别代码各部分所代表的含义。

（1）该集装器识别代码的第一部分为 PMC，表示该集装器是一个底板尺寸代码为 M 的集装板。其中，第一个大写英文字母 P，表示该集装器是通过了承运人所在国家民航管理当局的适航审定，并符合国际标准的航空用集装板。如果该字母是大写英文 A，则表示该集装器是通过了承运人所在国家民航管理当局的适航审定，并符合国际标准的航空用集装箱。如果第一个字母是 D、F 等 A、P 以外的其他字母，表示该集装器是某些技术数据偏离了国际通用标准，但经过本国民航管理当局或国际航协批准可以在某一种或几种机型上使用的集装器。第二个大写英文字母 M 代表该集装器的底板尺寸，可以用英寸（in）、厘米（cm）或者毫米（mm）表示，字母不同，代表的尺寸也不同。例如，M 代表的尺寸是 244cm×318cm（96in×125in）；A 代表的尺寸是 224cm×318cm（88in×125in）。集装器底板尺寸代码也被航空界统称为集装板或集装箱型号代码。例如，一个 M 型集装板表示该集装板的尺寸为 244cm×318cm；一个 M 型集装箱则表示该集装箱的底板尺寸为 244cm×318cm。如表 6-1 所示为航空集装器底板尺寸及代码一览表。第三个字母 C 代表该集装器外形的轮廓尺寸及适用的机型、货舱。当该集装器是集装箱时，它代表该集装箱的标准外形。如果该集装器是集装板，它代表的是该集装板在装载航空货物时可以组装成的外廓尺寸及适用的机型、货舱。

表 6-1 航空集装器底板尺寸及代码一览表

集装器底板尺寸代码	集装器底板尺寸/cm（in）
A	224×318（88×125）
B	224×274（88×108）
E	135×224（53×88）
F	244×300（96×117.75）
G	244×606（96×238.5）
K	153×156（60.4×61.5）
L	153×318（60.4×125）
M	244×318（96×125）
N	156×244（61.5×96）
P	120×153（47×60.4）
Q	153×244（60.4×96）
R	244×498（96×196）

（2）识别代码的第二部分为 23356，是一组 5 位数字，表示该集装板在其所属航空公司集装器中的序列号码，该号码不可以重复使用。

（3）识别代码的第三部分为 CA，表示该集装器属于中国国际航空股份有限公司。

三、飞机货舱结构载荷

飞机货舱结构载荷是决定飞机货舱装载限重的至关重要的因素。一架飞机是一个具有一定柔韧性的结构体，是由机身、动力装置、机翼、尾翼、起落装置、操纵系统和机载设备组成的。作为飞机主体部分的机身，则是由纵梁、横梁、蒙皮、隔断、防护材料等构成。

在飞行过程中，气流的变化、飞机承载物（旅客、货物、邮件、行李及餐食等）等因素都有可能导致机身发生震颤和扭曲。轻微的震颤不会影响飞行安全，但是，如果机身扭曲变形的幅度超过限制，就将导致事故的发生。因此，机身变形扭曲的幅度不允许超过任何一个允许的最大限制点，否则将导致机身的永久性损伤或飞行事故。这些限制点就是飞机的机身结构载荷限制。

飞机制造商规定了机身结构载荷限制。飞机制造商提供给航空承运人的《载重平衡控制与装载手册》（Weight Balance Control and Loading Manual，WBM）是关于飞机装载限制的权威性文件，手册中的这些数据反映了设计的限制并经过了民航管理当局审批认可。按照惯例，结构载荷限制数据一般不在操作环境中直接使用，它是承运人确定飞机货舱载荷的依据和基础。

通常，飞机结构载荷限制包括以下九方面。

（一）线性（纵向连续）载荷限制

线性（纵向连续）载荷限制（Linear (Running) Load Limit）是指在机身纵向（飞行方向）上，单位长度的货舱地板结构可承受的最大重量，单位为 lb/in、kg/in 或 kg/cm。

在实践中，检查货物是否符合飞机的线性载荷限制，是根据货物重量及该件货物在飞机上的装载方向来确定的。计算公式为

$$\text{线性载荷限制} = \frac{\text{货物重量(kg)}}{\text{货物长度(纵向)(cm)}}$$

例如，波音 747-400F 主货舱某个装载区域的线性载荷限制为 77.1kg/in，意味着在这个区域内纵向 1in 的飞机货舱地板所能够承载的最大重量为 77.1 kg。

假定将图 6-7 所示的货物顺向装在 B747-400F 主货舱相应区域内，货物在纵向作用于飞机货舱地板的线性载荷应为

$$\frac{11350\text{kg}}{145\text{in}} = 78.24\text{kg/in} > 77.1\text{kg/in}$$

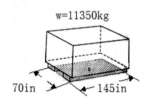

图 6-7 货物 1

计算结果大于限制数据，表示货物不允许装载，如要装载，必须在货物下面添加支撑材料（垫板）分散货物重量。

（二）面积载荷限制

面积载荷限制（Area Load Limit）是指单位面积上飞机货舱地板所能够承受的最大载重，通常用 lb/ft^2 或 kg/m^2 表示。国内业界称它为"货舱地板承受力"，其作用是防止装在飞机货舱内的货物重量超过飞机货舱地板的最大允许载荷。

例如，空客 A321 型飞机货舱的面积载荷限制为 732kg/m^2，表示在 1m^2 的飞机货舱地板上装载一件或多件货物时，所装载货物的总重量不允许超过 732kg。

假定将图 6-8 所示的货物装在 A321 飞机的前下货舱，货物对飞机货舱地板的压力强度为

$$\frac{W}{S} = \frac{240\text{kg}}{0.28\text{m}^2} = 857\text{kg/m}^2 > 732\text{kg/m}^2$$

计算结果大于限制数据，表示不允许装载，如果需要继续运输该件货物，则必须在货物与飞机货舱地板之间加垫支撑材料（垫板）分散货物重量。

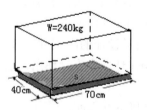

图 6-8 货物 2

（三）货舱载荷限制

货舱载荷限制（Compartment Load Limit）是指飞机的某一个货舱所允许的最大装载重量，用 lb 或 kg 表示。一架飞机拥有多个货舱，不同货舱的载荷限制是不同的。飞机制造商在其提供的 WBM 中规定了每一货舱的最大载荷。受累积载荷的限制，一个层舱的最大载荷一定小于该货舱内几个分舱载重相加的和。

例如，某机型的前下货舱分为 1 舱和 2 舱，1 舱的载重为 7500kg，2 舱的载重为 9000kg，前下货舱的全部载重一定小于 16500kg，如图 6-9 所示。

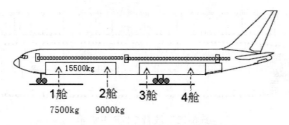

图 6-9　某机型货舱载荷限制示意图

（四）联合载荷限制

联合载荷限制（Combined Load Limit）是指飞机的某一段机身（见图 6-10）所包含的主货舱与下货舱的合计载重限制，主要用于货机或客货混装型飞机。

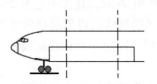

图 6-10　某一段机身

联合载荷限制的表示单位为 kg 或 lb，其作用是防止飞机机身某一个区段的载重超过设计载荷，造成飞机结构受损，并影响飞行中飞机的俯仰平衡。

飞机制造商在其提供的手册中规定了每一个货舱的线性载荷，同时也规定了当主货舱和下货舱同时装载货物时允许的最大机身线性载荷，且不同区段的最大机身线性载荷不同。例如，在波音 777F 的前半部分，主货舱的线性载荷为 65.3kg/in，与之对应的前下货舱的线性载荷为 53.1kg/in，当主货舱与下货舱同时装货物时，该段机身允许的最大线性载荷为 90.7kg/in，而不是主货舱与下货舱的线性载荷之和 118.4kg/in。

飞机制造商提供的 WBM 等手册提供了机身线性载荷限制以及主货舱和下货舱联合载重的计算方法。航空承运人应根据手册中每一航班主货舱和下货舱的装载限重进行测算。如果测算数据大于该区域的联合载荷限制，必须重新调配货物装载位置，如图 6-11 所示。

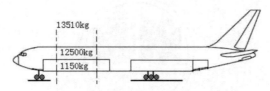

图 6-11　某机型联合载荷限制示意图

（五）区域载荷限制

区域载荷限制（Zone Load Limit）是指波音 747F、波音 777F 等大型货机主货舱设立的每一个装载区域所允许的最大承重。区域载荷限制的表示单位为 kg 或 lb。其作用是防止一个装载区域内装载的货物重量超过该区域货舱结构载荷，导致飞机结构受损，影响飞行安全。例如，波音 747F 主货舱总共划分为 16 个集装器装载区域，使用大写英文字母 A、

B……T 标识。其中，C 至 S 每个区划分为左右 2 个装载位置，每个装载位置可以装载 1 个底板尺寸为 A 或 M 的集装器，如图 6-12 所示。

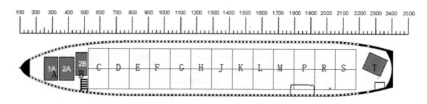

图 6-12　波音 747F 主货舱

区域载荷限制的大小取决于该区域线性载荷和面积载荷（取其中较小的一个数据）。

（六）位置载荷限制

位置载荷限制（Position Load Limit）是指在宽体飞机主货舱内一个标准集装器装载位置所允许的最大装载重量，用 kg 或 lb 表示。其作用是用于防止波音 747F、波音 777F 等大型宽体货机主货舱内一个单独集装器的装载位置所装载的货物重量超过货舱结构载荷限制。

位置载荷限制受区域载荷限制、横向非对称载荷限制等因素的限制，本质上还是受线性载荷和面积载荷限制。

如图 6-13 所示是波音 777F 主货舱货物装载位置划分，由 A 至 R 共划分为 14 个装载区域，其中 A 至 P 每个装载区域划分为左右 2 个装载位置，每个装载位置可以装载 1 个底板尺寸为 A 或 M 的集装器。

AR	BR	CR	DR	ER	FR	GR	HR	JR	KR	LR	MR	PR	R
AL	BL	CL	DL	EL	FL	GL	HL	JL	KL	LL	ML	PL	

图 6-13　波音 777F 主货舱

（七）横向非对称载荷限制

横向非对称载荷限制（Asymmetrical Load Limit）是指在宽体货机主货舱内，当货舱某一装载区域的一侧装载的货物超过对称载重时另一侧允许的最大装载限重，如图 6-14 所示。

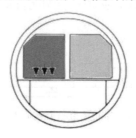

图 6-14　货舱截面

横向非对称载荷限制（单位为 kg 或 lb）的作用是：当货舱内某一区域边对边装载 2 个集装器时，防止因一侧货物装载过重导致该区域的装载重量超过飞机结构载荷限制。

飞机制造商提供的 WBM 中提供了各机型横向非对称载荷限制的计算方法和限制条件。飞机投入航线运行之前，承运人必须根据这个方法和条件计算出一侧不同装载重量下另一侧允许的最大限重,公布在承运人手册中供操作人员查阅使用。

(八)累积载荷限制

累积载荷限制(Cumulative Load Limit)是指在一个划定的区域内(机身前半部分或后半部分的某一个区域)允许装载的最大重量,如图6-15所示。

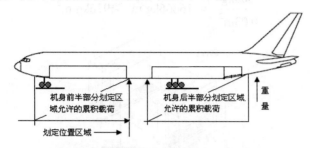

图6-15 某机型的累积载荷限制示意图

累积载荷限制的表示单位为kg或lb,其作用是防止由于机身前半部分或后半部分所装货物的总重量超过区域的整体载荷限制,导致飞机在飞行中俯仰平衡失衡,影响飞行安全。

飞机制造商提供的WBM中通常会提供飞机累积载荷限制,有些则直接显示在飞机的载重平衡图上,地面载重平衡人员可随时查阅使用。

机身前半部分的累积载重由前往后依次累加,后半部分由后向前依次累加,至某一点所累加的总重量必须小于前面或后面相邻的两个或几个区域允许载重的累计重量,如图6-16所示。

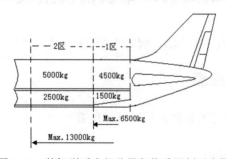

图6-16 某机型后半部分累积载重限制示意图

如果实际累积载重大于规定的区域累积载荷限制,则不能将货物全部装上飞机,必须卸下部分货物。

(九)接触面载荷限制

接触面载荷限制(Contact Area Load Limit)是指飞机货舱地板或集装器底板与货物底部直接接触部分的面积(接触面积)上允许承受的最大载荷,单位为kg/m^2或lb/ft^2。

接触面载荷限制用于防止在接触面上的货物重量对飞机货舱地板的压力强度超过飞机货舱地板的承载力。通常情况下,接触面载荷限制与飞机货舱面积载荷限制为同一数据,在飞机制造商提供的WBM中提供。

例如,波音747F主货舱的面积载荷限制为$1952kg/m^2$,其接触面载荷限制也应为$1952kg/m^2$,这个限制就是货物重量通过接触面对飞机货舱地板产生的压力强度的极限。在实际操作时,必须按该件货物实际接触飞机货舱地板(或集装板)的面积来划分货物重量,从而对接触面载荷进行检查。

如图 6-17 所示的货物的实际接触面积为 30cm×5cm×2=0.03m²，货物重量为 500kg，运输机型为波音 747F，货舱接触面载荷限制为 976kg/m²。货物通过接触面对飞机货舱地板形成的压力强度为

$$\frac{500\text{kg}}{0.03\text{m}^2} = 16666\text{kg/m}^2 > 976\text{kg/m}^2$$

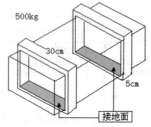

图 6-17 货物 3

计算得出的结果大于飞机货舱的接触面载荷限制，表示货物不允许在没有其他保护措施的情况下装载，必须使用额外的支撑垫板，铺设在飞机货舱地板上或集装板与货物之间才能装载。

第二节 集装货物组装

集装货物组装是指按照科学的方法、规定的程序和要求将货物装在集装板上或集装箱内。

一、集装器适航性检查

组装集装货物之前必须对集装器进行适航性检查。

（一）对集装箱的检查

组装货物之前，应对集装箱的底板部分、蒙皮部分、框架部分、箱顶部分、箱门部分进行检查。出现底板和箱体破损变形、框架严重扭曲变形、铆钉连续脱落、门闩脱落或损坏、箱顶破洞裂口等问题的集装箱不能继续使用。

集装箱的各部分如图 6-18 所示。

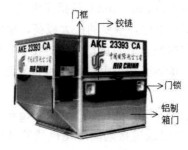

图 6-18 集装箱

（二）对集装板的检查

组装货物之前，应对集装板的板芯部分、板角部分、边框部分、铆钉部分、卡锁轨和集装板弯曲度进行检查。存在板芯部分有破洞（不包括人为制作的漏水小孔）与裂口。板角丢失或开裂、边框部分弯曲变形、铆钉连续脱落、卡锁轨连续损坏等现象的不能继续使用。对于集装板的弯曲程度进行以下两种状态检查，任何一种状态低于相应的检查标准，则此集装板不能使用。

1. 对空集装板弯曲程度的检查

将空集装板放置在作业平台或平整地面上，集装板的两个端面中任何一面向上翘起的高度不应大于 5cm。或者两个端面向上翘起的总高度不应大于 10cm。

2. 对载货集装板的检查

使用有轻微弯曲的集装板装载货物后，如果集装板任何一面仍然存在翘起现象，则必须对翘起的高度进行测量。任何翘起部分的最高点距离集装板底面高度不应超过 3.2cm。

集装板的各部分如图 6-19 所示。

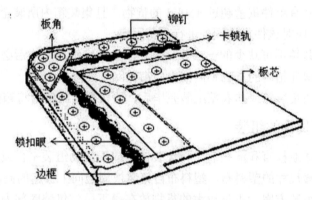

图 6-19　集装板

二、集装货物组装操作规范

（一）集装货物组装的基本要求

（1）将经过检查适航的集装箱或集装板放置在托盘或其他带有滚轴装置的平台设备上。集装板上或集装箱内的杂物及积雪、积水等应清除干净，保持集装板和集装箱干净、整洁。严禁将集装器放置在地面上组装货物。

（2）检查所有待装货物，根据货物的卸机站、重量、体积、包装材料及货物运输要求设计货物组装方案。要求大货、重货装在集装板上，体积较小、重量较轻的货物装在集装箱内。组装时，体积或重量较大的货物放在最下层，并均匀码放，小件和轻货放在中间，轻泡货物、精密易碎货物装在最上层，如图 6-20 所示。

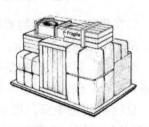

图 6-20　集装货物

（3）危险物品或形状特异可能危害飞机安全的货物，

应将其固定，可以使用填充物将集装器塞满或使用绳、带系留，以防损坏设备、飞机，造成事故。

（4）遵循"大不压小、重不压轻、木箱不压纸箱"的货物码放原则合理码放货物。

（5）根据飞机货舱高度确定集装货物高度，任何情况下，宽体飞机下货舱的最大装载高度为163cm，主货舱集装货物高度根据机型不同而不同。

（6）集装货物组装完毕后，应对整个集装器进行计重，计算结果是飞机载重平衡的重量依据。

（7）集装货物过重后，应详细填写集装器挂牌，作为后续各环节继续操作的依据。集装器货物的集装器挂牌应放入集装器挂牌专用袋内，集装板货物的集装器挂牌应拴挂在集装板网套上。

（二）集装箱货物的组装

装在集装箱内的货物应码放紧凑，间隙越小越好，装在软门集装箱内的货物应注意避免货物挤压损坏箱门或使集装箱变形，如图6-21所示。

如果集装箱内装有单件重量超过150kg的货物，且集装箱内所装全部货物的体积未超过集装箱容积的2/3，应对该件货物额外进行系留固定。

集装箱门是集装箱不可缺少的一部分。因此，集装箱组装完毕后必须将箱门关好。软门集装箱关门后必须保证箱内的货物不能凸出门帘或网套的垂直面。

装有贵重物品的集装箱或挂衣箱组装完毕后，要按规定用铅封将箱门封好。

（三）集装板货物的组装

对集装板进行适航检查和清扫后，将集装板平放于货物组装平台或托架上，然后在空集装板上铺设一块足够尺寸的塑料布，塑料布自集装板周边向上折起的高度不应少于80cm。

根据货物设计组装方案。重量较大的货物放在最下层，包装底部为金属的货物和底部面积较小、重量较大的货物，必须使用垫板分散货物重量，同时可以防止金属包装件滑动损坏集装板或碰撞损毁飞机货舱部件，保证飞行安全。垫板方式图6-22所示。

图6-21 组装后的集装箱

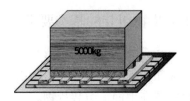

图6-22 货物垫板方式示意图

装在集装板上的货物要码放整齐，上下层货物之间要相互交错，骑缝码放，避免货物坍塌、滑落，如图6-23所示。

组装时，第一层货物要码放在集装板的卡锁轨以内，第二层货物可以和集装板的边框外沿垂直平行，保证挂网套时锁扣可以顺利锁入卡锁轨，固定在集装器上，如图6-24所示。

货物组装完毕后，用足够尺寸的塑料布自上而下苫盖货物，根据集装板组装的高度（机型舱位不同，装载高度不同），确定使用的塑料布尺寸。一般地，由货物顶部向下苫盖，塑料布的底边离集装板平面不大于40cm为宜。自下往上的塑料布在内，自上往下的塑料布在外，两块塑料布的结合处用封口胶带或缠绕膜封住，防止雨水流入塑料布内，浸泡损毁货物。

图 6-23 码放示意图

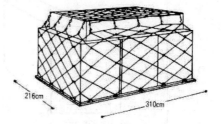

图 6-24 集装货物固定

（四）集装货物标准外形轮廓尺寸及适用机型

航空集装货物标准外形轮廓尺寸是国际航协规定并发布的，各航空承运人、航空地面服务代理人在操作中遵守使用的标准化文件。这些轮廓尺寸均受限于不同机型货舱横截面的尺寸限制，不能更改或突破。

集装货物轮廓尺寸、代码及适用机型货舱如表 6-2 所示。

表 6-2 集装货物轮廓尺寸及代码

序号	轮廓代码	轮廓尺寸	适用机型
1	A	2,438 mm (96 in) × 3,175 mm (125 in) × 2,235 mm (88 in)	宽体货机主货舱
2	B	2438mm × 3175mm × 2235mm (or 2438mm)，边缘 89mm	宽体货机主货舱
3	C	2,337 mm (92 in) × 1,626 mm (64 in) × 1,534 mm (60.4 in) × 1,562 mm (61.5 in)	波音 747 下货舱 其他机型装载需查手册

81

续表

序号	轮廓代码	轮廓尺寸	适用机型
4	D	2,997 mm (118 in); 3,175 mm (125 in); 2,235 mm (88 in)	宽体货机主货舱
5	E	2,007 mm (79 in); 1,626 mm (64 in); 1,534 mm (60.4 in); 1,562 mm (61.5 in)	宽体飞机下货舱
5	E	1,562 mm (61.5 in); 1,626 mm (64 in); 1,534 mm (60.4 in); 1,194 mm (47 in)	波音767飞机下货舱 其他机型装载需查手册
6	F	4,064 mm (160 in); 1,626 mm (64 in); 3,175 mm (125 in); 2,235 mm (88 in)	宽体飞机下货舱
7	G	2,007 mm (79 in); 1,143 mm (45 in); 1,534 mm (60.4 in); 1,562 mm (61.5 in)	空客320/321飞机下货舱（货舱需改装）

续表

序号	轮廓代码	轮廓尺寸	适用机型
8	H	2,438 mm (96 in); 1,143 mm (45 in); 1,562 mm (61.5 in); 1,534 mm (60.4 in)	空客 320/321 飞机下货舱（货舱需改装）
9	J	1,880 mm (74 in); 1,768 mm (69.6 in); 2,438 mm (96 in); 3,175 mm (125 in); 2,438 mm (96 in)	宽体货机主货舱
10	K	1,626 mm (64 in); 3,175 mm (125 in); 2,235 mm (88 in)	窄体货机主货舱
10	K	1,626 mm (64 in); 3,175 mm (125 in); 1,534 mm (60.4 in)	宽体飞机下货舱
11	L	4,064 mm (160 in); 1,626 mm (64 in); 3,175 mm (125 in); 1,534 mm (60.4 in)	宽体飞机下货舱
12	M	2,134 mm (84 in); 3,175 mm (125 in); 2,235 mm (88 in)	宽体货机主货舱

续表

序 号	轮廓代码	轮廓尺寸	适用机型
13	N	2,007 mm (79 in); 1,626 mm (64 in); 1,534 mm (60.4 in); 1,562 mm (61.5 in)	宽体飞机下货舱
14	P	2,134 mm (84 in); 3,175 mm (125 in); 2,235 mm (88 in)	宽体货机主货舱 空客 A380 上层货舱
		1,626 mm (64 in); 3,175 mm (125 in); 1,534 mm (60.4 in)	宽体飞机下货舱
		2,134 mm (84 in); 3,175 mm (125 in); 2,235 mm (88 in)	宽体货机主货舱
15	U	4,724 mm (186 in); 1,626 mm (64 in); 3,175 mm (125 in); 2,235 mm (88 in)	波音 747 飞机下货舱
16	X	1224 mm (48.2 in); 1224 mm (48.2 in); 2997 mm (118 in); 1920 mm (75.6 in); 2438 mm (96 in); 3175 mm (125 in)	波音 747F、777F 主货舱

续表

序 号	轮廓代码	轮廓尺寸	适用机型
17	Y	2,083 mm (82 in)　3,175 mm (125 in)　2,235 mm (88 in)	窄体货机主货舱
18	Z	2,083 mm (82 in)　3,175 mm (125 in)　2,235 mm (88 in)	窄体货机主货舱

第三节　货物垫板和系留固定

体积或重量较大的货物（业内简称"超大超重货物"）由于其自身条件特殊，在集装器上组装时必须采取特殊的装载措施才能保证货物运输安全和航班飞行安全。通常超大超重货物组装集装器时必须采取的措施有两个：一是为保证飞机货舱地板承受的压力强度在规定范围内而在集装板与货物之间增加支撑货物的垫板以分散货物重量，称之为货物垫板；二是为保证货物在飞机上的稳定性而对货物采取额外系留固定，称之为货物系留。

一、货物垫板

货物垫板（以下简称"垫板"）是指为保证货物重量均匀分布而支撑在货物与集装器底板或货物与飞机货舱地板之间的，符合规定尺寸的木质板材或其他类似材料。

由于飞机货舱地板结构的载荷有限，重量较大的货物装上飞机后对飞机货舱地板的压力强度有可能超过飞机货舱地板的载荷限制，导致飞机货舱结构受损，同时使集装器底板变形，损坏飞机货舱内的集装器传动系统和货舱结构，影响飞行安全，产生大量维修费用并造成装卸作业困难，如图 6-25 所示。

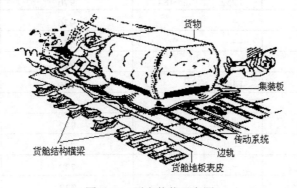

图 6-25　不当装载示意图

使用垫板就是为了适当扩大货物的接地面积，使货物重量均匀地分布在飞机货舱地板上，从而保证集装板和飞机货舱设备的安全，节省维修费用。同时，还可以保证货物的顺利装卸，缩短作业时间，减少飞机地面空转时间，降低碳排放。

（一）相关概念

1. 货物的接地面积

货物的接地面积是指货物底部与集装器底板或飞机货舱地板接触部分的面积。

2. 货物的受力面积

货物的受力面积是指物底部承受货物重量的受力区域。

对于底部没有枕木的货物，其接地面积就是货物的底面积。此时，货物的受力面积等于货物的底面积和接地面积，如图 6-26 所示。

对于底部带有枕木的货物，货物的受力面积是指以最外两条枕木的外边沿之间的区域，如图 6-27 所示。

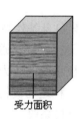

图 6-26 底部没有枕木的货物的受力面积

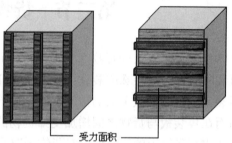

图 6-27 底部有枕木的货物的受力面积

3. 飞机货舱地板承受力

飞机货舱地板承受力（面积载荷）是指每平方米飞机货舱地板能够承受的最大重量。

不同机型、同一机型的不同舱位，其地板承受力不同。部分常用机型的地板承受力如表 6-3 所示。

表 6-3 部分常用机型的地板承受力

机　　型	主货舱（kg/m²）	前、后下货舱（kg/m²）	散货舱（kg/m²）
B747F/SF/-8F	1952（T 区：484）	976	732
B747 系列客机	—	976	732
B767 系列客机	—	976	732
B787 系列客机	—	976	732
B777F	1463	976	732
B777 系列客机	—	976	732
B757SF	400	732	732
B757 系列客机	—	732	732
B737 系列客机	—	732	—
A318/A319/A320/A321	—	732	732

续表

机　　型	主货舱（kg/m2）	前、后下货舱（kg/m2）	散货舱（kg/m2）
A340 系列客机	—	672	732
A330 系列客机	—	672	732
A330-200F	1050	672	732
A380	—	672	732

（二）垫板的基本要求

垫板的面积和厚度需经过计算得出。计算得出的垫板长度、宽度和厚度为货物所需垫板的最小长度、宽度和厚度。垫板可以是整块的，也可以由多块拼合而成。

由于通过计算得出的垫板面积是必须保证的最小的货物接地面积，因此垫板之间应该无缝隙铺设。因集装器被视为飞机货舱地板的一部分，所以计算垫板的面积和厚度时，不管货物装在什么型号的集装器上，不需要单独考虑集装器底板对货物的支撑力。如果经过计算需要使用垫板，垫板的重量应计算在集装器装载总量中。一般垫板重量按货物重量的 4% 估算。

货运飞机运输时，如果货物既可装在下货舱，也可装在主货舱，则以下货舱的地板承受力为依据计算垫板的面积和厚度。加垫板后货物需要由下货舱改为主货舱装载时，主货舱地板承受力大于下货舱，所以可不必重新计算垫板的尺寸。

垫板面积应不小于货物受力面积。当需加垫板面积小于货物受力面积时，应以货物受力面积作为垫板的面积。

计算垫板面积和厚度的过程中如果出现小数，小数点后保留两位数字，第三位数字四舍五入。垫板长度、宽度和厚度应以 cm 为单位，计算结果如果出现小数，一律进位为整数。例如，计算得出的垫板厚度为 2.2cm，则进位至 3.0cm。

只需铺设一层垫板时，垫板之间不应有间隔。如果需要分层铺设（将一定厚度的垫板分为两层或两层以上铺设），由集装器底板向上的第一层垫板同时作为集装器底板的保护层，可以是厚度为 2～5cm 的夹层板或木板，为无间隔铺设。第二层以上的垫板之间可以有间隔，间隔距离一般不超过本层垫板厚度的 3 倍，并且横向铺设时垫板之间的最大间隔距离不应超过 50cm，纵向铺设时垫板之间的最大间隔距离不应超过 60cm。铺设在同一层的垫板厚度应一致。

垫板的材质宜为质地坚硬的木板，如杉木、松木等。如果使用其他材料作垫板，其抗压强度不应小于木质材料的抗压强度。

当垫板的长度不能满足铺设需求时，可使用两条或两条以上同规格的垫板，采取对接的方法进行衬垫。此时相邻的两条垫板之间的接缝处应错开，如图 6-28 所示。

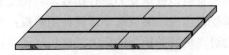

图 6-28　两条及两条以上垫板铺设示意图

底部带有枕木的货物需加垫板时，枕木与垫板之间应垂直交叉铺设。例如，如果货物枕木是横向放置的，垫板应顺向摆放在集装板上，货物置于垫板上面。这样可以使集装板及其飞机货舱内的传动系统均匀地承受货物重量，保证集装板在传动轨道和滚轴上轻松移动，顺利进入装机位置，如图 6-29 所示。

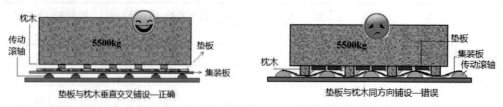

图 6-29　枕木与垫板铺设 1

无论货物底部有几条枕木或者枕木之间的距离有多大，垫板必须以最外边两条枕木作为支撑点且均匀分布在货物的受力面积上，否则无法保证货物的稳定性（见图 6-30），也就无法保证货物对飞机货舱地板压力的均匀分布。

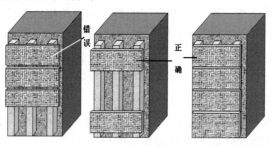

图 6-30　枕木与垫板铺设 2

垫板高度至少应为 2cm。在实际操作中，当计算得出垫板的高度不足 2cm 时，以 2cm 为准。

（三）判断是否需要加垫板

需要在集装板或集装箱上装载超大超重货物时，首先应根据承运航空公司的班期时刻表确定运输的机型和装载舱位，然后计算货物作用于飞机货舱地板单位面积上的载荷，将得出的数据与飞机货舱地板承受力进行比较，以确定是否需要使用垫板。计算公式为

$$P = \frac{W}{S}$$

式中：

P——货物作用于飞机货舱地板单位面积的载荷，单位为 kg/m^2；

W——货物重量，单位为 kg；

S——货物的接地面积，单位为 m^2。

将计算得出的数据与飞机货舱地板承受力进行比较，当得出的数据小于飞机货舱地板承受力时，即为在飞机的可承受范围内，装载时不需要使用垫板；当得出的数据大于飞机货舱地板承受力时，则表示货物对飞机货舱地板的压力强度超过了飞机货舱地板承受力，必须加垫板才能运输货物。

（四）计算垫板尺寸

（1）计算需加垫板的面积。计算需要的垫板面积时，应考虑垫板的重量，通常垫板重量按货物重量的 4% 估算。因此，计算垫板面积的公式为

$$S_{\text{垫板}} = \frac{1.04W}{P_{\text{舱}}}$$

式中：

$S_{\text{垫板}}$——垫板面积，单位为 m^2；

W——货物重量，单位为 kg；

$P_{\text{舱}}$——飞机货舱地板承受力，单位为 kg/m^2。

（2）计算垫板的长、宽、高（厚）。根据垫板与枕木垂直交叉的原理确定垫板的长度和宽度。垫板的长度为货物底部最外侧两条枕木之间的距离与这两条枕木外侧向外延长的垫板尺寸之和，如图 6-31 所示。垫板的（总）宽度为货物受力面积的宽度与受力面积宽面两端外边沿向外延长的垫板尺寸之和。垫板的高度（厚度）为货物受力面积四周向外延长的垫板尺寸的 1/3。货物受力面积四周向外延长的垫板尺寸等于垫板面积与受力面积之差除以受力面积的周长。

例如，一件重量为 5000kg 的货物，底面尺寸为 200cm×155cm（见图 6-32），货物底部有三条枕木，最外侧两条枕木之间的距离为 140cm，枕木宽度为 10cm。计算该件货物在集装板上装载时是否需要加垫板，如果需要则计算垫板的长度、宽度和高度。

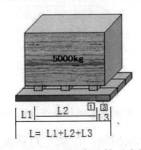

图 6-31 垫板长度计算示意图

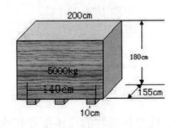

图 6-32 货物 4

步骤如下：

第一步，确定机型、舱位。从货物的外形尺寸上判断，该货物只能装在波音 747F 或波音 777F 的主货舱中运输，确定为波音 777F 主货舱装载，地板面积载荷为 $1463kg/m^2$。

第二步，计算货物作用于单位面积飞机货舱地板的载荷。由图 6-32 可见，货物重量是通过货物底部的三条枕木作用于飞机货舱地板上的，所以先计算其接地面积，应为

$$S_{\text{接地}} = 1.55m \times 0.10m \times 3 = 0.465m^2。$$

再计算货物作用于飞机货舱地板单位面积的载荷，应为

$$P = \frac{5000kg}{0.465m^2} = 10752kg/m^2$$

第三步，确定是否需要加垫板。将得出的数据与飞机货舱地板承受力进行比较，波音 777F 主货舱的地板承受力为 $1463kg/m^2$，而计算得出该货物作用于飞机货舱地板单位面积的载荷为 $10752kg/m^2$，大于飞机货舱地板承受力，因此组装集装板时必须加垫板。

第四步，计算需加垫板的面积为

$$S_{\text{垫板}} = 5000kg \times 1.04 \div 1463kg/m^2 \approx 3.55m^2$$

第五步，计算出需加垫板面积与受力面积之间的差为

$$S_{\text{垫板}} - S_{\text{受力}} = 3.55m^2 - 1.40m \times 1.55m = 1.38m^2$$

第六步，计算出受力面积四周应外延的垫板长度为

$$1.38\text{m}^2 \div [(1.40\text{cm}+1.55\text{cm})\times 2] \approx 0.233\text{m}=24\text{cm}$$

第七步，计算出垫板的高（厚）度为

$$24\text{cm} \div 3 = 8\text{cm}$$

由此，该件货物在集装板上装载时需要的垫板尺寸为

$$L=24\text{cm}+140\text{cm}+24\text{cm}=188\text{cm}$$
$$W=24\text{cm}+155\text{cm}+24\text{cm}=203\text{cm}$$
$$H=8\text{cm}$$

根据垫板与枕木垂直交叉铺设的原理，垫板铺设后的效果如图 6-33 所示。

（五）需加垫板面积小于受力面积时垫板尺寸的计算

在计算垫板的厚度和面积时，经常会出现需加垫板面积小于货物受力面积的情况（需加垫板面积与货物的受力面积之差为负数）。枕木之间的距离过大，选择的运输机型不同或货舱地板承受力不同等因素都会导致货物的受力面积大于需加垫板面积，两者之差表示大出的部分，如图 6-34 所示。

图 6-33 货物 4 的铺设效果

图 6-34 需加垫板面积小于受力面积示意图

从理论上假设将货物的接地面积扩大到与需加垫板面积相同，以满足对垫板面积的需要。由于接地面积是全部枕木的底面积之和，因此，将需加垫板面积平均分摊到每一条枕木上，这样实际上就等于扩大了货物的接地面积，使之与需加垫板面积相等。此时，垫板的长和宽分别为受力面积的长和宽。航空承运人只需使用下面的公式计算出垫板的高（厚）度即可。

$$\text{垫板厚度} = \frac{\text{需加垫板面积} - \text{接地面积}}{\text{所有枕木周长的和}} \times \frac{1}{3}$$

例如，货物尺寸重量如图 6-35 所示，航线机型为波音 787 梦幻飞机。计算该件货物在集装板上装载时需要的垫板尺寸。

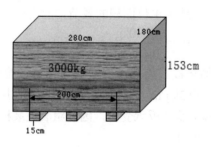

图 6-35 货物 5

步骤如下：

第一步，判断能否装载。从货物的尺寸上判断，该货可以装在波音 787 梦幻飞机的下货

舱运输，适用的集装器为 A 或 M 形集装板。

第二步，计算货物对飞机货舱地板的压力强度。波音 787 梦幻飞机下货舱地板的面积载荷为 976kg/m²。货物的接地面积为

$$S_{接地}=0.15m×1.8m×3=0.81m^2$$

货物对飞机货舱地板的压力强度为

$$\frac{3000kg}{0.81m^2}=5556kg/m^2$$

超过选定机型的下货舱地板面积载荷 976kg/m²，因此，装载时需要加垫板。

第三步，计算需加垫板面积为

$$S_{垫板}=\frac{3000kg×1.04}{976kg/m^2}=3.196m^2≈3.2m^2$$

第四步，计算出该件货物的需加垫板面积与受力面积之间的差为

$$S_{垫板}-S_{受力}=3.2m^2-2m×1.8m=-0.4m^2$$

由于需加垫板面积与受力面积之间的差为负数，此时可以确定该件货物垫板的长应为受力面积的长，宽应为受力面积的宽。计算垫板的高（厚）度应为

$$h=\frac{3.2m^2-0.81m^2}{[(0.15m+1.8m)×2]×3}\frac{1}{3}=0.068≈0.07m$$

由此，垫板尺寸为 200cm×180cm×7cm。组装后效果如图 6-36 所示。

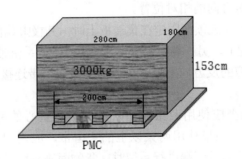

图 6-36　货物 5 的加垫效果

按照上面的办法垫板后，货物对飞机货舱地板的压力为

$$\frac{4680kg}{3.6m^2}=1300kg/m^2$$

垫板计算完毕后需要复核加上垫板后，组装完毕的集装板高度是否允许在波音 787 梦幻飞机下货舱装载。货物高度为 153cm，所用垫板高度为 7cm，装载时采用的是 PMC 型集装板，集装板自身高度为 0.48cm，可以忽略不计。按照此方案组装完毕后，集装货物的高度为 160cm，小于宽体飞机下货舱标准高度 163cm，允许装载。

二、超大超重货物在集装板的系留固定

飞机在起飞、爬升、降落、滑行转弯及在飞行中遇气流颠簸等情况下，装在飞机上的货物将产生向前、向后、向上、向左、向右 5 个方向的冲击，冲击力的大小根据货物自身重量成正比，重量越大的货物冲击力也越大，因此，当飞机上装有重量较大的货物时，必须对这

些货物采取额外固定措施将其牢固地限定在集装器上，防止其移动、翻滚，损坏飞机，造成安全事故。

（一）系留设备

系留货物必须使用符合适航要求的专用系留设备，包括钢索、系留带（尼龙带）、系留绳（角绳）、紧固器（松紧扣）、锁扣和辅助绳等，如图 6-37 所示。

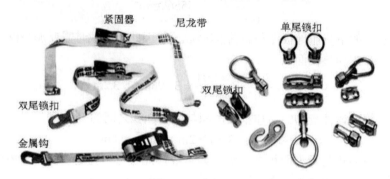

图 6-37　系留设备

（二）系留的基本要求

必须采用对称原则系留，即上下或前后方向限动货物时，系留带两端的锁扣数量必须相同，且应固定在货物的相对方向的相对位置。

一条系留带越过货物两端或顶面固定在集装板上时，其极限载荷为其自身载荷的 2 倍。一条系留带一端固定在货物上，另一端固定在集装板上时，该系留带的极限载荷为自身载荷。

一个双尾锁扣在相对应的反方向上最多可以与两条系留带连接，但是在一个限动方向上只能连接一条系留带。

当上、下限动时，至少应使用两条系留带，在货物重心的两侧经货物上方固定在集装器两侧对称的卡锁轨里。如果使用两条以上的系留带，应均匀分布在货物重心两侧。

一条尼龙带越过货物顶面或两端进行系留时，货物两侧系留带的长度应相等。

在相同限动方向上，并排的两个双尾锁扣之间的距离不应小于 50cm，单尾锁扣不应小于 30cm。在不同限动方向上，并排的两个锁扣之间的距离不应小于 10cm，如图 6-38 所示。

前、后限动时应根据所装机型及货物在集装板上的装载方向决定尼龙带的系留位置，以前后限动为主，左右限动为辅。如果组装集装器时不能确定所装机型，应以货物长面的两侧为前后方向，如图 6-39 所示。

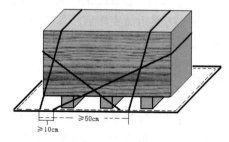

图 6-38　系留示意图 1

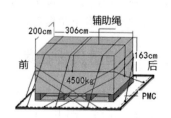

图 6-39　系留示意图 2

系留后系留带必须拉紧，系留带拉紧后集装板的边沿向上微微翘起是允许的，但翘起的高度不应超过 3.2cm。如果货物上有不可避免的锋利边缘，则应加护垫或使用钢索进行系留。

为防止系留带发生位移、松动或滑落，系留后各系留带之间应使用辅助绳连接，也可以在货物表面尼龙带与货物的接点处加装辅助木块（厚度为 1cm 的木条即可）托住系留带，如图 6-40 所示。

图 6-40　系留示意图 3

在计算系留带的数量时，使用了垫板的货物，应将垫板的重量计算在内。不能实际称重时，垫板的重量可按照货物重量的 4%折算。

（三）系留带使用数量的计算

单件重量在 300kg 以下的货物，组装集装板或集装箱时，只需将其装在其他货物中央即可。如果没有其他货物，可以使用系留绳索或系留带系留固定。

单件重量在 300~1000kg 之间的货物必须使用尼龙带固定。当货物外形为长方体时，使用 2 条系留带，向上限动 2 条，呈"∥"形系留，前后各 1 条，如图 6-41 所示。

如果货物包装为立方体，系留时向上限动的 2 条系留带可采用"+"形系留，要求两条系留带的交叉点与货物顶面的四角对角线的交点相吻合，此时横向与纵向限动的系留带位于货物各边的中央部位，系留带对货物的限制力量最佳。前后限动的系留带系留在两侧即可，如图 6-42 所示。

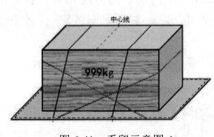

图 6-41　系留示意图 4

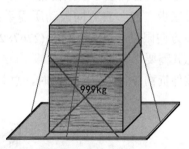

图 6-42　系留示意图 5

采用上述方法限动时，集装板上可不使用网套固定。

单件重量超过 1000kg 的货物，应根据其重量分别计算出各方向限动所需的系留带（尼龙带）数量。

1. 向上限动所需尼龙带的计算

向上力的 G^* 系数为 3，以此为依据计算出当飞机起飞或降落时货物产生的向上力（货物重量×3）。根据计算出的向上力，计算出上下限动所需系留带的数量，计算公式为

$$W \times 3^* \div N \times 2^{**}$$

式中：

W——货物重量；

N——选用的系留带的拉力；

*——G 为用标准的地心引力的单位来表示力的量值，3G 的力相当于 3 倍的地心引力，它导致一个物体产生 3 倍的自身重量；

**——是否需要乘以 2，根据系留方式确定。

这个公式为标准系留公式，得出的数字为向上限动所需系留带的数量，当该数字出现小数时，进位至下一个整数。

2. 前、后限动所需系留带的计算

向前、向后力的 G 系数为 1.5，以此为依据计算出当飞机起飞或降落时货物产生的向前或向后力（货物重量×1.5）。根据计算出的向前、向后力，计算出前后限动所需系留带的数量，计算公式为

$$W \times 1.5^{*} \div N \times 2^{**}$$

W、N、*、**：说明同上。

这个公式是标准系留公式，得出的数字分别为前、后限动每一侧各需系留带的数量，当该数字为小数时，进位至下一个整数。

例如，单件重量为 1800kg 的货物，在集装板上装载时需要系留固定，选用的是国际标准的系留带，其拉力为 2267kg（5000LB）。计算各系留方向所需系留带的数量。

步骤如下：

第一步，计算向上方向限动所需尼龙带：(1800×3)÷(2267×2)=1.20（条），进位至 2，需要 2 条；

第二步，计算前、后方向限动所需尼龙带：(1800×1.5) ÷ (2267×2) =0.6（条），进位至 1，前、后方向再各需要 1 条系留带固定，总共需要 2 条系留带。

第三步，左、右方向限动所需系留带数量的计算方法与前、后方法相同。在此例中，左、右方向限动：(1800×1.5)÷(2267×2)=0.6，进位至 1，左、右后方向各需 1 条系留带固定，总共需要 2 条系留带。

该件货物在集装板上装载时，总共需要 6 条系留带系留固定，如图 6-43 所示。

图 6-43　系留示意图 6

思　考　题

1. 简述影响货物装载的几个主要因素。
2. 简述飞机货舱结构载荷限制共有几个方面。
3. 简述为什么在集装器上组装超大超重货物时应该在货物下面使用垫板支撑。

4. 简述为什么超大超重货物组装集装器后必须使用系留带系留固定。
5. 要运输如图 6-44 所示的货物，机型为波音 777-300ER，回答以下问题：

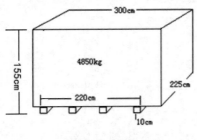

图 6-44　货物 6

（1）该货组装集装器时是否需加垫板？如需加垫板，计算垫板的尺寸。
（2）该货物在集装板上装载时，各方向系留限动所需系留带的数量是多少？

第七章

航空货物配载原理与操作

通过本章的学习，您将了解以下知识点。
1. 配载的地位、作用与原则；
2. 配载计划构思方法与过程；
3. 配载操作；
4. 信息录入与资料处理；
5. 航班报告制作方法；
6. 航班关闭操作；
7. 特种货物、中转货与邮件的配载操作。

建议课程教学安排 4 学时。

配载是航空货物运输操作中非常特殊的工种，有自身专业的知识体系，同时又以对相关环节业务知识的全面掌握作为技能要求，以对突发事件处理能力为技术特点。因此，不仅所涉及的业务知识非常广泛，源于实际生产的灵活多变也给配载专业技能的掌握增加了难度。

配载操作的主要目的是做到既充分考虑所需配运货物的特点与要求，同时实现舱载利用率的最大化，并兼顾安全与正点，这也是配载操作的重点与难点。

学习配载操作，应先从了解配载的地位与作用着手，建立对重要性的深刻认识，并在繁复的步骤学习中不断体会配载工作原则中所包含的重大责任，从而建立严肃的态度与严谨的作风。

第一节 配 载 概 述

一、配载的地位与作用

在货物出运操作的流程中，配载操作的质量直接关乎航空公司的经济利益和地面代理的收益，也是安全检查的一道重要的闸门，地位举足轻重，其重要性主要体现在以下两个方面。

（一）配载是出运流程中的信息处理中心

配载的操作侧重于通过对货运单等一系列单证的分析，了解与掌握货物的性质特点，充分考虑货物或所处的集装器与货舱的适配性，结合航空公司对于载运安排的要求，进行合理载运安排。其中，单证的来源正是经由前道各环节严格的操作实施而产生的含有大量信息的货运单和各类交接单证，例如航空公司吨位控制人员根据客户订舱拟定的订舱清单，集装器管理人员根据订舱情况安排的集装器的配发记录，特殊货物的验收记录，以及收货称重人员对货物实施称重及复核的记录等。这些单证能够充分反映出货物本身的性质特点以及从交接到待配各环节的操作情况，并在配载环节高度汇集，为配载方案决策奠定基础。制定完成的配载方案正是后道工序开展与协作的最主要依据。

以国际货物为例，托运人或代理人将完成报关后的货运单连同货物一起交至地面代理，并制作交接单证,由收货人员进行单证审核后交至配载。其中以集装形式订舱的货物,则在组装后实施称重复核,随后含有交接、组装和称重信息的全部相关单证交接至配载。以散货形式订舱的货物还会由配载人员安排组装,由组装部门提供反映组装信息的单证。最后,配载人员综合所有单证信息确定航班配载方案,并填开配载交接单交平衡、出仓与装卸人员实施装运。同时,还会将相应的单证资料进行系统录入与资料分配,分别安排送机、外站电报发送以及航空公司与地面代理的资料留存。

如图 7-1 所示为货物出运流程示意图,从图中可以看出,配载首先是各类信息高度集中的环节,随后根据信息接收对象的不同需求对信息重新配置后发送,完全形同信息处理中心。可以想象,如果配载环节信息丢失,甚至错误,造成的后果是非常严重的。其中的平衡部门,作为航班载重安全的重要操作环节,几乎完全依赖配载提供的信息来进行航班载重平衡操作。因此,对于载重安全的把控,配载环节责任重大。

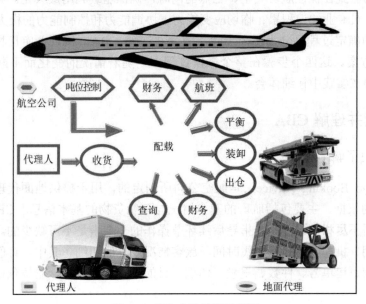

图 7-1　货物出运流程示意图

(二) 配载是对前道工序有效的复核与监督

配载,作为各类关乎安全与效益的重要信息资料高度汇集的唯一环节,同时也作为货物在配上航班前具备核查条件的最后一关,其得天独厚的优越条件促使配载对前道工序的操作质量有条件、有能力也有义务担当起复核责任,起到监督作用。例如,对于收货环节,在货物重量的检查验收上,配载人员可以通过单证进行重量核算;在泡货的收货上,配载人员既可以通过组装单证来推断,也可以通过实地查看货物来检查;在安全把关上,配载同样能够通过查看单证做到发现或提出质疑并加以确认,真正从航班的安全与效益上全方面地进行保障。

二、配载的工作原则

配载的特殊地位与作用决定了配载的工作原则,具体如下。
(1) 树立安全意识,严格检查和监督,确保航班的安全。

（2）严格检查重量与体积的准确性，维护航空公司与地面代理的切身利益。
（3）充分准备，及时调整，确保舱位和载量利用最大化。
（4）认真做好每道环节所要求的复核，发现错误及时处理，遇重大问题及时上报。
（5）公平公正，廉洁自律，维护客户利益。

第二节　构思配载计划

对配载计划的构思是配载操作成功与否的关键，而配载计划的合理构思要求配载员首先应从 CBA 上了解所配载航班的基本信息和订舱货物的基本情况，然后结合机型的特点，对可能情况准备方案，并随着货物入库情况的不断变化而不断调整，及时应对突发状况的发生，尽一切努力做到在保证航班安全、正点的同时，确保舱载利用最大化。因此，配载计划构思是对配载人员专业知识积累、临场应变能力、协调能力和控制能力的极大考验。

配载计划的确定过程可分为四个步骤：阅读并理解 CBA；核查入库货物；安排散货组装；确定配载方案。这四个步骤在整个操作过程中是随着情况的变化而不断穿插交替进行的，更多地需要在实践中仔细体会。

一、阅读并理解 CBA

（一）认识了解 CBA

CBA（Cargo Booking Advice）是航空公司所制定的，用于提供地面代理安排货物出运的一系列操作的依据，主要包括航班的基本情况与订舱货物的基本信息。CBA 的形式和称谓各个航空公司不尽相同，但是，指导后续环节操作的七要素是不可缺少的。这七要素分别是航班号、日期、机型、路径、起飞时间、旅客情况及订舱明细。其中，订舱明细中还包括订舱货物的类别、运单号、件数、重量、体积、目的港、操作代理、舱位预留情况等全部或部分信息。

一般情况下，地面代理可以根据航空公司提供的 CBA 向以集装货物形式订舱的交货代理提供相应集装器用以货物组装，并配备相应的组装区域和设施，而对于以散货形式订舱的交货客户或代理，则会根据 CBA 调配人力与物力，配备好相应的交货条件。其中，收货部门还会根据 CBA 控制交货量，以保障正常订舱货物的优先收运，并控制仓库货物容量，提高仓库运作效率；配载部门则根据 CBA 检查货物入库情况，结合经验判断货物可能会出现的突发状况并加以防范，同时了解航空公司的意图，确定出运的优先等级，以及舱载受限时所应采取的保障措施。

中国东方航空公司航班 MU515/22JUL 的 CBA 如图 7-2 所示，图中订舱的货物包括了用 MAIL 表示的邮件，用 EXPRESS 表示的快件，用 PER 表示的鲜活货物。由于该部分货物未能事先获得运单信息，因此，邮件采用类型及订舱量来反映，快件、鲜货只能用代理名称及订舱货量、体积、货物名称反映货物的情况；而在普货信息中，则包括了主要订舱货物的运单号（一般只显示后八位）、件数、重量、体积、目的地、代理名称、订舱单号，以及该代理订舱的货物所使用集装器的情况。因此，CBA 能够在配载前期提供配载人员丰富的信息，以便于正确地制订配载计划。

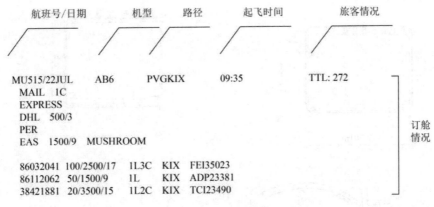

图 7-2 CBA 示例

(二) 了解机型的知识

进行配载操作首先需要了解计划配载航班的装载性能,诸如货舱结构对压力(货物重量)的要求、可利用舱载情况、货舱空间对装载的限制等,与货物载运密切相关的技术数据,这就需要分析与掌握机型装载技术数据资料。

机型装载技术数据是航空公司提供地面代理配载操作的重要资料,同一机型的航空器因所属航空公司的不同而略有差别,即使属于同一航空公司,也往往因为使用过程中的改造而产生不同的使用条件,因此,需要对计划配载航班的技术数据进行有针对性的全面了解。

查看机型装载技术数据是配载员操作基本技能之一,可以通过技术数据的查看,全面了解所配机型的特点,在对一些特殊尺寸货物进行配载时,准确把握机舱结构、尺寸更能够实现舱载充分合理的利用。

下面选择东航 A300-600R 机型作为代表类型,并作为操作案例的机型对象进行介绍。

1. 部分技术数据

(1) 外形及货舱位置,如图 7-3 所示。

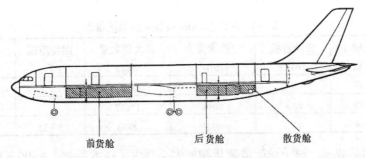

图 7-3 A300-600R 外形及货舱位置

(2) 货舱门尺寸,如图 7-4~图 7-6 所示,对货物或货物所处集装器的高度、宽度和长度形成了限制。对于尺寸的把握,尤其在对非常规尺寸的货物进行组装及实施装载时,显得格外重要。

(3) 各货舱装载限量如表 7-1 所示。该限量表要求配载人员在制订配载计划时,应控制各舱所配载量不超过其最大的装载量,超重货物的配载应充分考虑地板承受力,活动物的配载也应首先考虑是否具备可装载货舱。

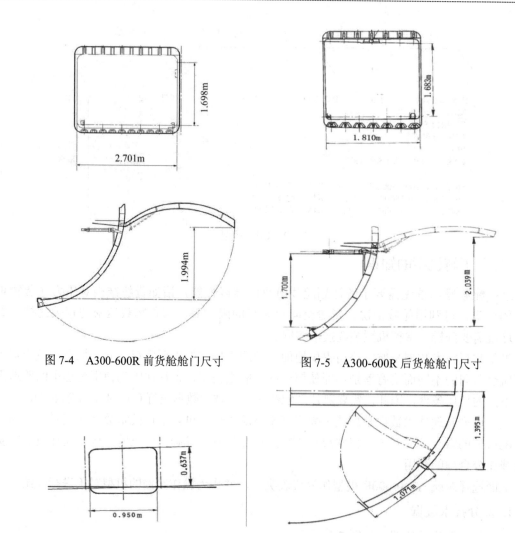

图 7-4 A300-600R 前货舱舱门尺寸　　　图 7-5 A300-600R 后货舱舱门尺寸

图 7-6 A300-600R 散货舱舱门尺寸

表 7-1 A300-600R 各货舱装载限量表

货舱	货舱等级	货舱容积（m³）	地板承受力（kg/m²）	最大装载量（kg）	温度范围（℃）	是否通风	能否装载动物
前货舱	C 级	75.1	1050	18507	—	否	否
后货舱	C 级	46.8	1050	12837	—	否	否
散货舱	C 级	17.3	732	2770	5～25	是	能

（4）散货舱装载表，对于适配散装货物的大小提供了技术参数。A300-600R 散货舱的重货装载和轻货装载表分别如表 7-2 和表 7-3 所示。

表 7-2 A300-600R 散货舱重货装载表

高（m）	宽（m）							
	0.150	0.250	0.350	0.450	0.550	0.650	0.750	0.850
0.100～0.565	3.000	2.900	2.850	2.800	2.750	2.700	2.650	2.600
长（m）								

表 7-3　A300-600R 散货舱轻货装载表

高（m）	宽（m）						
	0.100	0.250	0.400	0.550	0.700	0.850	1.000
0.100~0.565 不倾斜装载	3.450	3.350	3.250	3.200	3.100	3.000	—
0.050~0.100 倾斜装载	3.450	3.350	3.250	3.200	3.100	3.000	2.900
	长（m）						

（5）货舱装载截面尺寸，如图 7-7 与图 7-8 所示。

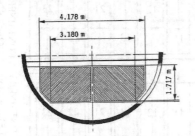
图 7-7　A300-600R 前货舱装载截面尺寸

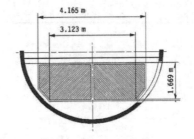
图 7-8　A300-600R 后货舱装载截面尺寸

（6）集装箱种类及尺寸，如图 7-9 所示。

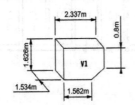

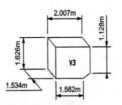

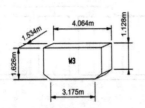

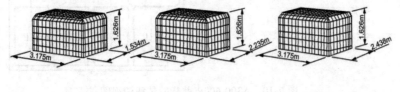

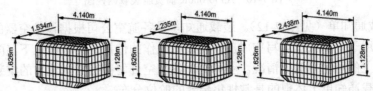

图 7-9　A300-600R 集装箱种类及尺寸

（7）前后货舱装载俯视图。装载俯视图提供了不同类型的适配集装器在该货舱装载时的位置分布情况。如图 7-10 与图 7-11 所示分别为 A300-600R 前货舱装载和后货舱装载的俯视图。

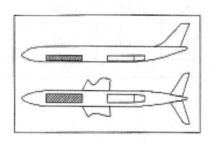

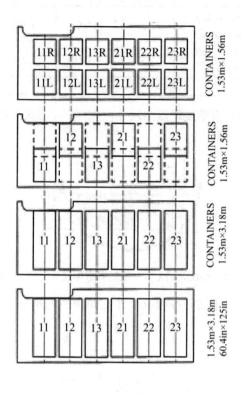

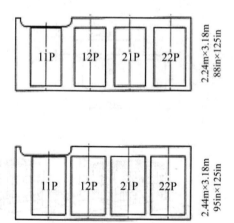

图 7-10　A300-600R 前货舱装载俯视图

（8）装载通知单（见图 7-12）。装载通知单是各航空公司根据该航空器的实际使用要求制定的，主要用于平衡人员填写完成后作为装机操作的依据。一般情况下，配载人员常用它来了解该机型上的可利用舱位情况。实际上，各航空公司都有常规使用的集装器，因此，在其宽体机的装载通知单上体现的是常规集装器的舱位分布。

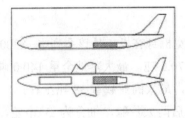
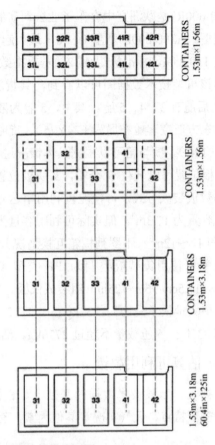

图 7-11 A300-600R 后货舱装载俯视图

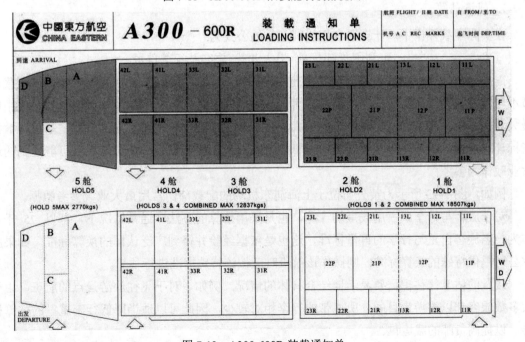

图 7-12 A300-600R 装载通知单

2. 舱位介绍

A300-600R 是欧洲空中客车工业公司研制的双发宽机身客机，是该系列中 A300-600 的加大航程型。A300-600R 基重 91 吨，最大起飞全重 170.5 吨，最大落地全重 140.0 吨，最大无油全重 130.0 吨，标准机组 4/12，基重指数 37 左右，最大商业载重 38 吨左右。

根据该机型技术数据图可以看到，其货舱分为前后两大货舱，细分为 5 个舱，前舱有 1、2 舱，后舱有 3、4、5 舱。其中，5 舱为散货舱，其余为集装设备舱。

中国东方航空客舱布局为 F24Y250。货舱的前下货舱常用板箱布局为 4 块低板（4L）或 12 个箱（12C）。板与箱可以根据具体情况进行搭配。板箱互换是 1 块板位置可以装载 2 个箱，2 块板位置可以装载 6 个箱，3 块板位置可以装载 8 个箱，4 块板位置可以装载 12 个箱。以偶数板装载方式，可使舱位利用率达到最大。后下货舱只能装集装箱 10 箱。该机型散舱理论容量为 17.3m^3，但实际可利用容量为 11~12m^3。因此，该机型货舱可装载货物为 4 板 10 箱和 11~12m^3（不罗列板箱互换情况）。

该机型可使用集装板类型为 P1 类型（即 223.5cm×317.5cm/88in×125in）与 P6 类型（243.8cm×317.5cm/96in×125in）组装成低板。集装箱类型为 LD3，主要使用 AKE 和 AVE 箱。

散舱最大地板承受力为 732kg/m^2。1、2 舱联合载量不超过 18507kg，3、4 舱联合载量不超过 12837kg，5 舱载量不超过 2770kg。活动物装载只能选择 5 舱。

（三）估算可利用载量

在掌握飞机装载技术数据的基础上，根据计划配载航班 CBA 所提供的路径、旅客人数，结合季节特点、天气实况等其他因素，有经验的配载人员可以基本估算出可利用载量和舱位。

1. 载量估算

在实际配载操作中，计算可利用货邮载量的公式为

$$可利用货邮载量=最大业载-旅客及行李重量$$

需要强调的是，该数据并非经过精准的计算得到。由于各环节操作时间的不同，配载环节不可能获得也没有必要依据实际的旅客人数与行李重量的资料信息。在以上计算公式中的最大业载，也并不是通过当次航班的最大起飞重量、最大落地重量、无油重量、基重等数据指标计算得到的，而是以既往经验中该机型（或该机型下该机号）一般情况下可能达到的最大业载作为参考。

例如，图 7-13 所示为某公司位于上海浦东机场的配载部门常用最大业载参考数据。

对于旅客与行李所占用载量的计算，也是采用估算的办法。通常情况下，都以 75 千克作为一名旅客自重与行李的重量标准，这也是依据经验并得到广泛认同的换算标准。如果航空公司提供特殊的换算标准，则操作该航班时应按该特殊标准进行估算。

载量的估算往往也需要灵活地结合具体的情况。例如，对于飞往旅游景点的航班，由于大多数旅客都以旅游为目的，所携带的行李相对较少，因此可以适当降低行李重量的估算标准，以提高货邮的载运量。

```
东航各机型参考数据
    A319        3T
    B733        3T
    B737        4T
    B738        5T
    A320        4T
    A321        5T
    A300       38T
    A343       42T（欧洲）
    MD11F      85T（日本）
    MD11F      75T（美国）
    MD11F      70T（欧洲）
    A313       30.7T
南航各机型参考数据
    B737-300   15T
    B737-200   14T
国航机型参考数据
    B747-200F 110T
    B747-200M  75T
    B747SP     37T
```

图 7-13 某公司配载部门使用最大业载参考

2. 载量的影响因素

气候条件对载量的影响是不容忽视的。例如，降水使得能见度降低，并且影响跑道的性能，其中积雪和冻雨影响严重，令跑道摩擦系数下降或出现障碍，而适宜的风向可减少飞行时间，节省燃油。

跑道长度对飞行也会产生影响。当跑道较短时，飞机要获得足够的起飞速度就必须减少自重，减少货邮载量则是首选的办法。

另外，对重心的控制也会对载量的利用形成制约。旅客、行李、货邮都会对重心构成影响，当重心超出范围时，会对航空器造成严重的损伤，需要对各种影响因素进行调节，其中就包括调节货邮在货舱的装载位置及重量。例如，MD-82 型客机在客满时重心偏前，需要通过腹舱装载将重心向后调整，A300-600 型客机在客满时，往往需要使头板位置达到一定的重量，才能使得重心得到控制。因此，当所配载机型处于满客或接近满客的状态时，需要重视重心偏出的可能性，并做出及时的调整，当难以调整时，需要对拉货做好准备。

（四）估算可利用舱位

在估算行李所占用的舱位时，其标准也是基于经验而来，并在行业内得到广泛认同与使用。按照欧美航线，一般 20～25 人的行李占用 1 个 LD3 集装箱，日本航线，一般按 30～40 人的行李占用 1 个 LD3 集装箱来估算，而香港航线，可以 45 人的行李占用 1 个 LD3 集装箱作为参考，其他航线可以参考这个标准。操作时还应根据实际情况加以调整，以使得配载操作更为精准，减少拉货对人力、资源的浪费，保证最大的舱载利用率。

实际上，即使是同一架飞机，执行同一段航程，执行时间不同，执行机组不同，天气状况不同，也会导致可利用最大载量发生变化。因此，只需估算可利用舱载。

例如，航班 MU5041/21JUL 的 CBA 信息如下所示。

```
MU5041/21JUL      AB6  PVGICN    09:35    TTL: 198
MAIL       1C
```

```
EXPRESS
TNT      500/3
DHL      500/3
PER
EAS      2000/8.5       LUGWORM

86041012   160/2500/17      6C       ICN     EES34023
86037022   30/1500/11       4C       ICN     ASA33381
58421845   20/2000/15       1L2C     ICN     DZF23390
```

根据以上信息估算该航班货邮可利用舱位。

步骤如下。

（1）根据题中 CBA 提供的信息可知，该航班机型为 A300-600R，在执行短航线（上海浦东飞往韩国首尔）时可利用载量为 38 吨左右；旅客人数为 198 人，以 40 人/箱计算行李占用舱位约为 5 箱，以 75 千克/人计算旅客与行李共占用的载量约为 14.85 吨，因此，货邮可利用载量为 23.15 吨。实际上，由于该航班为国际航班，因此头等舱的利用率较高，很多航空公司对于头等舱旅客的行李安排单独装箱，因此，按 5 箱的估算是比较紧凑的。

（2）根据东航 A300-600R 的货舱布局，该航班的前下货舱可装载四板（不罗列板箱互换），后下货舱可装载十箱，散货舱可利用容积为 12m³。

因此，该航班货邮可利用舱位共计四板五箱 12 m³（不罗列板箱互换）。

二、核查入库货物

一般情况下，代理人或货主都会尽量使所交接的货物与订舱保持一致，但仍旧难以避免因各种各样的原因而导致的 CBA 上的预定信息和实际货物情况存在一定的差别。因此，配载员应根据 CBA 核查实际到货情况，并以实际到货情况作为操作依据，这对配载的准确操作是至关重要的。

核查入库货物既要核查单证，也要对存疑的货物进行实物核查。

（一）货物核查的目的

1. 检查实际入库货物与订舱差异，及时调整后续安排

在着手操作前，配载人员应首先对照 CBA，检查货物入库情况。特别是对于一些特种货物、中转货物，应对尚未入库的货物的交接情况进行确认，以保证不因其他意外原因导致漏配。另外，核对集装货物的集装器使用与订舱是否吻合，对于确定舱位利用方案尤其重要。

2. 复核货物重量和体积，确保航班安全与各方效益

配载员应对照 CBA，对已入库货物的运单及随附资料进行检查，检查的内容包括对单证的规范性、货物的安全性，以及重量、体积的准确性。另外，还应检查组装清单与运单是否一一对应。当配载员对入库货物单证存有疑问时，应亲自实地查看货物。事实上，较多的实物勘查源于对泡货的存疑检查。

此步骤特别需要增加对于订舱货量与实际到货量的核对。对于超出预定货量的货物，应

将多出的货量作为航班的舱位、载量不足的情况下拉货首选的对象,即第一备装,以保护其他客户的正常运输利益。如航空公司要求仍旧保证超出货量与该代理人订舱货量相同出运等级,则应要求航空公司重新修改 CBA 后再行操作。

3. 检查确认,保证出仓

在货物核查阶段,应要求出仓人员配合检查集装货物的吊牌、组装质量,并确认货物所在的区位。很多货物在收运时,从外形上看是完好的,内部问题不能暴露。然而经过拖运的颠簸,组装时重心控制不正确、超重货处理不当、网套过松等原因都很容易导致板的变形,直接影响后续的操作。一些货物,如中转货、超大超限货物、置于安静角落的动物、装机前拖至其他区域打扫清理的动物等,可能由于存放场地不同,需要在正式出仓前进行确认,以便后续配载、平衡、出仓、装机等能够顺利完成。有一些地面代理,还专门设置了预配环节,目的也就是早发现,早解决问题。

另外,当配载员无法从运单上了解需要的信息时,也可以通过查看予以确认。例如,确认货物大小是否适于放置散舱,或者确认是否可以拼装其他货物,或者在舱位紧张的情况下,通过确认将未装满的集装箱安排入散舱,以实现对舱位利用的最大化。

(二)货物重量与体积的检查

1. 重量检查

在配载操作中进行重量检查,主要是利用货物毛重与各种重量数据进行互相校对,以保证载重数据的准确,从而确保航空公司、地面代理的经济利益。

与收货部门的重量检查不同的是,在配载环节,货物重量往往是货物完成组装后连同所装载的集装器的重量,而在收货环节,特别是当货物以散货形式交运时,是可以直接得到货物的毛重的。(目前,绝大多数有条件的公司在货物收运时都以运单为单位,通过交货通道上设置的滚筒磅秤来获得货物毛重。)但是,从重量校验的角度,配载环节对于重量的复核最好采用不同的方式。因此,配载对于重量的验算以货物组装后的重量为依据。

从理论上来说,货物连同集装器的总重量减去集装器的重量,就应该是货物的重量,也就是货物的毛重。由于在实际收货操作中,货物连同集装器的称重是通过装载在滚筒架子车上一起实施称重后,再减去滚筒架子车的重量而得到的,因此,考虑到滚筒架子车本身的重量误差和磅秤的误差,地面代理通常的做法是规定误差计算方法与允许误差范围。如在该允许范围内,该重量才能被确认,而如果超出该允许范围,且确认为运单毛重数据不足,则应要求将毛重进行补足。

如果货物是混装的,即多票货物在多个集装器内(上)进行混装,则一般将所有集装器连带货物的重量减去所有集装器的重量,再与运单的毛重之和进行比对。此时,如果出现缺重的情况,难以确认,则需要该操作代理人进行确认,并将相应的运单毛重修改后方能验收。由于运单毛重的修改必须向海关报备,否则该货物出境后无法核销,因此,实际操作中非常麻烦。

各地面代理可以制定自己可接受的误差的计算方法和范围标准。一些航空公司也有自身的计算方法和标准,双方应确定具体执行的方法和标准。

例如,217-XXXXXXXX 运单毛重栏填写为 1070kg,装入 AVE1772TG 和 AKE1007TG。其中,AKE1772TG 称重为 530kg,AVE1007TG 称重为 720kg。该航班提供箱重标准为:AKE

为 90kg，AVE 为 118kg，该航误差计算规定公式为(实际重量-运单毛重)/实际重量，误差范围要求小于 3%。通过计算回答该货物是否可以收运。

步骤如下：

货物实际重量应为：(530+720)-(118+90)=1042kg

实际重量与运单毛重之差：1042kg-1070kg=-28kg

误差：28kg/1042 kg =2.69%＜3%

结论：可以收运

另外，所有航空公司都会提供地面代理关于该公司集装器自重的说明，因此，具体计算时，应参照不同航空公司的数据操作。需要特别提及的是，同样类型的集装器，所属航空公司不同，自重往往也不同。即使属于同一个航空公司，由于制造材质变化、批次不同，重量也往往相差甚多，因此，配载人员对此应持有严谨的态度。

2. 体积检查

航空公司地面代理对代理人或交货人恶意的逃泡行为的把关，是负有重大责任的。这对于维护航空公司的经济利益尤其重要，而建立在收货环节之上的检查是不够完善的，配载作为有条件把关的环节，应对货物体积再负复核监督之责。

与收货环节不同之处在于，配载的"抓泡"是以单证分析为主，循蛛丝马迹加以判断，因而更需要经验的累积、细心的察看和大胆的推测。必要时，配载人员也可以对货物进行实地察看丈量，予以确认，以确保判断的正确性。

所有航空公司都会提供地面代理该公司关于泡货收运的标准，或确认采用地面代理制定的在货物收运时的标准。这个标准是航空公司可接受的最低标准。但这个标准是在集装器装满的情况下以货物总体积标准来体现的。例如，要求 P6 类型集装器在组装完成为中高板时，货物总体积必须达到 $14m^3$ 的标准。因为在实际收货操作中，很难做到对每票货物实行单独收运，依次丈量。特别是在国际货物的收运中，货物以集装形式交入，其中各种重泡货掺杂，很难区分。但集装货物的组装状态（组装的完整性、高度等）切实呈现，为抓泡的工作提供了许多的便利。

当货物以散货形式交入时，配载人员可以通过组装平板车的数量、重量加以判断，实地勘察时更可以根据平板车的高度、宽窄度、数量来直接判断，从而达到把关的目的。

例如，代理 ENT 交入 2L1C（2 块低板、1 个箱）货物，计划配运东航航班。内装货物为 781-XXXXXXXX。组装情况为：1L（P6P），共 1310kg，内装货物 130 件；1L（P1P），共 1200kg，内装货物 116 件；1C（AKE），共 370kg，内装货物 39 件。该货物运单显示：件数 285，实重 2530kg，计费重量 3000kg，品名为拖鞋，货物为同一规格。东航计泡标准为：1L（88in×125in）为 $8m^3$，（96in×125in）为 $9m^3$，C（LD3）为 $3m^3$。问该货物是否存在逃泡现象。

步骤如下。

（1）由于货物为同一规格，因此，根据件数可以推测，2L1C 装满。

（2）根据东航计泡标准，该货物计费体积重量按 $20m^3$ 推算。

按每 $6000cm^3$ 折合 1kg 的折算标准换算，$20m^3$ 应折算为 3333kg。即

$$20m^3/6000cm^3=3333kg$$

所以计费重量应为3333kg，应补足333kg。

发现逃泡情况后，配载人员必须严肃处理。通常，由于时间关系，处理货物逃泡的工作很难在航班配载操作前完成，因此，如果有足够量的备装货物，可以对逃泡货物采取拉下的处理方式，对恶劣的偷逃行为予以惩罚。但是在备装货物不够充足时，可以采取拍照加资料留存的方式，作为事后追查的依据，先行配出，而在航班主要操作工作完成后，立即着手上报，并通知航空公司及代理人（托运人）进行补缴。如拒不接受，则可以立即通知目的站点进行扣货、复查等处理方式。严惩恶意逃泡，是对众多代理人利益的保护，是对破坏运输市场经济秩序恶劣行为的严厉打击，是对航空公司与地面代理制度和利益的维护。

需要补充说明的是，配载环节对于**重量、体积**的检查并不是无谓的重复劳动，除了对重量这一航空安全的重要因素在校验机制上设置要求外，也是对前道工序作业质量的检查和监督。

三、安排散货组装

以散货形式入库货物的组装安排，需要配载员综合考虑可利用舱位的情况，结合实际已入库的货物对于舱位的使用情况予以确定。例如，考虑是单独组装或拼装，是采用集装板、集装箱或平板车，采用集装板则考虑具体使用的尺寸等。

（一）组装的方法

货物组装分为独立组装和拼装两种方法。其中，独立组装是将被组装的货物单独装载在集装器上（内）或平板车上。在舱载充沛的情况下，或者出于货物本身的特性要求，可以选择独立组装。但是，很多情况下，拼装不仅可以保护货物，提高装机效率，更是对货舱空间实现充分利用的有效手段。但是，拼装要遵循一定原则和方法，否则可能对货物、货舱造成损害，影响航班的安全与正点，更有甚者可能成为破坏配载公平原则的不良途径。

1. 拼装的原则

（1）不得以拼装为手段改变货物的出运等级。一般情况下，航空公司会制定严格的运输等级，使得在舱载受限的情况下，或其他突发状况下，较高等级货物的出运能够得到优先保障。因此，拼装时必须充分考虑拼装与被拼装对象之间的等级差别，既避免高等级货物被拉下，也避免低等级货物因此而优先出运。

（2）拼装不得对航空器安全造成隐患。完成拼装的集装货物，应确保板的构型不与货舱横截面冲突，货舱舱壁与集装货物之间保持5厘米的安全距离，否则容易对航空器安全构成隐患。

（3）拼装以操作便利为适宜。由于拼装操作相比于普通货物的组装交运，不具备时间与设备条件上的优势，因此，拼装操作应考虑操作人员的便利与效率，宜选择可供拼装的空间易于被利用的集装货物，如低矮的集装货物或集装箱。拼装货物本身也应选择重量轻、体积小的货物。

（4）不宜拼装在一起的货物不拼装。一般情况下，卸机站不同的货物不拼装（除非安排散舱装载）；鲜活易腐货物不与其他货物拼装，以避免破损对其他货物造成的影响；快件不与其他货物拼装，以避免优先等级被破坏；灵柩与骨灰不与其他货物拼装；活动物之间也有很多不宜拼装的情况，如互为天敌的动物；危险品与活动物之间也有许多不宜拼装的要求，具体可参看特种货物配载章节。

2. 拼装的方法

拼装时可从以下三个角度去实现对空间的充分利用。

（1）利用集装器剩余空间。由于不同货物个体的差异，加上集装器本身轮廓的局限，集装货物存在一定的可利用空间，而拼装的利用也有利于货物之间的固定。

（2）利用飞机廓型。集装货物的组装尺寸都是航空公司根据飞机轮廓而设定的，为防止可能出现的收口不符，很多航空公司将斜坡收口要求改为直角收口，这就使得与飞机的弧形轮廓之间形成一定的可利用空间。

（3）利用特殊位置。很多机型都存在特殊位置，不能或未能加以充分的利用。例如，在东航 MD-11F 货机的 1L、1R 位置，由于飞机廓型的原因，为避免对飞机的损伤，一般都规定只使用 88in×125in 的 P1 类型板组装的低板，实际上仍有很大的可利用空间，非常适合小件货物的拼装使用。无独有偶，在该机型的 14C 位置上装载有同样的要求，都给散货的运输提供了空间便利。

（二）组装形式确认

1. 确定待组装货物可利用舱位情况

以前文航班 MU5041/21JUL 中散货组装安排确认步骤为例。该航班可利用舱位、适用该案例的可利用舱位、除去订舱货物使用后的剩余可利用舱位和符合舱位最充分利用原则的可利用舱位情况分别如表 7-4 所示。

表 7-4 舱位分析

可利用舱位组合	本次航班可利用舱位组合	已利用	本次航班剩余可利用组合（1L=2C，2L=6C，1C=3m³）	符合最充分利用原则的组合
4L10C12m³	4L10C12m³	1L18C 行李 5C 普货 1L12C 邮件 1C	1L6m³	1L6m³
3L12C12 m³	3L12C12 m³		4C/12m³	/
2L16C12 m³	2L16C12 m³		1L6m³	1L6m³
1L18C12 m³	1L18C12 m³		4C/12m³	/
22C12 m³	/		/	/

这也说明了在该机型上，偶数板的使用对舱位利用率最大。

2. 确定最适合的组装形式

仍以前文航班 MU5041/21JUL 中散货组装安排确认步骤为例。该航班需组装安排的货物为：

快件——TNT 预定 3m³，约 500kg；DHL 预定 3m³，约 500kg。

鲜货——EAS 预定 9m³，约 2000kg 的沙蚕。

根据货物组装的原则，其中可组装的形式有以下两种：

第一种　　TNT:1C/DHL:1C/EAS:1L

第二种　　TNT:1C/DHL:1C/EAS:3C

在这个案例中，TNT 与 DHL 货物一共为 6m³，组装成集装板对舱位浪费极大；在一般情况下，不会安排快件装板，并且如果各公司所交运的快件的组装方式不会对舱位造成浪费的话，不安排不同快件公司的货物进行拼装（散装舱机型的货物拼装除外）；而鲜货中绝大多数可采用集装板组装，也可采用集装箱。鉴于以上三点，最符合充分利用原则的组装形式为：

TNT: 1C/DHL:1C/EAS:1L

复核舱位计算：

预计货邮总占用舱位为 2L15C

预计行李占用舱位为 5C

该航班上预计将占用 2L20C（4C 散舱）

满舱

（三）组装散货

在制订组装计划之后，配载人员会以单证的形式向组装操作人员发出指令。无论以哪种形式发出的组装要求，必须提供的信息包括航班号、机型、日期、航班路径、起飞时间、运单号、件数、重量、品名、特殊代码、组装计划和特殊要求。

如图 7-14 所示为某公司使用的货物组装单。

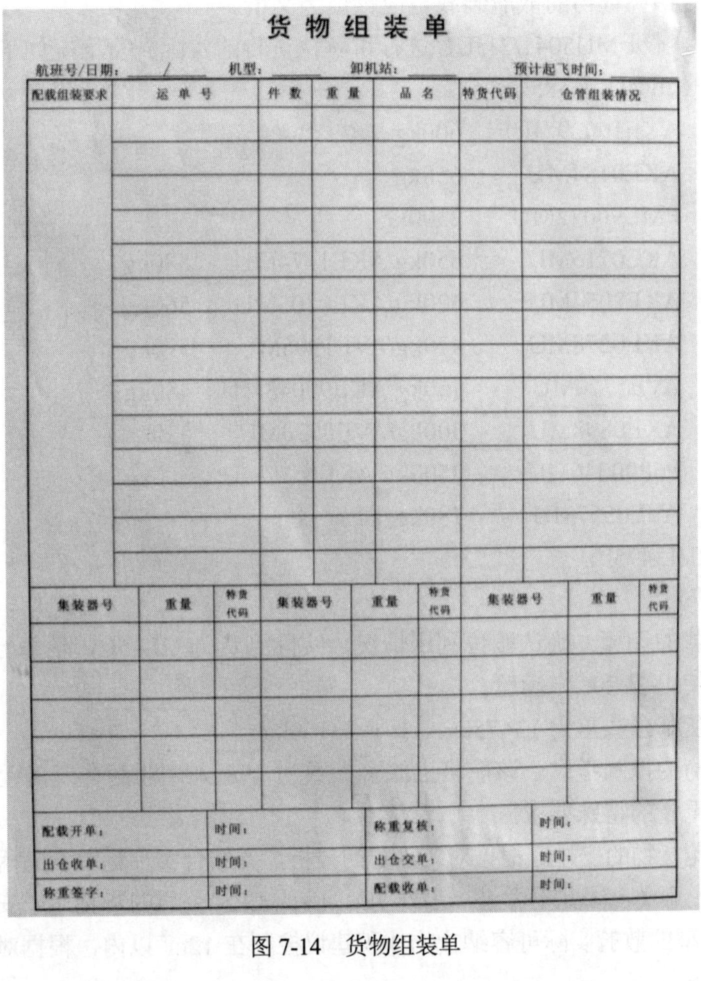

货物组装单

航班号/日期：＿＿/＿＿　机型：＿＿　卸机站：＿＿　预计起飞时间：＿＿

配载组装要求	运单号	件数	重量	品名	特货代码	仓管组装情况

集装器号	重量	特货代码	集装器号	重量	特货代码	集装器号	重量	特货代码

配载开单：	时间：	称重复核：	时间：
出仓收单：	时间：	出仓交单：	时间：
称重签字：	时间：	配载收单：	时间：

图 7-14　货物组装单

从以上单证中可以看出货物组装的步骤：配载人员开出组装指令之后，组装人员会根据货物信息到不同库区提取货物，按照组装要求进行组装并称重，然后将组装信息返回配载人员，完成组装的货物驳至相应区位等待出仓指令；配载人员则根据回单完成后续操作。

四、确定配载方案

散货组装安排的完成，意味着配载方案雏形已定。但当 CBA 上所有订舱货物入库后，配载方案的可行性还需要得到实际货物信息的验证，包括载量的计算、平衡的控制、特种货物对舱位的要求、特殊位置安排、散舱及备装货物的安排等。

其中，散舱货物的安排考虑务必周全，对于一些不适宜、不建议散舱装载的货物要尽量避免，以免发生意外，如邮件、快件、鲜货。这主要是因为邮袋一般都比较松软，不仅不利于堆放，而且解除集装箱的约束后，体积容易泡出；快件的散舱装载既容易造成丢失，也容易影响对方的提货速度，而且快件货物的具体情况较难把控，容易出现无法装载的情况；鲜活货物因为不适宜散舱装运的反复搬动，容易造成包装破损，引起泄漏，污染机舱和其他货物，也尽量不安排散舱；另外，还应该考虑到，有一些重量在规定的范围内（一般为80kg）但的确并非装机人员能够轻松自如地搬动的货物，从人性化的角度考虑，不建议随意安排散舱装运，对特种货物的散舱装载也应该慎之又慎。

以下根据前文航班 MU5041/21JUL 进行讲解，货物的实际到货情况如下所示。

```
邮件：AKE1676MU      585kg
快件： TNT   AKE10029MU       600kg
       DHL   AKE0184MU        650kg
鲜货： EAS   PMC90072MU       2300kg
普货： EES   AKE0716MU        650kg/AKE1474MU    580kg     3450kg
             AKE2054MU        620kg/AKE0105MU    560kg
             AKE0278MU        470kg/AVE1905MU    570kg     1950kg
       ASA   AVE1770MU        450kg/AKE90043MU   480kg
             AKE0898MU        500kg/AVE0570MU    520kg
       DZF   P6P90046MU       2500kg/AKE0577MU   660kg     3940kg
             AVE0557MU        780kg
总量：2L15C/13475kg
```

确认过程如下：

第一步，舱载的计算。确认舱位利用情况，实际到货为 2L15C，估算行李利用为 5C，该航班上预计将使用 2L20C，满舱。

然后，确认货邮总载重为 13475kg，小于 23150kg。

第二步，平衡的控制考虑。该航班上旅客人数为 198 人，非满客或接近满客，可不考虑重心控制对货物重量的特殊要求。

第三步，散舱货物的安排。根据对 CBA 的分析，并结合实际运单及随附资料（此步骤为假设，由于展开无意义，因此不做进一步说明），确认 EES 公司的货物适于安排散舱装运。另外，由于 AB6 机型的散舱实际可容纳货物体积建议控制在 12m³ 以内，根据对运单的检查，可以了解到 EES 货物都为规格统一的包装，因此，重量为 470kg 的集装箱应该没有装满，体积可以推测在 2.5m³ 左右，安排散舱可以更有效地降低拉货概率。

第四步，备装货物的安排。由于 DZF 实际到货 3940kg，比订舱货量 2000kg 与集装器重量 325kg（根据东航集装器自重标准计算）的总和 2325kg 多出 1615kg，因此，在航空公司没有要求该公司超出部分的出运等级与订舱货物保持一致的情况下，该公司的 2C 作为第一备装。

因此，该航班总体配载方案为：货邮总量为 2L15C，DZF 公司 2C 作为备装，EES 公司 470kg 集装货物入散舱，EES 公司其他集装货物均可供选择散舱装机。具体由平衡人员根据实际旅客行李的情况安排。

五、其他影响因素与调整方法

实际到货与订舱出入过大时，为了达到舱载利用的最大化，配载人员需要对配载方案实施调整。不仅如此，入库过程中的各种突发状况往往也是防不胜防、始料未及的，因此，密切关注并根据实际情况调整计划非常重要。

（一）与订舱不符

危害最大的不符情况是没有按照预定的板箱组装，特别是预定的是集装板（或箱）而实际上是集装箱（或板）。如果发生拉货，则错装货物作为第一备装。但为了不影响舱载利用率，应及时调换成适合的集装器，或通过对舱位布局进行重新安排以削减不利因素。

（二）集装器型号不匹配

很多航空器的货舱都有特殊要求，如对集装器尺寸的限定，或限定不同尺寸的集装器的使用数量。例如，国航 B747-200F 的后下货舱在采用 4 板 2 箱的布局时，要求其中一块板必须是 P1 型板且装在 41P 的位置。一般情况下，航空公司在订舱时，会对特殊要求做出妥善的安排。没有适配的集装器是无法装载的。但是，调整方法很多。例如，在时间许可的情况下，选择适合的调整对象，并征得航空公司与代理人（客户）的同意，予以更换；或采用其他舱位布局，等等。

（三）组装质量不符合装机要求

不符合装机要求主要是指集装货物出现倾斜、坍塌、无法推动等多种变形，而无法装机或固定。

变形的主要原因是组装方法不正确，如板的重心处理不当、网套的使用方法不正确、重货装载不当等。很多情况下，这些货物在装机前坍塌在飞机下，造成舱位严重浪费，即使完成了装机，也很容易造成无法卸机的严重后果。因此，应对集装货物的变形情况及时处置。

如果集装货物出现无法推动的情况，对集装器已经形成了破坏性的伤害，必须重新更换集装器，对其中的超重货物加垫垫板。对可以通过网绳收紧的办法恢复板形的集装货物，可继续货物的运输，这也是实际操作中常用的方法之一。对于完全坍塌的情况，在实际操作中一般保留原板上绝大多数货物，将集装货物恢复到符合要求的尺寸范围内，多出的其他货物安排其他舱位或航班。

（四）与要求尺寸不符

特殊位置的集装货物需要按照规定的特殊尺寸进行组装。如果出现不符，可以通过拆下若干货物，达到符合特殊位置的尺寸要求。如果能够在其他货物中寻找符合要求的货物与之调换，则更为理想。

需要强调的是，货物调整后，集装器号、货物数量发生了变动，必须重新制作组装清单，其中只要涉及重量变化的操作，必须安排重新称重。

第三节 配　　载

在配载方案确定后，开始方案的落实。相较于之前的紧张，这一阶段的配载操作真正进入了争分夺秒的倒计时状态。

一、配载操作的时间点控制

配载操作的时间控制是非常关键的，在地面代理的操作规定里，对于配载信息与平衡部门、装机部门、仓储部门的传递时间都有严格的规定。一旦发送不及时，后续部门有权利关闭接收操作，以保证航班的正点。例如，在东航关于客机操作时间的规定中，要求配载信息与平衡部门的最晚传递时间严格控制在航班起飞前 2 小时，货机则要求都相应地前推 1 小时。这样做主要是为了确保航班的准点。在东航的规定中，对于有鲜货、AOG、快件和紧急货物的航班，配载员可以在事先报备后续部门并征得同意的情况下，将配载交接单顺延到起飞前 1 小时 50 分钟（宽体客机）和 1 小时 35 分钟（窄体客机）。因此，配载员必须根据规定的时间点控制好操作的预留时间。

保证操作时间的关键是要制订妥善的配载计划，对所有可能发生的状况做好充分的准备。另外，保持良好的操作习惯也是非常重要的，做到对疑问的追究绝不拖延，对准备工作绝不懈怠，对规定执行绝不马虎。

二、填开配载交接单证

配载交接单证是由配载人员根据计划载运货邮的信息填写完成，并在规定时间之前发送至相关的各个部门，用于后续部门进行相应操作的重要单证。每个地面代理对于配载交接单证都有自行的名称与格式。

一般客机航班的配载交接单证按照货物性质分栏目填写，通常为普货栏、鲜货栏、快件栏、邮件栏。一般货机航班的配载交接单证则按照集装板组装的高度分栏目填写，通常为高板栏、中高板栏、低板栏、集装箱栏、邮件栏。主要填写内容包括航班号、日期、起飞时间、路径、货邮板箱号、重量（毛重）、目的港、备注、货邮总板箱数、货邮总载量和交接双方人员签名。其中，备注主要用于特种货物、特殊要求的说明。

如果是国内航班的配载操作，平衡交接单在使用代码标示的同时，可使用中文以便最清楚地表达，对于国外航空公司的航班操作，则以代码表达为主。在代码不足以清楚表达的情况下，可以采用简单的英文注释。

下面以东航的地面代理使用的配载交接单为例，来说明信息的填写要求。

前文 MU5041/21JUL 航班的配载交接单如图 7-15 所示。

配载平衡室出港航班交接单（国际客机）

航班/日期		MU5041/21JUL		起飞时间	09:35	配载		XXX	平衡	
类别	序号	集装器号	重量	备注		类别	序号	集装器号	重量	备注
普货	1	AKE0716MU	650KG			普货	9	AKE0898MU	500KG	
	2	AKE1474MU	580KG	可散舱			10	AVE0570MU	520KG	
	3	AKE2054MU	620KG	可散舱			11	AKE0577MU	660KG	可备装
	4	AKE0105MU	560KG	可散舱			12	AVE0557MU	780KG	可备装
	5	AKE0278MU	470KG	可散舱，2.5m³			13	P6P90046MU	2500KG	
	6	AVE1905MU	570KG				14			
	7	AVE1770MU	450KG				15			
	8	AKE99043MU	480KG				16			
鲜货	1	PMC90072MU	2300KG			鲜货	3			
	2						4			
快件	1	AKE10029MU	600KG			快件	4			
	2	AKE0184MU	650KG				5			
	3						6			
邮件：AKE1676MU　　585KG										
OSI：										
TTL：2L14C 另邮 1C									13475KG	

图 7-15　配载平衡交接单

三、重量复核

作为提交载重平衡部门用于平衡操作的数据依据，配载交接单信息的准确与完备是极其重要的，其中重量的把关更需要通过有效的手段进行确认。在实际操作中，要求配载交接单在填制完成后必须进行复核，并且用不同的方式进行，以真正有效地起到复核的作用。

经过很多代配载人的实践总结，采用 CBA 标注的方法可以使复核简便而有效，一目了然。这一方法的使用在对载重复核之余，还对其他操作上的漏洞进行了检查弥补，如漏配、单证疏漏。标注后的 CBA 也是后期查询回顾的重要依据。

为了便于掌握，下面仍以前文航班 MU5041/21JUL 中的货物配载来说明。

该航班的 CBA 如图 7-16 所示，其中粗体字为配载员根据实际到货所做的标示。

从图 7-16 中可以看到，CBA 标注法就是要求配载人员以订舱代理为单位，单独核算入库集装货物的数量和载量，并进行汇总。汇总后的货邮总数与总载量必须与配载交接单计算结果吻合。这一方法还很便于检查与订舱不符的情况。在很多的地面代理中，都逐渐利用计算机技术协助载重数据的计算，从设计原理上都源于此。除此以外，有经验的操作员往往把每个代理人货物的运单数记录在 CBA 上，并计算总数与实际清点的运单数进行核对，以保证不丢失、不遗漏。该示例中各代理运单票数总数为 24 票。

```
MU5041/21JUL    AB6 PVGICN  09:35  TTL: 198
  MAIL   1C           ①C 585KG
  EXPRESS
③ TNT   500/3         ①C 600KG
① DHL   500/3         ①C 650KG
  PER
⑤ EAS   2000/8.5  LUGWORM   ①L 2300KG

⑦ 86041012  160/2500/17   6C  ICN  EES34023  ⑥C 3450KG
③ 86037022  30/1500/11    4C  ICN  ASA33381  ④C 1950KG
⑤ 5842184526 20/2000/15  1L2C ICN  DZF23390  ①L②C 3940KG
------------------------------------------------------
共24票                         2L15C 13475KG
```

图 7-16　CBA 示例

四、发送配载交接单证

配载操作完成后货物的成功载运完全依赖于三个部门的密切合作，分别是平衡、装机、出仓，而这三个部门又完全跟随配载的统一的信息指令。因此，完成配载交接单后，配载员应在规定时间内完成向三个部门的信息发送。

（1）发送至平衡部门，由平衡人员完成载重表和平衡图。

（2）发送至装机部门，由装机人员完成与仓储人员的货邮交接。双方人员根据配载交接单信息对货物核准无误后，迅速拉至飞机下待装，并根据平衡人员提供的装机单进行装机。

（3）发送至仓储部门（或称出仓部门）。由仓储部门人员再次对货物进行适航确认及待运区位确认，包括检查集装箱号、吊牌、组装状态，并与装机人员核对交接，完成出仓。

很多航空公司还会要求配载人员在完成配载交接单后，及时发送至该公司的机场办事处（或人员）。即使是航班无货，也必须进行以上各步骤的操作，即填写"NIL"配载交接单并发送。

第四节　信息录入与资料处理

一、信息录入

配载人员应在航班起飞前完成所配载货物信息的录入工作，生成货邮舱单，并为航班起飞后各种电报（FFM，FHL，FWB）的拍发做好准备。

信息录入的内容主要反映的是航班上所配载货物的信息与集装货物的组装情况。录入的具体内容一般根据航空公司和海关的要求而设定。

各地面代理使用的信息录入系统不完全相同，各航空公司也有自行的录入系统，与地面代理在信息录入上的侧重点不同。地面代理的信息主要反映的是出发站配出货物的情况，而航空公司系统侧重于运费的计收、客户的维护、转运的安排等。

如图 7-17 所示为中国东方航空公司地面代理的主运单信息录入界面。

第七章　航空货物配载原理与操作

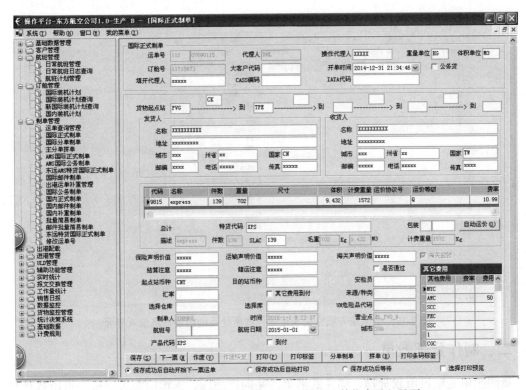

图 7-17　中国东方航空公司地面代理的主运单信息录入界面

如图 7-18 所示为中国东方航空公司地面代理的分运单信息录入界面。

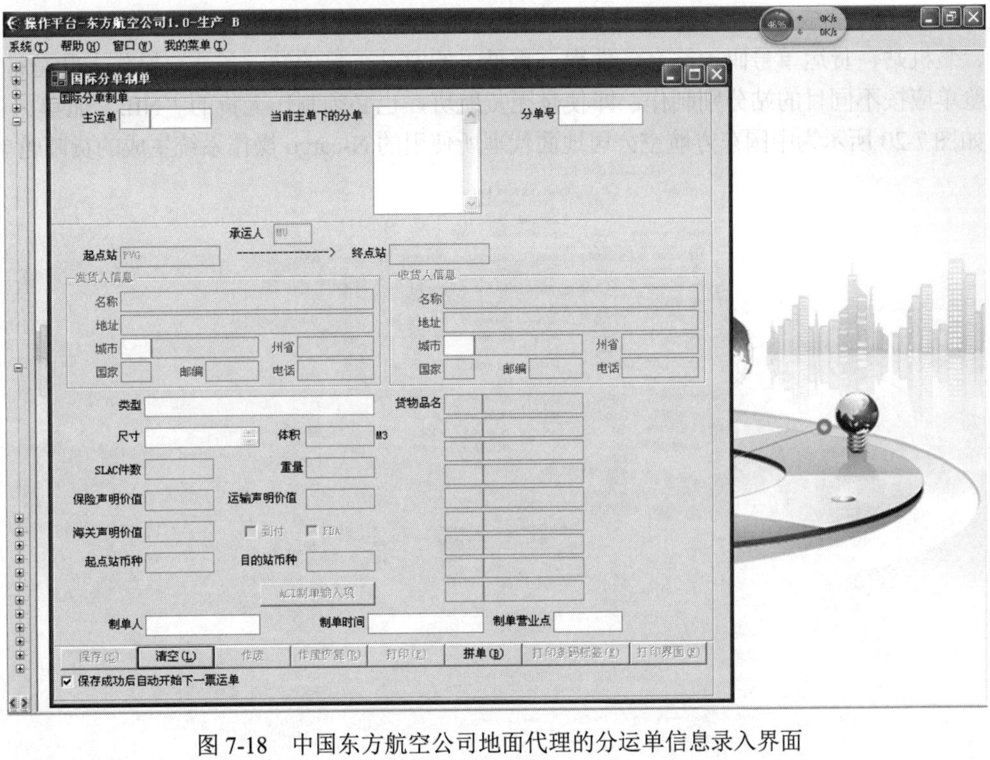

图 7-18　中国东方航空公司地面代理的分运单信息录入界面

如图 7-19 所示为中国东方航空公司地面代理所使用的组装信息录入界面。

图 7-19　中国东方航空公司地面代理所使用的组装信息录入界面

二、制作货邮舱单

货邮舱单是航班所载货物、邮件的清单，是向出境国、入境国海关申报飞机所载货物、邮件情况的重要文件，也是地面代理与承运人之间、承运人与代理人（客户）之间结算费用的依据之一，和运单一起装在航班随机业务袋中带出。

在系统录入完成后，系统会生成货邮舱单。货邮舱单的内容包括航班号、飞机号、飞行日期、装机站、货运单号码、品名、件数、重量、始发站、目的站、备注、操作人和总计等。货邮舱单应按不同目的站分别制作。即使是无货航班，也必须制作无货的“NIL”舱单。

如图 7-20 所示为中国东方航空公司地面代理所使用的 N-cargo 操作系统生成的货邮舱单。

CARGO & MAIL MANIFEST　　SBL FM-08-23

I.C.A.O ANNEX 9,Appendix 3

FLIGHT NO: MU523　FLIGHT DATE: 21-Jul-14　REG: B6119

POINT OF LOADING: PVG　POINT OF UNLOADING: NRT

AIRWAY BILL NO.	NATURE	PCS	WGT(KG)	ORG	DEST	SHC	CPC	REMARK
PMC 26840MU		106	2650.0					
112-06692840	LIVE EEL	106/106	2650.0/2650.0	PVG	NRT	PER	PER	
PMC 27684MU		35	711.0					
112-06713070	CONSOL	3/3	78.0/78.0	PVG	NRT	PER	PER	
112-06713103	FRESH PERILLA	18/18	435.0/435.0	PVG	NRT	PER	PER	
112-06714050	CONSOL	14/14	198.0/198.0	PVG	NRT	XPS	XPS	
AKE 20655MU		25	368.0					
112-06564832	CONSOL	25/25	368.0/368.0	PVG	NRT			
AKE 99567MU		12	130.0					
055-17377850	LED LAMP	5/5	62.0/62.0	PVG	MXP			Transfer
112-20791002	CONSOL USED HOUSEHOLD GOODS PERSONAL EFFECTS	7/7	68.0/68.0	PVG	NRT		GEN	

Total: Cargo:	7 shpts	178 pcs	3,859.0 kg
Mail:	0 shpts	0 pcs	.0 kg
Total:	7 shpts	178 pcs	3,859.0 kg

Prepare By:

Print Time: 2014-07-22 12:39:39　Page 1 of 1

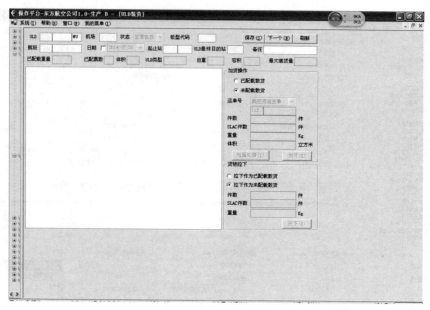

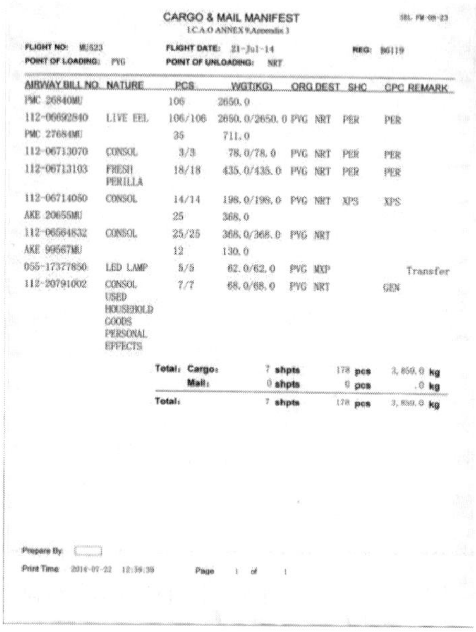

图 7-20　中国东方航空公司地面代理所使用的货邮舱单

三、单证资料处理

在航班起飞前，配载员应分别按照海关的要求、目的站的要求、航空公司的要求和地面代理自身的要求，对运单、随附资料、交接资料进行处理，分别制作随机业务袋、随机资料袋和留底资料袋，并在航班起飞前的规定时间内及时将随机文件送机，留底资料分别交不同公司、部门。各地面代理和航空公司对随机文件的送机时间有不同要求。

（一）随机业务袋的制作

不同目的站应分别制作业务袋。业务袋封面应注明航班号、日期、始发站、目的站。随机业务袋的内容主要包括货运单（含正本 2）、邮包（国内为邮运单）、货邮舱单。货邮舱单的数量根据目的站要求或航空公司要求而有所不同。

业务袋应该封装严实，避免文件散落。客机业务袋一般都由送机人员与机组交接，也有部分航空公司要求置于散舱位置。货机业务袋一般由送机人员与机组交接后置于主货舱位置，具体操作应根据航空公司的要求完成。

无货航班必须制作无货业务袋。

（二）随机资料袋的制作

除了随机业务袋，很多目的港可能根据自身要求或海关要求，需要另行制作资料袋随机带出，主要是运单副本、资料清单副本、货邮舱单。具体制作应依据各地面代理所制定的航班的操作流程来进行。

（三）留底资料的制作

配载人员会根据各航空公司的要求提供留底资料，也会根据地面代理自身要求进行留底资料制作，以保证航班操作完成后对操作过程的查询和各项费用的计收。

一般情况下，地面代理要求配载的留底资料包括以下三个方面。

（1）交接至配载部门的全部货物交接记录，如散货交接入库的交接清单、集装货物的组装清单，集装货物入库称重记录等。

（2）配载人员制作的各项单证，如组装单证、配载交接单、货邮舱单等。

（3）运单副本一联。国际运单如非无纸化报关，则一般留存盖有海关放行章的一联。

一般情况下，航空公司要求配载的留底资料包括以下三个方面。

（1）交接至配载部门的部分货物交接记录。

（2）配载员制作的配载交接单和货邮舱单。

（3）含航空公司财务联的若干联。

具体制作应依据各地面代理所制定的航班操作流程来进行。

第五节　航班报告的制作

航班报告是航班操作的重要记录文件和资料档案，记录了航班所载运货物的交接过程及配载操作过程，以及对各种情况的处理，是后续查询工作的重要依据。

航班报告完成后，由地面代理查询部门审核并归档。查询部门可以通过查询航班报告，了解航班操作过程，并解答外站、航空公司、代理人（客户）的询问。因此，航班报告的完整、准确非常重要。

体现信息的完备准确性，离不开报告的规范制作。规范制作的过程本身就是对信息梳理要求的制约过程。在配载交接单制作过程中重量复核的基础上，制作航班报告时，应加强以下三方面的复核，俗称“三核对”。

（1）确认货邮舱单上的总板箱数与配载交接单上的总板箱数是否一致。

（2）确认货邮舱单上的总票数与出运运单总票数是否一致。

（3）确认货邮舱单上的总重量与出运货物的总重量（总载量减去集装器总重）误差是否在允许的范围内，或在合理的范围内。

如出现不一致的情况，应检查系统录入过程是否存在疏漏，并及时修正，以保证系统信息的正确。

航班报告包括报告页和航班单证两个内容。

航班报告页要求如实填写如下信息。

（1）航班号、日期、机型、预计起飞时间和实际起飞时间。

（2）所配载货邮的集装器种类、数量。

（3）所配载货邮的总载重、集装器的总重量、所配载货邮的运单件数和重量（也就是货邮舱单反映出的件数、重量），将所有货物毛重之和减去所有集装器重量之和得出的货物实际重量与运单重量比对，计算误差，并对超出规定误差范围的原因进行分析。

（4）记录误差超出规定标准时的处理情况，记录货物逃重逃泡的检查过程和处理情况。

（5）记录突发情况的起因、过程和处理结果。

（6）记录特种货物的信息。

（7）记录拉货的原因和结果。

（8）记录电报的拍发情况。

（9）其他需要记录的信息。

如图 7-21 所示为某公司航班报告页。

航班单证应包括整个操作过程中的所有单证，并按照订舱的顺序和操作的顺序规范装订。

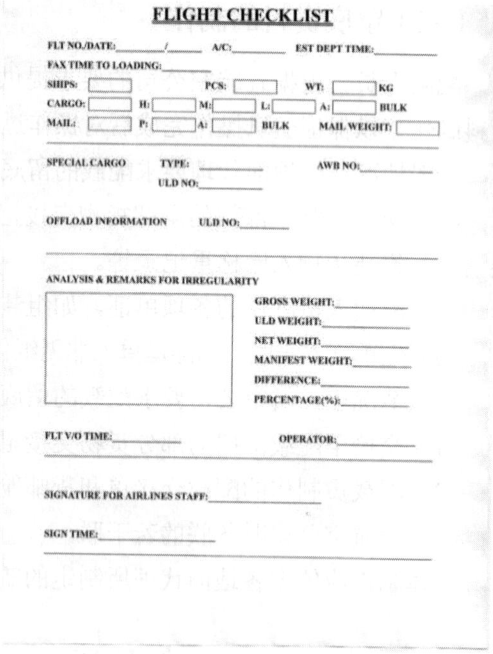

FLIGHT CHECKLIST

FLT NO./DATE: ____/____ A/C: ____ EST DEPT TIME: ____

FAX TIME TO LOADING: ____

SHIPS: [ ] PCS: [ ] WT: [ ] KG

CARGO: [ ] H: [ ] M: [ ] L: [ ] A: [ ] BULK

MAIL: [ ] P: [ ] A: [ ] BULK MAIL WEIGHT: [ ]

SPECIAL CARGO TYPE: ____ AWB NO: ____

ULD NO: ____

OFFLOAD INFORMATION ULD NO: ____

ANALYSIS & REMARKS FOR IRREGULARITY

GROSS WEIGHT: ____

ULD WEIGHT: ____

NET WEIGHT: ____

MANIFEST WEIGHT: ____

DIFFERENCE: ____

PERCENTAGE(%): ____

FLT V/O TIME: ____ OPERATOR: ____

SIGNATURE FOR AIRLINES STAFF: ____

SIGN TIME: ____

图 7-21　某公司航班报告页

第六节 关闭航班

配载员应在航班起飞后,与平衡操作人员核实准确的货邮出运情况,并在系统内进行相应的修改,以保证系统内该航班下所配载货邮信息的准确性。

配载员应及时关闭航班,并拍发 FFM、FWB、FHL 等各种电报。目前,很多地面代理的操作系统能够在航班关闭后自动进行 FFM、FWB、FHL 电报拍发。

为了保证目的站有充分的时间进行准备,各地面代理针对不同的航线,对航班关闭时间都有严格的规定。无货航班应在系统内制作"NIL"货邮舱单,并及时关闭航班,拍发无货电报。

第七节 特种货物、中转货与邮件的配载

特种货物是指在收运、储存、保管、运输及交付过程中,因货物本身的性质、价值、体积或重量等条件需要特别处理的货物。特种货物的运输除了应当符合普通货物运输规定外,还应该符合其性质相适应的特种货物的运输规定。特种货物主要包括生物制品、贵重物品、活动物、鲜活易腐货物、外交信袋、灵柩骨灰、作为货物运输的行李、超大超重货物及危险品等。

特种货物的配载应仔细查阅航空公司的操作手册。

一、生物制品的配载

由于生物制品一般都有温度要求,因此入库时间通常比较晚,应充分理解并做好准备。组装应在规定时间内尽可能地接近起飞时间。

生物制品在组装完成后,在装机完成之前都必须存放在温度适宜的地方,严禁烈日暴晒,也严禁暴露在寒冷的露天中,以避免冻结,尤其是怕冻物品。在配载交接单上,应在备注栏注明生物制品及该生物制品对温度的要求,以便妥善地运输、保存和装机。

二、活动物的组装配载

活动物是航空货物运输中的常见货物类型。活动物的配载对收货、组装、配载、平衡、装机等各环节人员的业务技能与专业素养要求较高。

(一)活动物的组装

活动物的组装要求组装人员特别注意时间的控制。在发出组装指令的单证上,应告知活动物的名称与动物特性等信息要点,以提高操作关注度,避免意外发生。

1. 组装时间要求

在活动物的组装时间安排上,应充分理解并考虑活动物的特点,尽可能地接近起飞时间。例如宠物类活动物,在入库截止时间前,托运人往往为了安抚动物的情绪,携带宠物在地面代理指定的区域活动;有些食量较大的动物,还需要进行喂食;容易产生粪便的动物,需要尽可能进行清理;还有些大型动物,特别是尚未驯化的,对环境的变化可能产生不适

应,都不宜尽早入库。因此,配载人员需与收货、组装人员共同配合,充分准备,入库后尽快组装。确定联程运输的活动物,需要时刻关注头程航班信息,做好衔接准备工作。

2. 组装检查要求

组装前应重点对活动物的外包装和状态进行再次检查,以确认符合运输要求。如果有病症的显现甚至明显的死亡,则相同集装器或装载拖车上的其他活动物都必须全部拉下,防止可能产生的疫情扩散,并立即通报有关部门,同时通知航空公司与代理人、托运人等。具有危险性的动物,包括对人可能造成伤害或对航空器造成伤害的活动物,必须再次确认包装的完好。一些在装机前已经出现狂躁现象的动物,必须立即征询托运人意见,以确定是否需要进行镇静剂的注射,甚至拉下。

3. 组装隔离要求

(1) 动物之间的隔离。互为天敌的动物不能相邻放置,装载在相互的视野内;试验用动物要与其他动物隔离,以避免交叉感染;来自不同大陆或地区的灵长类动物要隔离;发情期的公畜与母畜不能相邻放置;不同种的犬、猫类容器应分开放置,防止互相抓咬和干扰(幼犬、幼猫可装载在邻近位置),其他特殊情况要求不能相邻甚至共处的活动物必须隔离;但雏鸟、雏禽和灵长类的幼崽,应分别放在一起,以减少动物的恐惧感。

(2) 动物与危险品的隔离。活动物不能与危险品相邻放置,危险品分类中的 2.2 项、6.1 项、6.2 项、7 类、9 类与活动物要分装。

(3) 动物与食品的隔离。活动物不能与食品相邻放置,以防止此类货物被污染。

(4) 动物与其他货物的隔离。活动物不能与灵柩相邻放置;一般不能将动物与其他货物装在同一集装板上运输;活动物不能与对动物有害的其他货物放在一起,如干冰或包装内盛有干冰的货物;活动物不要与其他鲜活易腐货物相邻放置,以防止此类货物被污染。

4. 组装密度要求

对于数量较多的动物,需要注意装载密度,可通过查询相关资料,对每一个航班所承运的动物数量进行计算,确认是否超过该航班货舱所能允许装载运输的最大限量。

5. 组装集装器要求

除冷血动物外,不应使用集装箱运输活动物。对装在集装板上运输的活动物,不应加盖苫布。

(二) 活动物的配载

(1) 必须在配载交接单的备注栏内,对活动物的具体名称进行说明,便于平衡人员安排适合的装载位置。例如,将活动物安排在通风、调温的货舱内,并安放在靠近货舱门的位置;有刺激性异味的动物,诸如鼬科动物、恶臭动物和猪、马、牛和羊等,或叫声较大的动物,则装载在不烦扰旅客和机组的货舱内。装机人员也会按照不同活动物的操作要求实施装机。

(2) 必须在配载交接单的备注栏内,尽可能告知活动物的特性。例如,注明"防止暴晒""喜安静阴凉"等字样,便于做相应处置,如将怕风怕冷的动物置于避风处和暖和的地方,怕热怕晒的动物则放在阴凉处,未驯化的野生动物则放置在安静阴凉处,确保运输过程的顺利实施。

（三）活动物的交接

活动物的运输应填写相关交接单证告知航班机长。常用的有特种货物机长通知单（见图 7-22）。机长可以根据活动物的生存温度调节货舱温度。

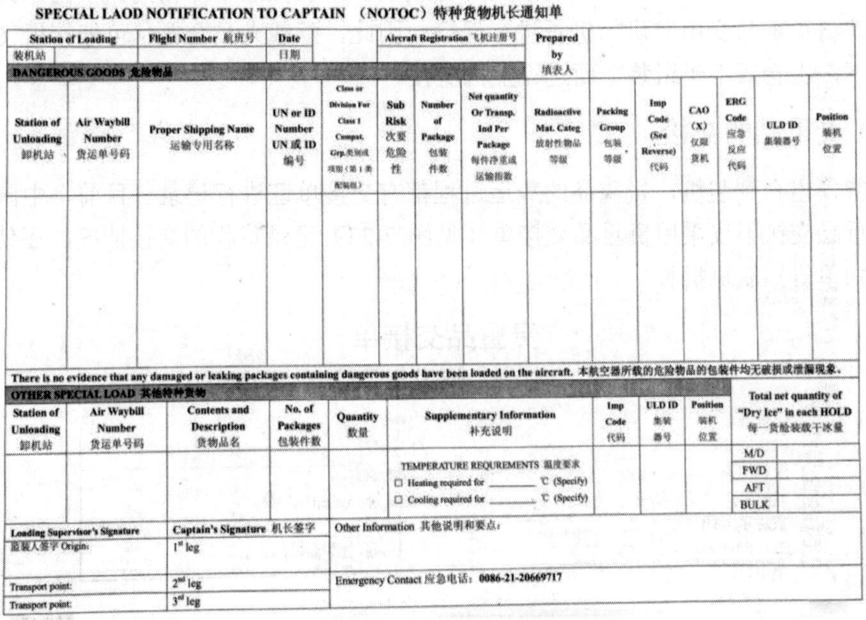

SPECIAL LAOD NOTIFICATION TO CAPTAIN （NOTOC）特种货物机长通知单

Station of Loading 装机站	Flight Number 航班号	Date 日期		Aircraft Registration 飞机注册号	Prepared by 填表人	

DANGEROUS GOODS 危险物品

Station of Unloading 卸机站	Air Waybill Number 货运单号码	Proper Shipping Name 运输专用名称	UN or ID Number UN 或 ID 编号	Class or Division For Class 1 Compat. Grp.类别或项别（第1类配装组）	Sub Risk 次要危险性	Number of Package 包装件数	Net quantity Or Transp. Ind Per Package 每件净重或运输指数	Radioactive Mat. Categ 放射性物品等级	Packing Group 包装等级	Imp Code (See Reverse) 代码	CAO (X) 仅限货机	ERG Code 应急反应代码	ULD ID 集装器号	Position 装机位置

There is no evidence that any damaged or leaking packages containing dangerous goods have been loaded on the aircraft. 本航空器所载的危险物品的包装件均无破损或泄漏现象。

OTHER SPECIAL LOAD 其他特种货物

Station of Unloading 卸机站	Air Waybill Number 货运单号码	Contents and Description 货物品名	No. of Packages 包装件数	Quantity 数量	Supplementary Information 补充说明	Imp Code 代码	ULD ID 集装器号	Position 装机位置	Total net quantity of "Dry Ice" in each HOLD 每一货舱装载干冰量	
					TEMPERATURE REQUREMENTS 温度要求 □ Heating required for ________ ℃ (Specify) □ Cooling required for ________ ℃ (Specify)				M/D	
									FWD	
									AFT	
									BULK	

Loading Supervisor's Signature	Captain's Signature 机长签字	Other Information 其他说明和要点：
监装人签字 Origin:	1st leg	
Transport point:	2nd leg	Emergency Contact 应急电话：0086-21-20669717
Transport point:	3rd leg	

图 7-22　特种货物机长通知单

（四）其他

因延误或拉货等情况返回仓库的活动物，必须及时通知货主并进行相应处置，如果货物有喂水喂食的需求，应经航空公司批准并积极配合。

必须对活动物的运输情况拍发电报。

三、贵重物品的组装配载

（一）贵重品的出仓和组装

1. 贵重品的出仓

贵重品的出仓手续非常严格。配载人员应全程参与仓库提取过程，并为后续交接环节做好准备。首先，应查看贵重品的外包装。在贵重品的外包装上，一般都有“井”字形铁箍，包装件的封口或接缝处通常都有封志。如果出现封志破裂或铅丝断裂等遭到破坏的现象应立即停止出仓，由仓库保管人员向上级报告。在外包装上，还会有标签和吊牌，以及托运人和收货人的名称、详细地址等，都应进行仔细的确认。

在符合出仓条件的情况下，配载人员应在出仓记录本上签字确认完成出仓过程。

2. 贵重品的组装

贵重物品一般是不作为集装货物交运的，其配运形式由配载人员具体安排。

（1）对于数量较大、重量较重的贵重品，一般采用有安全设施的集装器组装。若集装器没有安全设施，贵重品在组装以后必须由专人看守，并放置于监控探头之下。

（2）绝大多数的贵重品都是体积较小、重量较轻的。虽然根据行业运输标准，要求贵重品不应装在客舱和驾驶舱内，而应该装在带有安全装置的集装箱或保险箱内，或飞机货舱内承运人指定的区域，但受实际情况的限制，各航空公司的做法不尽相同。中国东方航空公司规定中允许将贵重品交由航班的机长进行保管。因此，配载人员会在尽可能接近飞机起飞时间的情况下，出仓后不予组装，而进行上机交接。

（二）贵重品的交接

从收货、出仓到装机，贵重品的载运过程都有交接单证进行记录。目前，中国东方航空公司的贵重品交接不仅采用贵重品交接单（见图 7-23）记录货物的交接情况，还使用特种货物机长通知单告知航班机长。

贵重品交接单

VALUABLE CARGO RECEIPT

编号 Ref No.

航班号 Flight No. ______	日期 Date ______
装机地点 station of loading ______	卸机地点 station of unloading ______
货运单号码 Air Waybill No. ______	件数 Number of Packages ______
毛重 Gross Weight ______	包装方式 Method of Packing ______
品名及数量 Nature and Quantity of Goods ______	
目的地 Destination ______	货物情况 Condition of Consignment ______
第一接货人 1st receiver ______	地点 Place ______
日期、时间 Date and Time ______	备注 Remark ______
第二接货人 2nd receiver ______	地点 Place ______
日期、时间 Date and Time ______	备注 Remark ______
第三接货人 3rd receiver ______	地点 Place ______
日期、时间 Date and Time ______	备注 Remark ______
第四接货人 4th receiver ______	地点 Place ______
日期、时间 Date and Time ______	备注 Remark ______
第五接货人 5th receiver ______	地点 Plade ______
日期、时间 Date and Time ______	备注 Remark ______
第六接货人 6th receiver ______	地点 Place ______
日期、时间 Date and Time ______	备注 Remark ______

一式六份，一份存查，其余交由接收人留用。

This receipt is in 6 copies with one copy for archiving and the rest of the copies to be handed-over to the next receivers.

图 7-23　中国东方航空公司的贵重品交接单

具体交接方式和使用单证应根据各航空公司的不同要求。

（三）贵重品的配载

配载贵重品时必须在配载交接单的备注栏内对贵重品的件数、重量、具体名称进行说明。

一般情况下贵重品普遍体积较小，直接由专门交接人员亲自携带与机长进行交接，配载人员在补充说明栏内应注明由交接人员亲自携带交接的说明，便于平衡人员安排装载位置，而仓储部门和装机部门人员不安排贵重品的交接。如遇因体积、数量原因已经安排集装器组装的情况，在备注栏的贵重品提示下，平衡人员会进行妥善的装载位置安排，仓储部门和装机部门人员则在交接过程中进行特别监控。

（四）其他

如集装器组装的贵重品未能配出，配载人员应与仓储人员一起检查后重新入库。如拟交机长的贵重品因故取消后续装载计划，也应重新检查后入库，并及时通知货主。必须对贵重品的运输情况拍发电报。

四、危险品的组装配载

危险品的运输是航空货物运输中的一个专项，十分复杂。

（一）危险品的组装

1. 组装检查要求

危险品在组装之前，必须确认包装件完好。发现有泄漏和破损迹象，则不得组装。即使是其中一个包装件出现泄漏与破损，在确认其他包装件未受到污染之前，不得贸然安排其他包装件的运输。

2. 危险品的组装

危险品组装时，必须轻拿轻放，切忌磕摔碰撞；对于有方向指示的危险品，必须确保组装过程中始终遵守货物对方向性的要求；必须做好危险品的固定工作，防止在集装器内滚动，或过小的包装件从集装板的网孔中掉落。

（1）危险品之间的隔离要求。不相容的危险品必须进行隔离，以免发生危险性很大的化学反应。对于性质抵触的危险品包装件，在组装时可以使两者之间的间距至少 1 米，或者用普通货物的包装件将两个危险品隔开，两者间距至少 0.5 米。

性质相抵触的危险品表可以参看《危险品规则》手册。很多航空公司也将该表印刷在特种货物机长通知单的背面，便于查阅。

（2）危险品与其他特种货物的隔离要求。《危险品规则》手册中，还规定了危险品与其他特种货物的隔离。第六类危险品（毒性或 A 类感染性物质）和需要粘贴次要危险品为"毒性"标签的物质不得与动物组装在一起，除非各自装在封闭的集装器内，且集装器不得相邻放置。由于干冰会释放出二氧化碳，且会降低环境温度，因此，应特别注意。放射性物质中 II 级-黄色和 III 级-黄色包装件，合成包装件必须与活动物隔离装载，运输时间小于 24 小时的，最小间距为 0.5 米，大于 24 小时的，最小间距为 1 米。具体可以参看危险品有关内容。

（3）危险品与其他货物的隔离。第六类危险品（毒性或 A 类感染性物质）和需要粘贴次要危险品为"毒性"标签的物质不得与食品、饲料,以及其他供人类和动物所消费的食用物质组装在一起,除非各自装在封闭的集装器内,且集装器不得相邻放置。

应注意放射性物质与摄影底片的隔离。放射性物质中 II 级-黄色和 III 级-黄色包装件,与未冲洗的摄影胶卷或胶片的最小间隔距离可以参看《危险品规则》的有关列表。

(4) 仅限货机危险品的组装要求。仅限货机的危险品必须组装在集装板上,包装件组装时需要考虑可供机组人员用手随时触及,并可实施搬动的位置。如果该危险品需要与其他集装货物拼装,必须确保拼装的集装板可装载在主货舱内,拼装在中高板或高板上时应放在近收口处,便于机组察看。

包装上的标签必须朝外(对于大批量同种危险品装在同一集装板上的,应保证外侧的包装件的标签朝外)。危险品集装器挂牌必须与包装件的标签位于集装板的同一侧,便于机组察看。但这一要求对无次要危险性的 III 级包装的易燃液体、毒性物质、感染性物质、放射性物质和杂项危险品不适用。

(二)危险品的配载

配载危险品时,必须在配载交接单的备注栏内注明该危险品的主要信息,包括危险品的类别和项别,以便于正确地安排装载。例如注明"仅限货机",意味着该危险品的集装板不得装载在主货舱的 T 板位置。同时必须在配载交接单的备注栏内注明需要特别提示的操作说明,如"避免阳光直射""远离热源"等。这对于装有 4.1 项中的自身反应物质或 5.2 项的有机过氧化物包装件的集装器来说非常重要。"毒性""腐蚀性"的标注可以有效地引起仓库、装机人员的注意。

(三)危险品的交接

配载员应根据危险品运单、托运人危险品申报单和危险物品收运检查单中的有关项填写特种货物机长通知单,并与机长进行交接,以便机长对所载运危险品情况的了解与掌握,在突发事件时采取相应的应急措施。

(四)其他

如危险品发生拉货,应要求仓库人员确认包装件完好后重新入库,并通知托运人。
危险品的载运必须拍发电报。

五、其他特种货物的配载

有些特种货物,不需要配载人员填写特种货物机长通知单与机长进行交接,但仍然应该根据这些货物不同于普通货物的特性要求来操作。

(一)鲜货的配载

(1) 一般情况下,应避免鲜货与其他类型货物拼装,即使是散舱装载的窄体机,也应该事先将鲜货单独组装,以保证鲜货的优先出运等级。在有条件的情况下,还应该安排不同代理人的鲜货分开组装。

（2）应尽量避免鲜货装载散舱，防止包装破损造成货舱污染。

（3）如果发生拉货，应立即通知航空公司与代理人，并根据代理人的要求安排转运或退货。如需重新充氧、加冰等，应尽力配合，但必须重新称重。对于库区内不具备处理条件而需要出库进行处置的货物，还应重新安检并称重。

（4）鲜货的载运必须拍发电报。

（二）快件的配载

（1）一般情况下，应使用集装箱进行组装。

（2）一般情况下，应避免与其他类型货物拼装，即使是散舱装载的窄体机，也应该事先将快件单独组装，以保证出运等级不受影响。在有条件的情况下，应该安排不同代理人的快件分开组装。

（3）应尽量避免安排快件装载散舱。快件货物的单件尺寸大小、重量不容易把握，绝大多数快件具有软、泡的特点，散舱装载会造成空间的浪费。另外，考虑到快件时间的特殊性，应尽量避免散舱载运造成的货物分拣。

（4）如果发生拉货，应立即通知航空公司与代理人。

（5）快件的电报拍发，应根据各航空公司的具体要求。

（三）外交信袋的配载

（1）一般情况下，外交邮袋应单独组装。

（2）在配载时，应在配载交接单的备注栏内注明"外交邮袋"字样。

（3）如果发生拉货，应立即通知航空公司与发货人。

（4）外交信袋的载运必须拍发电报。

（四）灵柩、骨灰的配载

（1）灵柩、骨灰应安排单独组装。

（2）在配载时，应在配载交接单的备注栏内注明"灵柩"或"骨灰"等字样。

（3）如果发生拉货，应立即通知航空公司与发货人。

（4）灵柩、骨灰的载运必须拍发电报。

六、中转货物的组装配载

一般情况下，中转部门的工作人员负责货物和运单的接收与交接，其中国内转国际运输的单证，中转人员会负责单证的海关申报。

（一）中转货物的检查

中转货物的检查和其他订舱货物一样，配载人员应该核查单证和货物。

对中转货物中的散件货物，应要求仓库人员对货物的标签、标志和包装进行复查，对于集装形式且使用原集装器继续运输的，则检查组板质量，并将包括重量、体积超出误差范围的不规范单证退回中转部门处理，并在无法及时解决的情况下拉货。

（二）中转货物的组装

散货形式的中转货物，由配载员根据航班的总体配载计划组装出运，但不得影响其原有的出运等级。集装形式（原集装器）的中转货物，应在复磅和更换吊牌后出运。因机型要求需重新调整的集装中转货物，由配载员根据航班的总体配载计划调整，但不得影响其原有出运等级。

（三）中转货物的配载

配载员应在配载交接单的备注栏内注明"中转"字样。

（四）其他

中转货物在发生拉货的情况下，必须及时通知中转部门，并拍发电报。

七、邮件的组装配载

邮件是重要的航空运输对象。目前，国际航空邮件由邮政部门负责实施交运，地面代理进行安全和重量复核；国内航空邮件则由代理人负责交运。

（一）邮件的组装

邮政部门交接的邮件，组装安排较为特殊。一般由地面代理邮件接收部门在接收的同时直接根据 CBA 安排组装。组装称重完成后，接收部门会将邮包（含有邮路单的文件袋）和组装单交给配载人员。

代理人交接的邮件有专门的航空邮运结算单，其交货、组装与其他货物一样。

当载运机型为宽体机时，绝大多数的邮件都安排集装箱进行组装。在机型、邮件存在特殊需求的情况下，也常常安排邮件装板。

（二）邮件的配载

（1）一般情况下不安排拼装和散舱装载。

（2）配载交接单上有用于邮件配载的专栏。

（3）邮件信息的录入。国际航空邮件信息的录入主要有邮件编号、件数、重量、目的地，其中邮件编号是地面代理根据自行制定的规则编订的。例如，"MAIL07215041"意为 MU5041/21JUL 航班承运的邮件。国内邮件信息录入根据航空邮运结算单，主要有运单号、件数、重量、目的地，还包括代理公司的名称。

（4）单证处理。国内航空邮件的航空邮运结算单的留存方式，应按照各联的要求。国际航空邮件的邮包则根据航空公司和地面代理具体要求留存，并且邮包和航空邮运结算单应与货运单一起装业务袋送机。

（三）其他

国际航空邮件发生拉货时，应通知邮件接收部门。

第八节　电报拍发、分批货物与拉货操作

一、电报拍发

一般情况下，航班的 FHL、FFM、FWB 报都是在航班关闭的同时，由操作系统自动完成。其中，FHL 报也叫分单报，是关于主运单下详细的分运单列表的报文，包括所托运货物的分运单号、件数、重量、货物品名等；FFM 也叫舱单报，与货邮舱单内容相同，是指始发站发送的详细卸机信息报，包括所托运货物的板箱号、主运单号、件数、重量、目的港等；FWB 报又称运单报，是关于详细的运单信息的报文。

特种货物电报或其他特殊情况需拍发的电报均采用手动方式完成。电报等级一般均为 QU，主要内容是关于航班所配载的特种货物的装载情况，以及实际配载情况与 FFM 报文不一致的内容，包括拉货的情况、需要修改的内容和其他需要告知的内容，以便经停站和到达站做相应的处理。

二、分批货物

当一票运单的货物载运不能通过一个航班的运输完成时，则成为分批运输的货物。通常有主动分批与被动分批两种形式。主动分批是代理人（或托运人）或航空公司根据航班舱位订舱的情况，主动安排货物分两次或两次以上完成运输，而被动分批则是货物因各种原因（如舱载受限）而未能同时出运。

无论是哪种分批，都必须使已出运和未出运货物的运单及相关单证的资料信息清楚完整，应注意以下原则。

（1）运单正本应随同第一批货物带出，后续航班采用副本件。可能的情况下，应在正本件和副本件上用标签标示该批货物的件数和重量。

（2）保留未出运货物的全部交接资料的副本，并清楚地注明运输情况。例如，圈出已出运货物所在的集装器，并标示"xxx/xxx（航班号/日期）已出运"，以便后续操作。

（3）确保系统录入与实际出运情况一致。

分批货物无需拍发电报。

三、拉货

一般情况下，将配载人员已配出但未能按计划出运的货物，称为拉货。拉货遵循以下操作原则。

（1）如果同一代理人（货主）的货物全部拉下，则在时间许可的情况下，应将运单正本抽回。如来不及抽回，则应将副本件与其他交接资料一起留后续航班操作。如部分拉下，则应将副本件与其他交接资料一起留后续航班操作，并在交接资料上，圈出未出运货物的集装器，并标示"从 xxx/xxx（航班号）/日期拉下"。

（2）如同一集装器或平板车中的部分货物被拉下，应拉回仓库重新清点，并将清点的数

量、重量的有关单证附在该集装货物的原始交接资料上，圈出该集装器并标示"xxx/xxx（航班号）/日期拉下部分货物，已清点称重"。

（3）修改系统，确保系统录入与实际出运情况一致。如未能及时修改系统数据，则应拍发拉货电报。

思 考 题

请根据以下航班的 CBA，学习配载的一系列操作步骤，并填写组装单。

MU575/22JUL　　　AB6　PVGHKG　　19:05　　TTL: 198
MAIL　　1C
EXPRESS
DHL　　500/3
OCS　　800/6
PER
REX　　1500/9　　　MUSHROOM

781-87014233　　12/150/1　　MAGAZINE
87036412　　100/1900/12　　1L1C　　HKG　　NSE34023
87170322　　50/1500/9　　1L　　HKG　　DNE33381
38421866　　20/2500/11　　1L1C　　HKG　　TQT23390

（1）请分别填写快件组装单和鲜货组装单。

货物组装单

航班号/日期：_____　机型：_____　卸机站：_____　预计起飞时间：_____

配载组装要求	运单号	件数	重量	代理人	品名	特货代码	组装记录

货物组装单

航班号/日期：_____　机型：_____　卸机站：_____　预计起飞时间：_____

配载组装要求	运单号	件数	重量	代理人	品名	特货代码	组装记录

（2）请填写小货组装单。

货物组装单

航班号/日期：_____ 机型：_____ 卸机站：_____ 预计起飞时间：_____

配载组装要求	运单号	件数	重量	代理人	品名	特货代码	组装记录

（3）以上习题中，如组装情况如下，请学习填写配载交接单。

邮件		1C	AKE90017MU	585KG		
快件	DHL	1C	AKE8136MU	650KG		
	OCS	2C	AVE0733MU	490KG	AKE1304MU	485KG
鲜货	EAS	1L	P6P0898MU	1800KG		
小货		1C	AKE99024MU	270KG		
普货	EES	1L1C	PAG20091MU	1650KG	AKE1131MU	460KG
	DNE	1L	P6P7797MU	1700KG		
	TQT	1L	P6P1557MU	2000KG		
总计		4L6C	10090KG			

配载平衡室出港航班交接单（国际客机）

航班/日期：_____ 起飞时间：_____ 配载：_____ 平衡：_____

类别	序号	集装器号	重量	备注	类别	序号	集装器号	重量	备注
普货	1				普货	9			
	2					10			
	3					11			
	4					12			
	5					13			
	6					14			
	7					15			
	8					16			
鲜货	1				鲜货	3			
	2					4			
快件	1				快件	4			
	2					5			
	3					6			

邮件：

OSI：

TTL：

第八章

航空货物载重平衡

通过本章的学习，您将了解以下知识点。
1. 载重平衡的力学与平衡系统理论基础；
2. 飞机的重量定义及限制；
3. 飞机装机单与载重平衡表的制作；
4. 常见载重不平衡事故。

建议课程教学安排5学时。

航空货物载重平衡操作是通过对航班载重平衡方案的精密制定，从而使飞机达到较好的平衡状态，并实现节油与安全的双重目的。随着科技手段的不断投入，先进的平衡系统的开发和广泛使用，为航班的安全提供了可靠的技术保障。

第一节　力学理论基础

一、平衡臂

平衡臂（Balance Arm，B.A.）作为纵向的定位单位，用于飞机载重平衡计算，飞机制造商会针对某一机型选择一个固定参照点作为起点，从前（机头）至后（机尾）以英寸为单位。

二、机身站位

机身站位（Body Station，B.S.）即飞机制造商在飞机上用于纵向定位的单位，以一个机型系列的第一种机型为模板。后续机型由于机身长度的改变，站位将会不连贯。

三、B.A.与B.S.的区别

如图 8-1 和图 8-2 所示，以波音 777 为例可以看出 B.A.与 B.S.的区别。

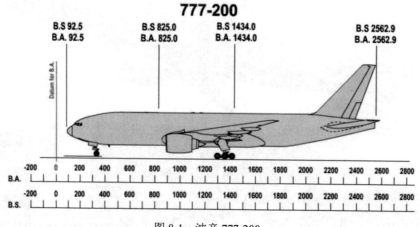

图 8-1　波音 777-200

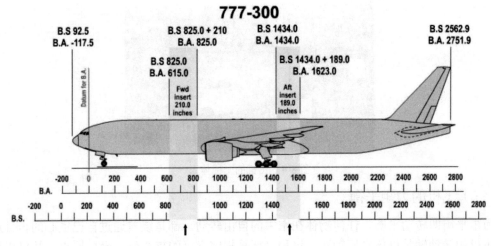

图 8-2 波音 777-300

由两图对比可见，波音 777 基本型 777-200 的 B.A.和 B.S.一致，而在后续机型 777-300 上，B.A.和 B.S.的参照点发生了变化，B.S.上出现了空档，而 B.A.还是连贯的。

第二节 平衡系统理论基础

一、飞机的平衡系统

与鸟的飞行不同，飞机在空中能够飞行是依靠与空气的相对运动而产生的作用在飞机上的力和力矩来实现的。飞机飞行状态的变化归根到底都是力和力矩作用的结果。飞机的平衡系统包括作用力平衡与力矩平衡。

（一）飞机的作用力平衡

飞机的作用力平衡就是图 8-3 中四个力的平衡，当四个力平衡的时候，飞机为匀速直线移动。作用力平衡并不代表力矩平衡，力矩不平衡时，飞机会绕重心转动。

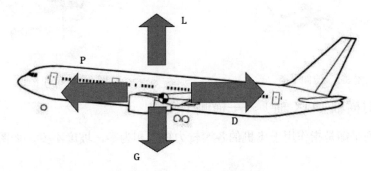

图 8-3 飞机的作用力平衡

（二）飞机的坐标体系

飞机的坐标体系如图 8-4 所示，O 点为飞机重心，XOY 为飞机对称面。

图 8-4 飞机的坐标体系

（三）飞机的力矩平衡

力矩平衡即转动平衡。任何物体在空中的自由转动，都是绕着通过自己重心的转轴进行的。飞机的转动轴是机体坐标轴系，这种坐标系规定飞机的重心作为坐标原点，从机头贯穿机身到机尾的轴为纵轴（OX），以指向机头为正；从左翼到飞机重心到右翼并与纵轴垂直的为横轴（OZ），以指向右翼为正；通过重心和 XY 面垂直的为立轴（OY）。

二、飞机平衡的分类

（一）相对横轴（OZ 轴）——俯仰平衡

飞机的俯仰平衡是指作用于飞机的各俯仰力矩之和为零，迎风角不变，如图 8-5 所示。俯仰力矩主要有三种：机翼产生的俯仰力矩；水平尾翼产生的俯仰力矩；推力（或拉力、拖拽）产生的俯仰力矩。

（二）相对横轴（OY 轴）——方向平衡

飞机的方向平衡是指作用于飞机的各偏转力矩之和为零，侧滑角不变或侧滑角为零，如图 8-6 所示。侧滑是指相对气流方向与飞机对称面不一致的飞行状态。

图 8-5 俯仰平衡

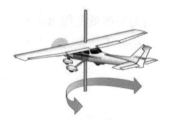

图 8-6 方向平衡

（三）相对横轴（OX 轴）——横侧平衡

飞机的横侧平衡是指作用于飞机的各滚转力矩之和为零，坡度不变，如图 8-7 所示。

图 8-7 横侧平衡

三、影响飞机平衡的主要因素

（一）影响飞机俯仰平衡的主要因素

（1）飞机增加或减少推力。加减推力不仅直接影响拉力或推力力矩的大小，还会影响到机翼和尾翼力矩的大小。

（2）飞机襟翼的收放。一方面，放襟翼机翼升力增大，同时升力作用点（压力中心）后移，下俯力矩增加；另一方面，放襟翼使下洗增大，平尾负升力增大，抬头力矩变大。（气流流经有限翼展机翼时向下偏转，其流速的向下分量即下洗。）

（3）飞机起落架的收放。一方面，导致飞机重心移动；另一方面，起落架附加阻力变化会引起俯仰力矩变化。

（4）飞机重心位置变化。重心移动对机翼的俯仰力矩影响较大。

（二）影响方向平衡的主要因素

影响方向平衡的主要因素有一边机翼变形导致两侧阻力不同、两侧发动机工作状态不同和螺旋桨副作用影响等。飞行员可利用偏转方向舵产生的方向操纵力矩来平衡偏转力矩以保持方向平衡。

（三）影响飞机横侧平衡的因素

影响飞机横侧平衡的因素主要有一边机翼变形导致两侧升力不同、油门改变和重心移动等。飞行员可利用偏转副翼产生的横侧操纵力矩来平衡滚转力矩以保持横侧平衡。

第三节 飞机的重量定义及重量限制

一、飞机的重量定义

（一）飞机出厂空机重量

飞机出厂空机重量（Manufacturer's Empty Weight，MEW）包括机身结构、动力装置、家具陈设、系统和其他视为飞机构型整体内的设备重量。它本质上是一种"干"重，仅仅包含封闭在系统内部的重量。

例如，包括它机身、操纵系统的重量，封闭的系统液体、座位及安全带的重量，厂方安装的应急装备、灭火器的重量，不包括厨房结构、烤箱及厨房区域其他插件等等的重量，逃生滑梯、逃生艇、救生衣、手提氧气瓶的重量，润滑油等液体、不能排放出的液体、饮用水的重量。

（二）基本空机重量

基本空机重量（Basic Empty Weight，BEW）包括出厂空机重量和标准设备项目的重量。此时飞机重量是已经做好准备使用的重量。其中，标准设备项目不被视为飞机构型整体内的设备和系统液体，不包含在飞机出厂空机重量 MEW 内，但是对于同一构型的飞机，这个重量是一样的。标准设备项目包括但不仅仅限于以下内容：无法使用的燃油、润滑油和注射进发动机的液体；无法使用的饮用水和清洁用水；急救包、手电筒、扩音器等；应急氧气装备；厨房和酒吧的结构、设备、烤箱等；某些电子设备。

（三）操作空机重量

操作空机重量（Operational Empty Weight，OEW）包括基本空机重量和操作项目重量，本质上是起飞重量减去了燃油和业载。其中，操作项目包括人员、附加设备、供给，没有包含在基本空机重量内。操作项目包括但不仅限于以下内容：飞行及乘务机组和他们的行李；手册和导航设备；可移动的服务设备，如毛毯、枕头、报纸、食品、饮料；无法使用的饮用水和清洁用水；厕所内的液体和清洁药剂；救生艇、救生衣、应急信号发射机；货物的集装器和绑带等设备。

操作空机重量，又被称为基本重量（Basic Weight，BW），由基本空机重量、附加设备重量、标准空勤组及其所携带的物品用具设备、标准服务设备及供应品的重量和其他应计算在基本重量之内的重量累加而组成。

（四）燃油重量

燃油重量（Ramp Fuel）是起飞油重量、滑行油重量的总和。

（五）滑行油重量

滑行油重量（Taxi Fuel）是飞机由开动至滑行结束时所需的燃油重量。

（六）起飞油重量

起飞油重量（Take-Off Fuel，TOF）是指飞机执行任务所携带的航行耗油重量与备用油重量的合计数，不包括滑行油重量。

（七）航行耗油重量

航行耗油重量（Trip Fuel，T/F）是指飞机在整个飞行过程中所耗去的燃油重量。

（八）业务载重量

业务载重量（Payload，PLD）是指飞机上所搭载的货物、邮件以及其他空运物品的重量总和。

（九）无油重量

无油重量（Zero Fuel Weight，ZFW）是指飞机在未携带燃油的情况下的其商务载重量与机重的总和。

$$ZFW=DOW+PLD$$

（十）滑行重量

滑行重量（Taxi Weight，TW）是指飞机在滑行阶段的重量。

$$TW=ZFW+Ramp\ Fuel$$

（十一）起飞重量

起飞重量（Take-Off Weight，TOW）是指飞机在起飞瞬间的重量。

$$TOW=ZFW+TOF$$

（十二）落地重量

落地重量（Landing Weight，LDW）是指飞机在落地瞬间的重量。

$$LDW=TOW-T/F$$

二、重量的限制

（一）三大重量限制

1. 最大起飞重量

最大起飞重量（Maximum Takeoff Weight，MTOW）是指从起飞滑跑开始，飞机的最大重量限制。（设计标准为飞机 6 英尺/秒的下降率时，没有结构损伤。）最大起飞重量是根据飞机的结构强度、发动机功率、刹车效能等因素而确定的，飞机在起飞线上加大马力起飞时全部重量的最大限额。飞机的最大起飞重量主要受场温、场压、机场标高、风向、风速、跑道长度、起飞场地坡度、跑道结构及干湿程度、机场周围净空条件、航路上单发超越障碍物能力等因素的影响。

2. 最大落地重量

最大落地重量（Maximum Landing Weight，MLDW）是指飞机落地时的最大重量限制。（设计标准为飞机 10 英尺/秒的下降率时，没有结构损伤。）最大落地重量是根据飞机的起落装置与机体结构所能承受的冲击载荷而确定的飞机着陆时的最大限额。飞机的落地重量不仅受到飞机结构强度的限制，还要考虑到在一台发动机停机的情况下，着陆复飞爬高能力的要求和着陆场地长度的限制。

3. 最大无油重量

最大无油重量（Maximum Zero Fuel Weight，MZFW）是指飞机在未携带可用燃油的情况下，其商务载重量与机重的总和，是除燃油以外所允许的最大飞机重量限制。由于飞机的燃油主要位于承受升力的机翼油箱内，因而飞机飞行时燃油重量可以抵消一部分作用于机翼上的升力产生的应力。如果没有燃油或燃油过少，机翼结构所承受的载荷就会增大。因此，从结构强度上考虑，就规定了最大无油重量的限额。无油重量是由飞机基本重量和业务载重量所组成的，由于飞机的基本重量相对不变，所以确定了最大无油重量，也就确定了飞机的最大载重量。当飞机最大无油重量加上滑行油量时，即为最大滑行重量——飞机在地面移动时的最大重量限制，地面移动包括被拖拽和滑行。

（二）飞机最大许可业载的计算

飞机最大许可业载（Allow PLD，APLD），是指飞机在飞行过程中所能载运的最大重量（不包括燃油重量）。

由最大无油重量（MZFW）来计算最大许可业载的公式为

$$APLD = MZFW - DOW \tag{8-1}$$

由最大起飞重量（MTOW）来计算最大许可业载的公式为

$$APLD = MTOW - (DOW + TOF) \tag{8-2}$$

由最大落地重量（MLDW）来计算最大许可业载的公式为

$$APLD = MLDW + T/F - (DOW + TOF) \tag{8-3}$$

从式（8-1）～（8-3）的结果中选出一个最小值，即为本次飞行的最大许可业载。

（三）其他重量限制

在飞机运行过程中，仅有最大无油重量限制是不能支持机身侧面力矩的，因此还需要后续的重量限制。

（1）最大空中飞行重量（Maximum Inflight Weight）：当飞机在空中飞行时，降落襟翼完全放下时的最大重量限制。

（2）最大燃油转移重量（Maximum Fuel Transfer Weight，MFTW）：燃油在开始从储备油箱移动到主油箱时的飞机最大重量限制。

（3）最小空中飞行重量（Minimum Inflight Weight，MFW）：飞机在飞行中的最小重量限制。

（四）飞机（全货机）装载重量限制种类

全货机装载重量限制种类包括侧向不平衡重量限制、货舱装载重量限制、单位长度线性载荷限制、地板承受力载荷限制、认证的集装器载荷限制、装载位置的联合载量限制、组合的线性载荷限制和非对称不平衡重量限制。

1. 侧向不平衡重量限制

当货物不对称地装载在飞机货舱中心线的一侧时，就会导致飞机侧向重心位移，产生相应的力矩，如图8-8所示。

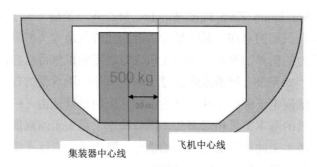

图8-8 侧向不平衡对装载重量限制影响示意图

在地面操作时，侧向不平衡的装载分布会导致主起落架的受力不均。侧向不平衡导致不水平飞行的状态，需要打开额外的副翼来平衡飞行状态，额外的副翼使用将会导致阻力增加且影响失速特性。在厂家的载重平衡手册中，会对飞机的侧向不平衡做出描述。例如，在747F描述中，侧向重量不平衡的增加导致飞机最大起飞重量的下降。

2. 货舱装载重量限制

货舱装载重量限制是指在一个封闭货舱内，所有货物重量的总和的限制。货舱的分布，由飞机厂商的载重平衡手册做出描述和规定。货舱装载重量限制是限制了每一个定义的货舱内的所有货物重量。这个限制由很多因素决定，代表性的因素如下：货舱前部和后部隔板的强度；侧面舱壁、面板、支柱的强度；货舱甲板下的地板梁；拦网的限重能力。

3. 单位长度线性载荷限制

在飞机的载重平衡手册中规定了将机身视为线性的、以英寸为单位计算的每英寸的载荷，线性载荷不能超过手册规定的限制。这个限制由很多因素决定，代表性的因素有地板横梁的结构强度，地板支撑柱的结构强度，地板镶板的结构强度，滚轴托盘的结构强度；剪力连接的结构强度；以及甲板上导轨的结构强度。

4. 地板承受力载荷限制

地板承受力载荷限制是指飞机的地板上每平方英尺内所能装载的最大货物重量。这个载荷限制是由地板的结构强度所决定的，通常由地板横梁的结构强度、地板支撑柱的结构强度、地板镶板的结构强度和地板框架决定。

5. 认证的集装器载荷限制

在飞机的载重平衡手册中，飞机的每个集装器装载位置都针对不同的集装器做了载重的限制。

6. 装载位置的联合载量限制

装载位置的联合载量限制是指载重平衡手册规定的上货舱和下货舱部分集装器装载位置组合的重量限制。联合载量限制是由飞机结构决定的载量限制，防止由于联合载量超载导致飞机结构的损坏。这个限制由很多因素决定，代表性的因素有飞机的蒙皮结构强度、飞机的框架结构强度和飞机的纵梁结构强度。

7. 组合的线性载荷限制

组合的线性载荷限制是指上货舱和下货舱组合在一起的线性载荷限制，这个载量限制是由飞机的纵梁结构强度决定的，如图8-9所示。

8. 非对称不平衡重量限制

当集装器以左右两侧的方式装载于上货舱时，不能超过非对称重量限制。在载重平衡控制手册中，对非对称线性重量有专门的描述，在实际应用中会将非对称平衡根据集装器装载位置标识在载重平衡表中，将非对称不平衡数值做成表以供操作人员查询。另外，在实际应用中，当超过非对称平衡重量限制时，可以通过增加货物的绑带固定来弥补。

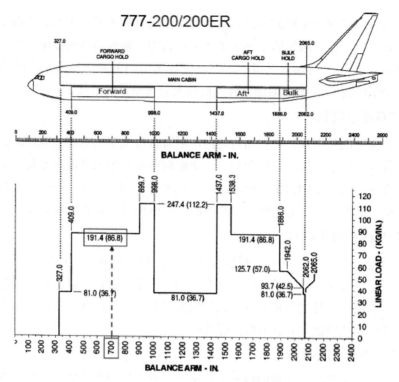

图 8-9 组合的线性载荷限制

第四节 飞机的载重平衡表

一、载重平衡表

载重平衡表是在实际操作中使用，检查飞机的业载是否超过飞机的载重限制，计算飞机重心位置的工具。

载重平衡表主要有以下四个作用。

（1）它是货物装载布局图。

（2）载重表可用来确认飞机各部分载量没有超过载量限制。

（3）指数法载重表中需要确认飞机各部分装载重量及重心指数。

（4）提供签派部门计算和检查飞机各种重量。

重心包线图主要有以下三个作用。

（1）用来确认飞机的重心是在安全范围内。

（2）计算和检查飞机在各种重量条件下的重心位置。

（3）确认飞机的起飞重心。

二、建立飞机的载重平衡表

（一）飞机的载重平衡表中载重部分包含的要素

（1）飞机的综合信息，包括飞机注册号、航班号、日期时间、起飞目的站和机组信息。

(2) 飞机业载限制的计算，通过最大无油重量、最大起飞重量、最大落地重量计算，三选一法。

(3) 操作重量的计算。

(4) 集装器和货物在货舱的分布。

(5) 总业载的计算。

(6) 最后一分钟修正。

(7) 飞机毛重的计算检查。

（二）飞机的载重平衡表中平衡部分包含的要素

(1) 舱位布局及飞机平衡力臂图。

(2) 重心指数的计算。

(3) 机组重心指数修正计算。

(4) 燃油重量的重心指数计算。

(5) 重心指数表。

(6) 联合载量检查。

(7) 侧向不平衡重量限制及起飞重量限制表。

(8) 非对称不平衡重量限制。

(9) 不同装载布局的区别。

(10) 其他限制等。

第五节　载重平衡实际操作

本节以中国货运航空有限公司 B777F 机型为例讲述载重平衡实际操作。

该公司现有 6 架波音 777 货机，飞机注册号分别为 B2076、B2077、B2078、B2079、B2082、B2083。基本数据如表 8-1 所示。

表 8-1　基本数据

机型 MODEL	B777F					
机号 REG	B2076	B2077	B2078	B2079	B2082	B2083
最大起飞重量 MTOW（kg）	347451	347451	347451	347451	347451	347451
最大落地重量 MLDW（kg）	260815	260815	260815	260815	260815	260815
最大无油重量 MZFW（kg）	248115	248115	248115	248115	248115	248115
最大载量 MAX PAYLOAD（kg）	106000	106000	106000	106000	106000	106000
最大载油量 FUEL（kg）	145538	145538	145538	145538	145538	145538
基本机重 BASIC WEIGHT	141372	141484	141583	141937	141545	141429
基本指数 BASIC INDEX	36	36	36	36	36	36

基本重量都包括了标准机组中 4 人的重量，每名机组成员按照 100kg 计算。B777 飞机燃油密度根据当地机场的实际情况，滑行油量按照 1000kg 计算。

一、B777F 货舱概况

(一) 货舱位置

如图 8-10 所示，B777F 货舱包括上货舱（Main Deck）和下货舱（Lower Deck）。其中，下货舱又包括下前货舱（Forward Cargo Hold）、下后货舱（AFT Cargo Hold）和散货舱（Bulk Hold）。

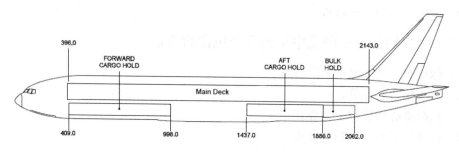

图 8-10 B777F 货舱概况

(二) B777F 货舱横截面轮廓尺寸及舱门尺寸

下前货舱的横截面轮廓尺寸、舱门尺寸和能进入的货物尺寸分别如图 8-11～图 8-13 所示。

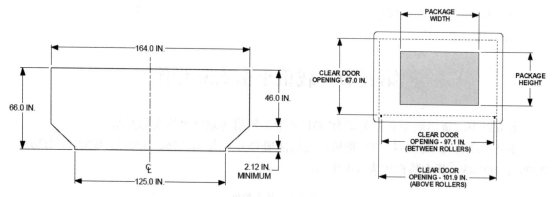

图 8-11 下前货舱横截面轮廓尺寸　　　图 8-12 下前货舱舱门尺寸

HEIGHT IN.	FORWARD COMPARTMENT ALLOWABLE PACKAGE SIZES WIDTH IN.									
	10	20	30	40	50	60	70	80	90	101.9
	LENGTH IN.									
64	293	273	253	233	213	193	172	152	130	
60	312	291	271	251	231	211	190	170	149	133
55	328	308	288	268	247	227	206	185	164	146
50	343	323	302	282	262	241	220	199	177	157
45	347	327	306	286	265	245	224	203	181	160
40	347	327	306	286	265	245	224	203	181	160
35	347	327	306	286	265	245	224	203	181	160
30	347	327	306	286	265	245	224	203	181	160
25	347	327	306	286	265	245	224	203	181	160
20	347	327	306	286	265	245	224	203	181	160
15	347	327	306	286	265	245	224	203	181	160
10	347	327	306	286	265	245	224	203	181	160
5	347	327	306	286	265	245	224	203	181	160

图 8-13 能够进入下前货舱舱门的货物尺寸

下后货舱的横截面轮廓尺寸、舱门尺寸和能进入的货物尺寸分别如图 8-14～图 8-16 所示。

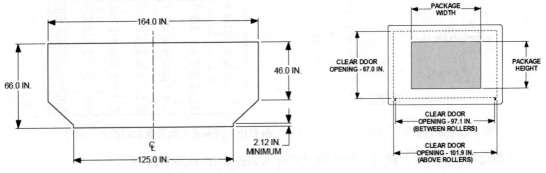

图 8-14　下后货舱横截面轮廓尺寸　　　　　　图 8-15　下后货舱舱门尺寸

HEIGHT IN.	AFT COMPARTMENT ALLOWABLE PACKAGE SIZES									
	WIDTH IN.									
	10	20	30	40	50	60	70	80	90	101.9
	LENGTH IN.									
64	293	273	253	233	213	193	172	152	130	
60	312	291	271	251	231	211	190	170	149	133
55	328	308	288	268	247	227	206	185	164	146
50	343	323	302	282	262	241	220	199	177	157
45	347	327	306	286	265	245	224	203	181	160
40	347	327	306	286	265	245	224	203	181	160
35	347	327	306	286	265	245	224	203	181	160
30	347	327	306	286	265	245	224	203	181	160
25	347	327	306	286	265	245	224	203	181	160
20	347	327	306	286	265	245	224	203	181	160
15	347	327	306	286	265	245	224	203	181	160
10	347	327	306	286	265	245	224	203	181	160
5	347	327	306	286	265	245	224	203	181	160

图 8-16　能够进入下后货舱舱门的货物尺寸

散货舱的横截面轮廓尺寸、舱门尺寸和能进入的货物尺寸分别如图 8-17～图 8-19 所示。

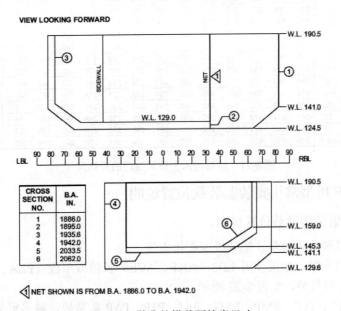

图 8-17　散货舱横截面轮廓尺寸

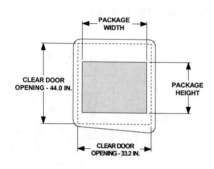

图 8-18 散货舱舱门尺寸　　　　图 8-19 能够进入散货舱舱门的货物尺寸

上货舱的侧门尺寸及能进入的货物尺寸分别如图 8-20 和图 8-21 所示。

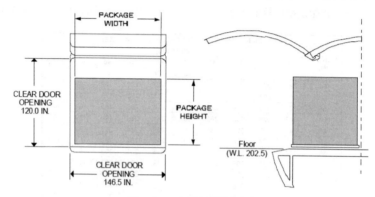

图 8-20 上货舱侧门尺寸

HEIGHT IN.	WIDTH IN.												
	10	20	30	40	50	60	70	80	90	100	110	120	130	140
	LENGTH IN.												
120	319	286	260	239	220	205	191	173	149	100	100	100	100	100
118	335	300	271	249	229	212	199	182	161	131	106	106	106	106
116	353	314	284	259	238	221	206	191	171	145	111	111	111	111
114	372	330	296	270	248	229	214	199	181	157	125	117	117	117
112	393	346	310	281	257	238	221	207	189	168	140	123	123	123
110	415	364	325	293	268	247	229	214	198	177	152	129	129	129
108	439	376	340	306	279	256	237	221	206	186	162	135	135	135
106	456	383	352	316	288	265	246	229	213	195	172	143	140	140
104	484	408	369	330	300	275	254	236	221	203	181	153	146	146
102	513	440	386	345	312	285	263	242	228	211	189	163	152	152
100	561	474	412	364	327	297	271	252	235	218	198	172	158	158
98	580	490	424	375	337	306	281	260	242	225	205	180	163	163
0-85.5	839	666	553	474	415	370	333	304	281	259	241	219	192	192

图 8-21 能够进入上货舱舱门的货物尺寸

（三）B777F 机型常用集装器装载位置说明

1. 下前货舱集装器装载位置说明

下前货舱可以装载集装箱、集装板或板箱混装。

当只装载集装箱时，如果使用 LD3（AKE、AVE）长箱或窄板（PLA、PLB、ALF），最多装载 18 个 LD3 集装箱，如图 8-22 所示。

如果使用 PMC、P6P、PMP、PAG、PAJ、P1P、PAP 集装板，最多可装载 6 个集装板，如图 8-23 所示。

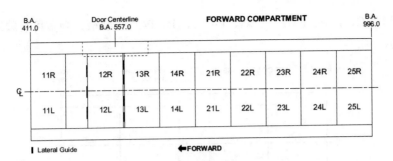

图 8-22 下前货舱集装箱装载位置

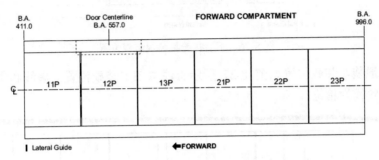

图 8-23 下前货舱集装板装载位置

如果板箱混装，装载位置如图 8-24 所示。注意图中装载位置，虚线和实线并非重叠，虚线为板位，实线为箱位。

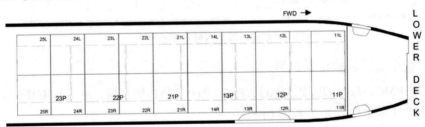

图 8-24 下前货舱板箱混装

2. 下后货舱集装器装载位置说明

下后货舱可以装载集装箱、集装板或板箱混装。

当只装载集装箱时，如果使用 LD3（AKE、AVE）长箱或窄板（PLA、PLB、ALF），最多装载 14 个 LD3 集装箱，如图 8-25 所示。

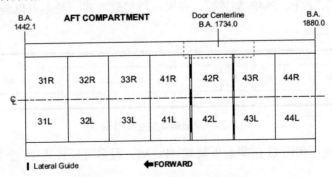

图 8-25 下后货舱集装箱装载位置

如果使用 PMC、P6P、PMP、PAG、PAJ、P1P、PAP 集装板，最多可装载 4 个集装板，如图 8-26 所示。

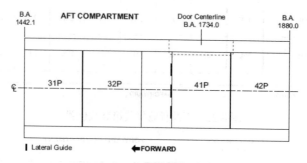

图 8-26　下后货舱集装板装载位置

如果板箱混装，装载位置如图 8-27 所示。注意图中装载位置，虚线和实线并非重叠，虚线为板位，实线为箱位。

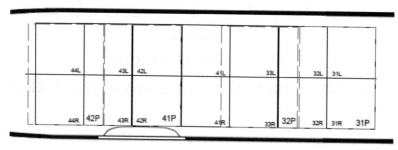

图 8-27　下后货舱板箱混装

3. 上货舱集装器装载位置说明

如果使用 PMC、P6P、PMP、PAG、PAJ、P1P、PAP 集装板，并采用双排装载方式，最多可以装载 27 个集装板，如图 8-28 所示。

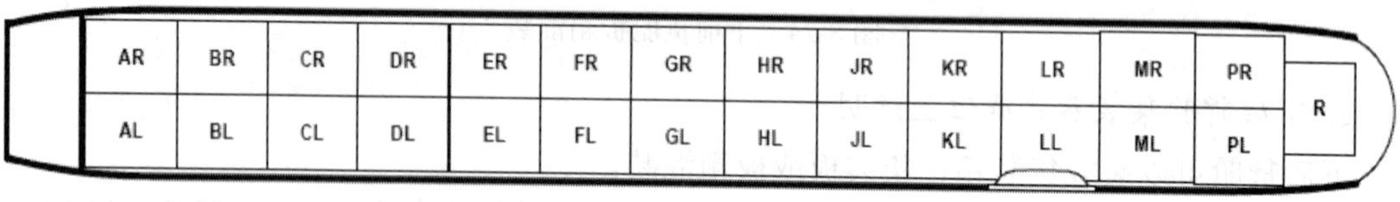

图 8-28　上货舱集装板双排装载

如果使用 PMC、P6P、PMP 集装板，并采用排装载方式，最多可以装载 13 个集装板，如图 8-29 所示。

图 8-29　上货舱集装板单排装载

如果使用底板尺寸代码 G 的集装板装载（PGA），最多可以装载 11 个集装板，如图 8-30 所示。

图 8-30　上货舱底板尺寸代码 G 的集装板装载

（四）B777F 常用板型

B777F 常用板型代码如表 8-2 所示。

表 8-2　B777F 常用板型代码

板　型	代　码	装 载 位 置	尺 寸 限 制
低板	PLD	下货舱	318cm×244cm×160cm
低探板	PLW	下货舱	垫高 10cm，可探出长度与垫高高度相同，最大可探出 40cm
低板	PLA	下货舱	318cm×153cm×160cm（PLA、PLB 类集装板）
集装箱	AKE	下货舱	LD3 集装箱
中高板	PMD	主货舱 R	高度 2.44（无收口）
超高板	ASA	主货舱 A，P（88in）	板高 290cm，高度 185cm 开始收口，顶部宽 105cm
	ASM	主货舱 A，P（96in）	板高 290cm，高度 130cm 开始收口，顶部宽 105cm
	H9A	主货舱 B 至 M（88in）	板高 300cm，高度 220cm 开始收口，顶部宽 122cm
	H9M	主货舱 B 至 M（96in）	板高 300cm，高度 190cm 开始收口，顶部宽 122cm
	ACM	主货舱 A，P（96in，中央装载）	板高 290cm，两侧高度 275cm 开始收口，顶部宽 220cm
	PHD	主货舱 B 至 M（96in，中央装载）	高度 300cm 平高，无收口
20 英尺板	ASG	主货舱 ABL，MPL	板高 290cm，侧边高度 130cm 开始收口，顶部宽 105cm；前部高度 265cm 开始收口，收进 50cm
	H9G	主货舱 CDL 至 GHL	板高 300cm，侧边高度 190cm 开始收口，顶部宽 122cm；前部高度 265cm 开始收口，收进 60cm
	ASR	主货舱 ABR，MPR	板高 275cm，竖装，两侧高度 130cm 开始收口，收进 122cm；前部高度 265cm 开始收口，收进 13cm
	H9R	主货舱 CDR 至 JKR	板高 300cm，竖装，两侧高度 190cm 开始收口，收进 122cm；前部高度 265cm 开始收口，收进 60cm

以下情况下在货舱内的集装器必须绑带固定。

（1）集装器为非认证的集装器（非 IATA 认证的）。

（2）集装器上货物的外形、密度或姿态容易对航空器的结构或设备产生危害（如高密度、尖锐货物），此时必须对整个集装器和货物进行绑带固定。

（3）使用认证的集装器时，集装器的固定设备（板扣）缺失或者不工作，货物重量超过了剩余锁扣的能力限制，此时必须用绑带固定。

（4）集装器的重心不合适且超过限制，必须对整个集装器和货物进行绑带固定。

使用的集装器并没有被载重平衡手册列入清单，必须对整个集装器和货物进行绑带固定，同时要考虑集装器的总重和规定的载荷系数。

使用绑带固定必须做出合适的判断,当选择绑带数量和绑带捆绑位置的时候,要留有安全余地给特殊情况,如绑带材质的不均匀、网罩的伸展、货物的滑动和连接时所使用的环扣。为了排除硬件的超负荷,环扣的方向应该和绑带的方向尽量保持一致。不要混合使用不同材质的绑带(如凯芙勒带和尼龙编织带),否则会使绷紧的绑带过早破坏。不同材质的绑带串接也是不被推荐使用的。

(五)B777F的装机单

1. 装机单正面(见图8-31)

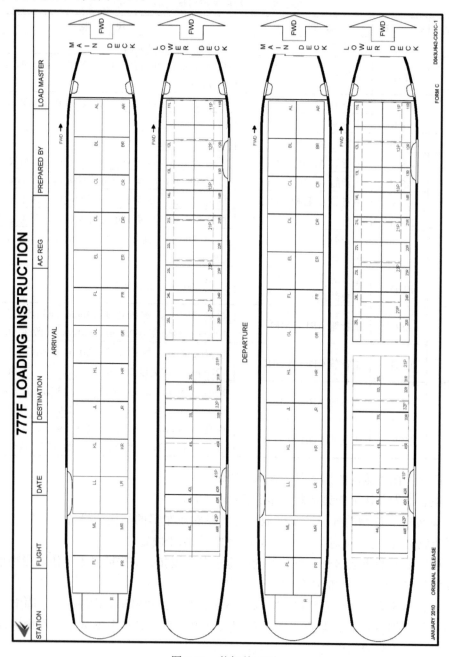

图 8-31　装机单正面

2. 装机单反面（见图 8-32）

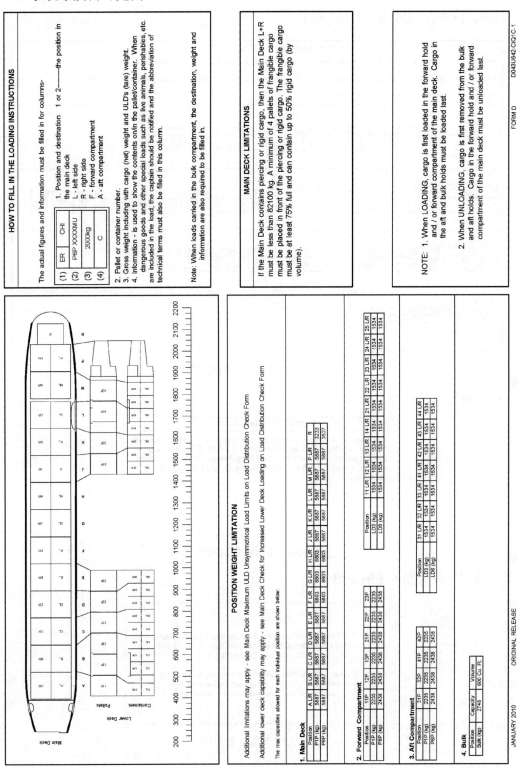

图 8-32　装机单反面

3. 单个装载位置的重量限制（见图 8-33）

其中，LD3 和 LD6 为左右和的限制。

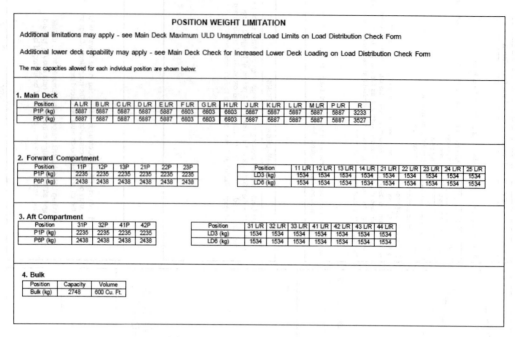

图 8-33　单个装载位置的重量限制

4. 主货舱重量限制（见图 8-34）

MAIN DECK LIMITATIONS

If the Main Deck contains piercing or rigid cargo, then the Main Deck L+R must be less than 82100 kg. A minimum of 4 pallets of frangible cargo must be placed in front of the piercing or rigid cargo. The frangible cargo must be at least 75% full and can contain up to 50% rigid cargo (by volume).

图 8-34　主货舱重量限制

5. 装卸一般原则（见图 8-35）

NOTE: 1. When LOADING, cargo is first loaded in the forward hold and / or forward compartment of the main deck. Cargo in the aft and bulk holds must be loaded last.

2. When UNLOADING, cargo is first removed from the bulk and aft holds. Cargo in the forward hold and / or forward compartment of the main deck must be unloaded last.

图 8-35　装卸一般原则

（六）B777F 的平衡表

1. 平衡表正面（见图 8-36）

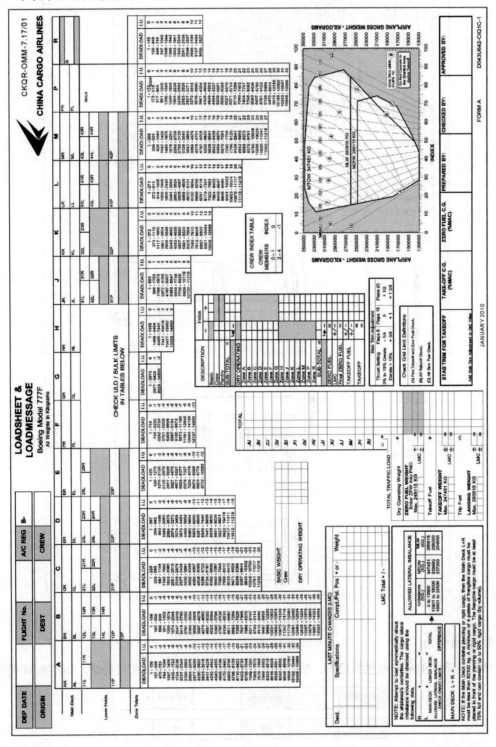

图 8-36　平衡表正面

2. 平衡表反面（见图 8-37）

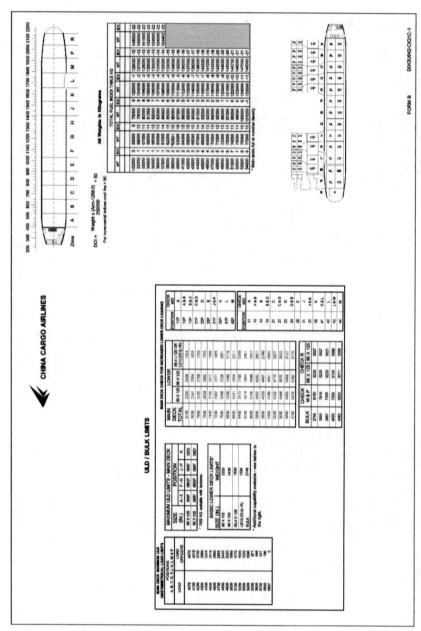

图 8-37 平衡表反面

3. 航班信息

填写准确的航班信息包括日期、航班号、飞机注册号、出发站和目的站，如图 8-38 所示。

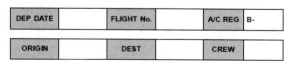

图 8-38 航班信息填写表格

4. 修正重量

通过对机组的修正可以得出干操作重量，如图 8-39 所示。

BASIC WEIGHT	
Crew	
DRY OPERATING WEIGHT	

CREW INDEX TABLE	
CREW MEMBERS	INDEX
0 - 1	0
2 - 4	-1

图 8-39　修正重量表格

5. 计算最大业载

可以通过三大重量限制来计算航班的最大业载（取最小值），如果签派部门已经计算得出了航班最大业载，则无需再次计算。

（1）计算区域载量。根据飞机的区域划分，将主货舱和下货舱对应位置的重量累加后，填入相关区域，最后累加计算得出实际业载，如图 8-40 所示。

（2）计算剩余业载，如图 8-41 所示。

（3）查区域指数。根据各区域的载量，查表得出各区域指数值，填入图 8-42 所示的表格，并根据修正完的飞机基本指数和起飞油量指数，计算得出无油指数和起飞指数。

	TOTAL
.A/	
.B/	
.C/	
.D/	
.E/	
.F/	
.G/	
.H/	
.J/	
.K/	
.L/	
.M/	
.P/	
.R/	

图 8-40　区域载量填写表格

Allowed Traffic Load	
Total Traffic Load ⊖	
UNDERLOAD BEFORE LMC =	

图 8-41　剩余业载填写表格

DESCRIPTION	Index −	Index +
Basic		
Crew		
Pantry		
SUB-TOTAL =		
	↳ −	
DRY OPERATING		
Zone A		
Zone B		
Zone C		
Zone D		
Zone E		
Zone F		
Zone G		
Zone H		
Zone J		
Zone K		
Zone L		
Zone M		
Zone P		
Zone R		
SUB-TOTAL =		
	↳ −	
ZERO FUEL	=	
LMC	+/−	
Final ZERO FUEL	=	
TAKEOFF FUEL	+/− +/−	
TAKEOFF	= =	

图 8-42　区域指数填写表格

（4）计算三大重量限制，如图 8-43 所示。

（5）检查左右平衡。填写计算左右总重和，相减得到左右总重差；在平衡表背面的许可横向不平衡检查表上，检查是否符合重量限制，如图 8-44 所示。

（6）上货舱非对称重量限制检查，其填写表如图 8-45 所示。

（7）下货舱重量限制检查。当下货舱（包括散舱）的重量超过了它的基本限制时，则需要根据表格来检查上货舱对应位置是否超限，如图 8-46 所示。

（8）平衡图。在包线图上画出无油和起飞的重心位置，得出无油 MAC%和起飞 MAC%。根据起飞重心的位置，得出 TRIM 值。平衡图中给出的襟翼角度为 15°，如使用其他角度则需要修正，如图 8-47 所示。

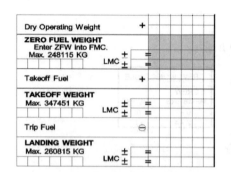

图 8-43　三大重量限制计算填写表格

图 8-44　左右平衡检查填写表格

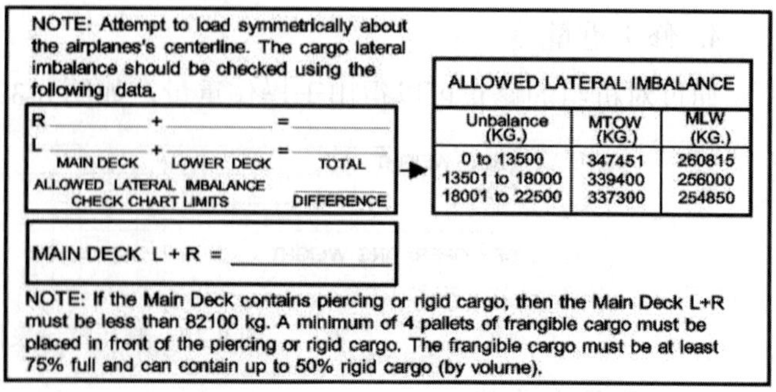

MAIN DECK MAXIMUM ULD UNSYMMETRICAL LOAD LIMITS

POSITIONS A, B, C, D, E,J, K, L, M & P	
LOAD	LOAD OPPOSITE
4075	4075
4100	4018
4200	3793
4300	3569
4400	3344
4500	3119
4600	2894
4700	2669
4800	2445
4900	2220
5000	1995
5100	1770
5200	1545
5300	1320
5400	1096
5500	871
5600	646
5700	421
5800	196
5887	0

图 8-45　上货舱非对称重量

MAIN DECK CHECK FOR INCREASED LOWER DECK LOADING

MAIN DECK TOTAL	LOWER		
	88 X 125	96 X 125	60.4 x 125 OR LD1/LD3 (L+R)
8150	2235	2438	1534
8000	2341	2554	1605
7800	2482	2708	1700
7600	2624	2862	1795
7400	2765	3017	1890
7200	2907	3171	1985
7000	3049	3326	2081
6800	3190	3480	2176
6600	3331	3634	2271
6400	3473	3789	2366
6200	3614	3943	2461
6000	3756	4098	2557
5800	3897	4252	2651
5600	4039	4407	2746
5400	4180	4561	2842
5200	4322	4715	2937
5000	4464	4870	3032
4800	4605	5024	3127
4700	4676	5102	3175

BULK	CHECK M & P	CHECK R	
		88 X 125	96 X 125
2748	8150	3233	3527
3000	7918	3233	3527
3667	7305	3233	3527
4000	7000	3103	3385
4082	6925	3071	3350

POSITION	CHECK M/D
11P	A
12P	A & B
13P	B & C
21P	C & D
22P	D
23P	E
31P	J & K
32P	K
41P	L
42P	M

POSITION	CHECK M/D
11	A
12	A & B
13	B
14	B & C
21	C
22	C & D
23	D
24	D & E
25	E
31	J
32	J & K
33	K
41	K & L
42	L
43	L & M
44	M

图 8-46　下货舱重量限制检查填写表限制检查填写表

Stab Trim Adjustment			
Thrust Setting	Flaps 5	Flaps 15	Flaps 20
0% to 15% Derate	−1/4	0	−1/2
Derate＞15%	+3/4	+1	+1 3/4

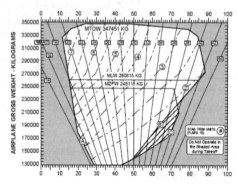

图 8-47　平衡图

注：图表纵坐标为重量坐标，横坐标为指数坐标，实斜线为 MAC%线，数值坐标在方框内；虚曲线为 TRIM 线，坐标在圆圈内。画出重量横线和指数纵线后，交点位置根据实斜线确认 MAC%值，根据虚线确认 TRIM 值。数值确认可根据交点位置和相邻两坐标线进行估算。TRIM 值估算后用分数表示，再根据飞行计划中实际选用的推力限制和襟翼角度进行修正。图中 Stab Trim Adjustment 表格内为修正值，例如 0%～15%减推力情况下，使用襟翼角度 flaps5 修正值是-1/4，即根据图表画出的 TRIM 值还需要在估算值上-1/4。

（9）最后一分钟修正。起飞前最后时间，如果重量、重心发生改变，可通过图 8-48 进行修正计算。

LAST MINUTE CHANGES(LMC)					
Dest.	Specifications	Compt./Pal.Pos.	+or–	Weight	
		LMC Total +/–			

图 8-48　修正表格

（10）签名栏。包括填写人的签名、复核检查人的签名和接受此平衡表的机长签名，如图 8-49 所示。注意：必须进行双签名的复核检查。

PREPARED BY:	CHECKED BY:	APPROVED BY:

图 8-49　签名栏

第六节　常见装载不平衡事故介绍

常见的飞机地面装载不平衡事故就是"翘头"，指航空器在地面时因重心超过安全后限而导致机尾直接砸在地面上。翘头是较为常见的严重地面安全事故，在全球范围内时有发生。图 8-50 所示为"翘头"事故图例。

航空器的平衡原理如同杠杆原理，处于平衡状态的航空器可以想象成一个用线吊起的飞机，在吊起的状态下，航空器既不前倾，也不后仰。在装卸货物的时候，如果未按照正确程序装载货物，就会导致货物在飞机后部的重量积压，平衡重心超出后限，从而导致航空器翘头。

为了防止航空器的发生"翘头"事故，在飞机装卸过程中应严格按照正确的装卸顺序进行装卸。

图 8-50　事故图例

（1）装机——先装前、再装后：前下货舱→主货舱→后下货舱→散舱。

（2）卸机——先卸后、再卸前：散舱→后下货舱→主货舱→前下货舱。

思 考 题

1. 简述货物装卸的一般顺序。

2. 解释什么是无油重量、起飞重量和落地重量。

3. B2426 PVG—CGO 起飞油量 48000kg，航段耗油 40000kg，基本重量为 159459kg，最大无油重量为 277144kg，最大起飞重量为 412769kg，最大落地重量为 296195kg。请计算该航班的最大允许业载。

第九章

航空货物中转与查询

通过本章的学习，您将了解以下知识点：
1. 中转运输的定义及分类；
2. 中转运输的操作流程及具体内容；
3. 特殊货物的中转操作要求；
4. 常用中转业务电报的拍发及处理方法；
5. 查询的基础知识；
6. 进港航班非正常货物查询流程及处理方法；
7. 出港航班非正常货物查询流程及处理方法。

建议课程教学安排 5 学时。

航空运输中转是充分利用航空网络资源，最大限度发挥航空运输方便快捷优势的重要运输手段。随着货运市场竞争的日益激烈，高效灵活的中转服务已经成为各航空公司、地面代理共同开发并实现双赢的新领域。

航空运输查询更是随着技术手段的不断推陈出新，在形式纷繁多样的同时，具有了更为方便、迅捷、详尽等鲜明的时代特点。

第一节　航空运输中转

空运货物的中转运输具有多种联运形式，通常航空运输企业操作的中转货物是指在运输过程中使用同一份航空货运单，需要通过两个或两个以上的航班及其他运输方式才能运抵目的地的货物。各航空运输企业的中转货物的操作方式在不同航站具有一定的差异性，本节主要以位于上海市的浦东国际机场与虹桥国际机场的运作模式为例，根据不同国际中转货物的类别，对中转运输操作中的订舱、报关、发运和信息服务等作业进行简单介绍。通过学习本节内容，希望大家能够了解国际中转货物的基本操作情况，能够结合实际有针对性地开展运输服务工作。

如图 9-1 所示为中转货物操作流程。

中转运输服务以快捷、高效为宗旨，需要中转站点将货物以最短的时间转运至目的港，并提供详细的转运信息服务。一票中转货物的成功转运，涉及了航空运输企业所有的进港、出港作业流程，除了负责中转业务的操作人员需及时完成舱位协调、报关、交接和转运情况监控、信息维护等工作以外，还需要各相关部门通力协作，共同努力确保货物的及时转运。因此，中转货物转运效率的高低在一定程度上也体现了该企业的整体协调保障能力。

通常把国际中转货物分为国内转国际、国际转国际、国际转国内、国内转国内四种类型。其中，国内转国内中转货物的操作内容相对简单，此处不再介绍。其余三种类型的中转货物均涉及国际运输，因此在中国境内的运输、保管都要符合海关相关规定，向海关申报并在其监管状态下开展各项操作。中转业务人员在日常工作中需根据其性质，分别采取不同的操作方式保障货物顺利转运。下面就着重对这三种类型中转货物的转运操作内容进行简要说明。

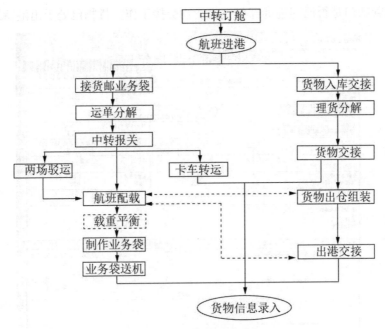

图 9-1　中转货物操作流程

一、国内转国际的货物中转操作

（一）订舱工作

货物发运前，由始发站通过货运信息系统向中转站航空公司销售部门预订转运航班舱位，经销售部门确认后将货物的具体信息（包括运单号码、件数、重量、体积、进港航班、出港航班等）通过传真或 IT 系统通知中转站航空公司地面代理的中转操作人员，如货物在中转站涉及同一城市不同机场、货运站之间驳运，但属于同一地面代理，应通知地面代理的作业部门；如不属于同一地面代理，则应通知不同地面代理的相关作业部门。中转操作人员收到预订信息后应合理安排运单报关和交接工作，如预计无法按照预订航班转运时，应立即通知始发站改订舱位。

（二）报关与交接

托运人向始发站海关申报并办理出口转关手续，由海关制作关封文件随货运单一同带到中转站。其中，海关制作的关封文件主要包含出口报关单（见图 9-2）、出口转关运输货物申报单（见图 9-3）。中转操作人员从进港部门接收运单，随后将正本运单和关封资料送交中转地海关。海关人员根据报关单上"运输工具名称"栏内的转关编号，在海关信息系统内调取始发地海关发送的转关货物数据，经审核无误后，对该票货物办理出口放行手续，并在运单副本联上加盖放行章。

中转操作人员在办理完海关放行手续后，对国内转国际货物填开交接单，依据出港航班时刻将运单交至国际出港配载部门，由配载人员按照航空公司销售部门发布的出港航班订舱清单（Cargo Booking Advice，CBA），安排货物装机出运。中转人员在交接运单之后还需确认出港仓库保管部门是否已同进港部门完成货物交接工作，货物已处于出港待运状态。

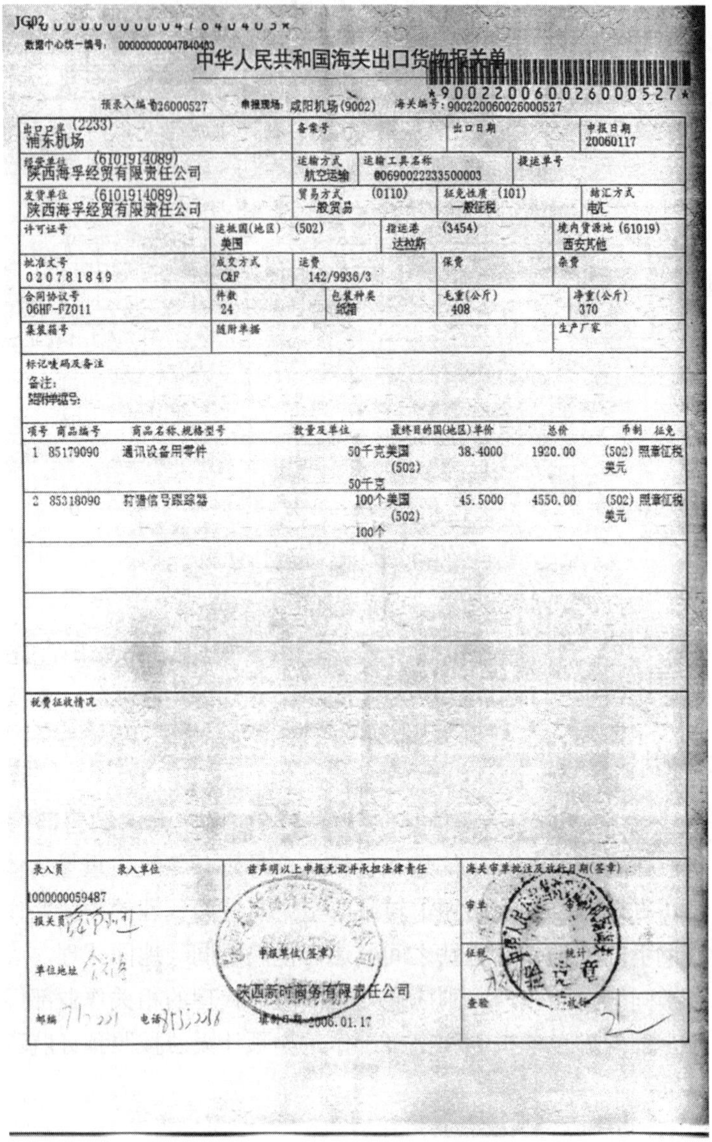

JG02

数据中心统一编号：000000000047840483

中华人民共和国海关出口货物报关单

900220060026000527

预录入编号：026000527　申报现场：咸阳机场(9002)　海关编号：900220060026000527

出口口岸 (2233) 浦东机场	备案号	出口日期	申报日期 20060117
经营单位 (6101914089) 陕西海孚经贸有限责任公司	运输方式 航空运输	运输工具名称 @0690022233500003	提运单号
发货单位 (6101914089) 陕西海孚经贸有限责任公司	贸易方式 (0110) 一般贸易	征免性质 (101) 一般征税	结汇方式 电汇
许可证号	运抵国(地区) (502) 美国	指运港 (3454) 达拉斯	境内货源地 (61019) 西安其他
批准文号 020781849	成交方式 C&F	运费 142/9936/3	保费 / 杂费
合同协议号 06HF-FZ011	件数 24	包装种类 纸箱	毛重(公斤) 408 / 净重(公斤) 370
集装箱号	随附单据		生产厂家

标记唛码及备注

备注：

随附单证号：

项号	商品编号	商品名称、规格型号	数量及单位	最终目的国(地区)	单价	总价	币制	征免
1	85179090	通讯设备用零件	50千克 50千克	美国 (502)	38.4000	1920.00	(502) 美元	照章征税
2	85318090	狩猎信号跟踪器	100个 100个	美国 (502)	45.5000	4550.00	(502) 美元	照章征税

税费征收情况

录入员　录入单位

1000000059487

报关员

单位地址

邮编　电话

兹声明以上申报无讹并承担法律责任

申报单位(签章)

陕西新时商务有限责任公司

填制日期 2006.01.17

海关审单批注及放行日期(签章)

审单

征税　统计

查验　放行

图 9-2　出口报关单

（三）转运监控及海关舱单信息核销

中转操作人员自收到始发站发送的中转信息预报起，就应当实时跟踪货物转运进程，及时解决转运过程中出现的不正常情况，确保货物按计划发运。如果货物由于不正常运输等原因导致未能按期转运，应在不正常情况处理完毕后，及时向销售部门重新订舱，并安排最近的后续航班转运。

货物正常转运后，中转操作人员应及时通过海关舱单信息系统，依据出口舱单报文（即 FFM 报舱单信息）向海关发送出口舱单确认信息。中转地海关对空运企业发送的出口舱单确认信息审核无误，在海关信息系统内向始发站海关核销该批货物的转关记录。

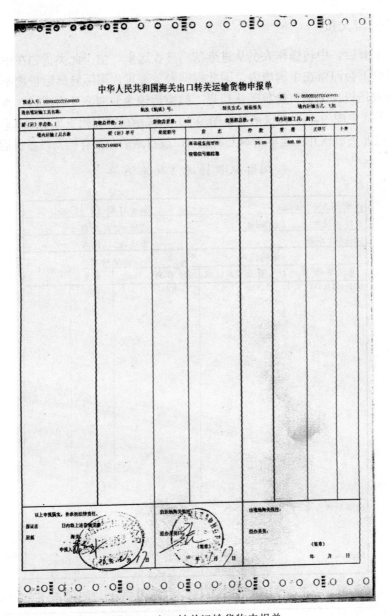

图 9-3 出口转关运输货物申报单

二、国际转国际的货物中转操作

(一) 航线备案

航空运输企业根据业务需要开通国际转国际中转运输时,应事先将每条国际转国际中转航线向中转地海关递交备案申请,经海关批准后方能进行转运操作。

(二) 订舱工作

国际转国际货物发运前,同样需要始发站向中转站航空公司销售部门预订转运航班舱位,具体可参见国内转国际货物的订舱操作。

(三)报关与交接

货物到达上海后,中转操作人员从进港部门接收运单。由于此类货物在中转地属于过境货物,最终货物不会滞留在中国境内,因此根据海关要求,国际转国际货物不需要通过海关舱单信息系统发送进出港航班舱单确认信息。航空运输企业向海关申报时,需填制国际联程转运货物准运单(见图 9-4)、保证函(见图 9-5)一式两份并随附货运单副本联:一份交海关留存,另一份经海关审核并在运单副本上加盖出口放行章后取回存档,以备日后海关抽验。

国际联程转运货物准运单

编号:

出境航班号:MU263				出境日期:14.01.17		
国际转运企业:东远物流				进境地:浦东		
指运国:香港				出境地:浦东		
进境情况				出境情况		备注
总运单号	件数	重量	启运国	进境日期	件数	重量	
112-40631076	2	1356	法国	14.1.16	2	1356	

国际转运企业:(公章)　　　　　海关审核意见:

经办人:　　　2014年1月16日　　经办人:　　　　年　月　日

图 9-4　国际联程转运货物准运单

保 证 函

上海浦东 机场海关:

由 浦东 机场 MU240/15DEC 航班运输进境的转运货运单号 112-40631076 件数 2 重量 1356 因 国际转国际货物(由 巴黎 经浦东转香港) 原因,无法及时输入转运电子数据,敬请贵关先予放行,将由 浦东 机场 MU263/17JAN 航班装运出境,货物运往 香港。

我公司保证三个工作日内将有关数据补输入数据库予以核销,如逾期未核销,本公司愿接受海关处罚。

国际转运企业(公章):　　　经办人:　　2014 年 01 月 16 日

图 9-5　保证函

办理完海关放行手续后,中转操作人员依据出港航班时刻将运单交至国际出港配载部门,并确认出港仓库保管部门是否已同进港部门完成货物交接工作,货物已处于出港待运状态。配载人员根据出港航班 CBA 安排货物发运。

(四)转运监控

中转操作人员全程跟踪货物转运状态,如果货物未按计划转运,应及时查明原因,在对不正常运输情况处理完毕后,向销售部门重新订舱安排最近的后续航班转运。

三、国际转国内的货物中转操作

(一)订舱工作

国际转国内货物的订舱操作应额外注意,由于各航空公司的国内航线经常使用散装机型运营,国际转国内货物在订舱时,应充分考虑所运输货物的尺寸、重量等是否符合该条国内航线运营机型的装载限制。超过限制的货物,可考虑使用海关监管卡车,通过地面运输的方式将货物运送到目的站。此类货物在订舱时也应预先向中转站预订地面运输服务,以确保中转站能根据货物情况做出安排。通常情况下,地面运输方式作为航空运输的补充形式,当货物无法通过航班转运时再考虑通过监管卡车运送货物。

另外,根据海关要求,国际转国内货物入境后,在客户未办理清关手续前,货物应始终在海关监管状态下进行运输及保管。因此,货物的最终目的地应当具备一定的海关监管条件,当地海关必须同中转地海关预先建立相应的货物转关监管机制,只有具备转关监管条件的目的地才能开展国际转国内中转货物的操作。以上海浦东国际机场为例,经浦东机场转运的货物目港需在上海浦东国际机场海关联程运输货物直转关区名单(见图 9-6)内才能开展中转运输,如货物目的地在名单之外,中转站应在订舱时及时告知始发站无法承运。

上海浦东机场海关联程运输货物直转关区名单

哈尔滨、长春、大连、沈阳、北京、天津、济南、青岛、合肥、宁波、南昌、南京、杭州、福州、厦门、温州、烟台、广州、深圳、海口、汕头、长沙、桂林、南宁、贵阳、成都、重庆、昆明、西安、乌鲁木齐、武汉、郑州、太原、苏州、无锡、银川、南通

图 9-6 上海浦东国际机场海关联程运输货物直转关区名单

(二)报关与交接

国际航班到港后,中转操作人员从进港部门接收运单并进一步核对货物的目的港是否在上海浦东国际机场海关联程运输货物直转关区名单内,如有到名单以外目的港的货物将无法办理海关手续,应及时向始发站发电报联系征求处理意见。

运单核对完毕无误,应先在海关舱单信息系统内逐票向海关确认进口舱单信息,确认成功后再将运单送交海关办理转关手续,由海关工作人员审核并通过海关信息系统向目的站海关发送转关信息数据,随后在运单上加盖转关章,填入转关信息编号。

(三)货物的转运安排

中转操作人员将国际转国内货物办理完海关转关手续,根据货物订舱情况安排转运,以

经上海浦东机场中转的货物为例，分为以下几种情况。

（1）需用同一机场国内出港航班转运的货物，由进港理货部门理完货，将其驳运至相应国内出发区位，中转操作人员应将运单交接至国内配载安排航班转运。

（2）需用不同机场航班转运的货物，由中转操作人员联系地面运输服务部门，通过海关监管卡车驳运至相应站点完成后续运输作业。

（3）需用地面运输方式直接转运到目的港的货物，由中转操作人员将运单和货物交接给地面运输服务部门，由其安排海关监管卡车转运目的地。

（4）如遇事先未预订中转航班或地面运输服务的货物，由中转操作人员根据货物情况安排航班或卡车转运。在安排货物转运时应优先使用航班运输，航班无法运输时再使用地面运输。

使用航班转运的货物必须符合该航线机型的装载限制及其他相关规定，尤其是对货物的体积、单件重量的限制。通常，使用宽体客机及货机航班转运货物时，货物的尺寸和重量必须符合其集装设备的装载要求。而使用小型客机航班转运货物时，单件货物的重量一般不可超过 150 千克，货物的尺寸必须小于该型飞机的收货尺寸（见表 9-1）。如遇尺寸比较特殊的货物，也可通过 TACT RULES 查阅相关机型的散装货舱装载限制来确定是否可以转运。

表9-1 常用飞机货舱舱门及收货尺寸

单位：cm

机　型	装货类型	散货舱门（宽×高）	收货尺寸（宽×高）
MD-82	散装	135×75	125×65
MD-90	散装	135×72	125×62
A-320	散装	180×120	170×110
B737-200	散装	120×85	110×75
B737-300	散装	120×85	110×75
B757-200	散装	140×110	130×100
FK-100	散装	75×65	65×55
图-154	散装	135×80	125×70
B-146	散装	135×76	125×66
B767-200	集装板、箱	120×90	
A-300	集装板、箱	120×90	
A-340	集装板、箱	120×90	
MD-11	集装板、箱	120×90	

四、地面运输中转货物的操作

当国际转国内中转货物无法使用国内航班转运到目的港时，应考虑使用海关监管卡车航班运输。监管卡车航班是在海关监管状态下的运输车辆，每次发运前必须得到海关的批准，并由海关工作人员在车厢门上加铅封。车辆到达目的港后，由目的港海关人员拆除铅封，核对货物无误后将货物卸到当地海关监管仓库。因受运输条件限制，一般情况下冷冻、冷藏货物、活动物不可使用普通监管卡车转运。如需装载危险品货物，则所用监管卡车还必须具备危险品货物运输资质。

航空运输企业可将地面运输服务作为航空运输方式的延伸,并设置相应的卡车班次。一般情况下,可将卡车班次分为定班卡车和非定班卡车。定班卡车是有固定发车时间和班次的卡车中转航班,货物根据班车时刻发运。非定班卡车是没有固定发车时间和班次的卡车中转航班,通常在有一定的货量到同一目的港或客户要求包车运输的情况下才发车。

在使用监管卡车中转货物时,要根据货物的尺寸及重量选择相应的卡车转运,在包车情况下还应确认卡车包车运费。

例如,有 1 件 2300 千克的货物需要用卡车中转到福州,尺寸为 400cm×200cm×160cm,客户同意包车转运,应如何确定其卡车运费?

如表 9-2 所示为卡车车厢的尺寸,如表 9-3 所示为国际联程货海关监管车运费表。

表 9-2 卡车车厢尺寸表

单位:cm

车　型	车　长	车　宽	车　高	门
5T 厢式(加长)	800	230	218	宽 230,高 218
5T 飞翼	800	230	208	侧门宽 800,高 208,深度 230
2T 厢式	420	172	155	宽 172,高 155

表 9-3 国际联程货海关监管车运费表

航班号	目的港	所用时间(小时)	单价(元/千克)	2 吨包车费(元)	5 吨包车费(元)
CK5517	福州	50	2.8	4656	7095

步骤如下。

(1)确定使用哪一种卡车转运。经查看卡车车厢尺寸表后发现只有载重 5 吨的卡车才能转运此件货物。

(2)查看卡车运费表,到福州的卡车运价为 2.8 元/千克。如按重量计算,运费应为 2.8×2300=6440 元。

(3)将所计运费同所使用车型的包车费比较取高者。该货应使用 5 吨卡车转运,包车费为 7095 元>6440 元,所以这批货物的卡车运费应为 7095 元。

五、特殊货物的中转

(一)危险品货物

(1)危险品货物应检查该批货物的危险品申报单、检查单等资料是否齐全,货物是否可以使用客机运输,如果是仅限货机承运的货物,则必须安排货机航班转运。

(2)核实货物目的港地面代理是否具备危险品货物操作资质,是否能够正常接收与处理危险品货物。

(3)确认货物是否存放在相应的危险品货物仓库,包装和危险品标志是否完好。

(4)危险品货物因故无法中转到目的港或转运过程中发生不正常运输情况时,中转站应及时通过电报、邮件等方式同始发站联系,征求处理意见。

(二)其他特殊货物

中转操作人员应核实货物已按规定存放在相应的仓库内,且交接手续齐全、货物包装完好。通常特殊货物应优先于普通货物安排转运。有转运时限要求的货物，如冷冻冷藏货、鲜活易腐货、活动物等必须确保其运输文件齐全，始发站在发运前必须向中转站订妥中转航班，并预先落实好各项保障措施，中转操作人员在货物到达后应确保按预定计划转运。

六、常用电报及处理方法

在中转运输服务过程中，中转业务人员经常需要同各运输站点开展联络工作，使用的通信手段除了电话、传真、电子邮件等方式外，有一项重要的联络方式是通过民航业务电报来传送相关信息。中转操作人员应每天收集所有发往本部门的业务电报，为保障信息处理的及时性，一般要求应在收到电报 24 小时内给予回复。以下简单介绍几种常见的中转业务电报拍发及处理方法。

（一）询问货物转运情况的电报

例如，芝加哥办事处询问 112-35720392 ORD/YNT 中转货物的转运情况：

QD PVGFNMU
.ORDKKMU 061352
ATTN: ON DUTY
RE 112-35720392 P1K73 ORD/YNT
PLS ADV TRANS INFO FOR THIS SHPT
BRGDS/PC
=

中转操作人员应核实货物情况，如此票货物已由 MU5593/05DEC 航班转运，则发电报回复始发站：

QD ORDKKMU
.PVGFNMU 070735
RYT 061352
RE 112-35720392 P1K73 ORD/YNT
SHPT HV FWD TO YNT BY MU5593/05DEC STP
BRGDS/VIVIAN
=

再如，巴黎办事处询问有 1 件 100 千克的货物，目的港为温州，尺寸为 80cm×180cm×200cm，能否用航班转运到温州：

QD PVGFNMU
.CDGFFMU 101322
ATTN ON DUTY
RE 1PC SHPT 100KG DIM：80*180*200CM DEST：WNZ
PLS HELP CHK IF SHPT CAN BE REFWD WNZ BY AIR FROM PVG STP
TKS/CHEN
=

在查看出港航班情况后发现 PVG-WNZ 航班为 A320 机型，舱门尺寸为 170cm×110cm,

无法转运此件货物，应回复巴黎：

QD CDGFFMU
.PVGFNMU 111023
RYT 101322
RE 1PC SHPT 100KG DIM:80*180*200CM DEST:WNZ
SHPT CAN NOT REFWD TO WNZ BY AIR DUE TO OVERSIZE STP
BRGDS/JERRY
=

（二）更改运单信息的电报

更改运单信息主要指更改收货人、件数、重量、目的港等信息。例如：

QD PVGFNMU
.LAXFFMU 181245
ATTN ON DUTY
RE 112-35730394 P1K10 LAX/NGB
DUE TO SHPR'S RQST PLS CHG CNEE AS FLW:
KERRY EAS LOGISTICS LTD
NO.362, ZHONGSHAN XI ROAD,
NINGBO, ZHEJIANG 315010
TEL:(0574)7281351
TKS/SIMON
=

中转操作人员应查看货物是否已经转运。如仍未转运，则在运单上更改后加盖更改章并向海关申报；如货物已经转运到目的港，应将始发站的更改电报转发给目的港，由目的港负责处理。

第二节　航空货物运输查询

货物查询工作是航空公司和其地面代理的一个对外服务窗口，以航空公司或其地面代理的操作数据为基础，接收和反馈相关操作部门与外站的信息，为客户或代理人提供准确的进出港货物信息，处理货物不正常情况。为了提供完善的服务，需要快捷、准确的操作及畅通的信息网络。

一、查询的基础知识介绍

（一）查询的常用基本方式

航空公司或其地面代理可提供网上查询、电话语音查询、自助查询机等查询方式。

（1）网上查询：提供相关查询网站，使客户通过输入运单号码可查询到相关信息，如件数、重量、航班信息等，查询工作人员在负责查询工作的同时监督信息的完整性、准确性。

（2）电话语音查询：可设立统一的电话语音查询中心，规范服务标准，同时提供自动查询和人工查询供客户选择，语音查询用规范的服务用语根据系统信息准确回答客户的问题，并对客户提出的一些特殊问题提供相关的服务部门的联系方式。

（3）自助查询机：可在营业场所放置电子触摸屏，通过输入运单号码查询货物相关信息。

另外，当货物出现不正常情况时，客户或代理人还可以直接通过航空公司或地面代理设立的不正常查询部门，获知货物的更多信息。不正常查询部门主要通过电报、传真或电邮与相关外站联系沟通以追踪货物信息。

（二）电报的拍发

随着航空运输体系的建设发展，以及科技手段的日新月异，查询的方式也呈现了快速、高效的特点，不仅体现了高科技，也体现了与时代同步的特点。以 E-mail 为主的新一代电子通信手段逐渐被采用。但传统的电报查询仍然作为最基本的操作手段得到行业内一致的认同并采纳。

以下为电报相关的知识内容。

1. 地址的组成

电报地址是由 7 个英文字母组成的，前 3 个代表机场名或城市名，中间 2 个代表职能部门（以中国东方航空公司地面代理东方航空物流有限公司为例，FI 代表国际进口部门，LI 代表国际出口配载部门，FT 代表查询部门，FN 代表中转部门，FS 代表国际制单部门，KU 代表集控部门，KL 则代表平衡部门），最后 2 个代表航空公司或地面代理 2 字代码。例如 NRTFFMU 中，NRT 代表东京的成田机场，FF 代表货运部门，MU 代表东航。

2. 电报基本格式

通过以下电报样本，了解电报基本格式。

QD NRTFFMU
. PVGFTMU 101400
……
XXX
=

释义如下：

QD——代表电报等级；
NRTFFMU——代表收电地址；
PVGFTMU——代表发电地址；
101400——代表时间，10 代表某月的 10 号，1400 代表 14:00（当地时间或格林威治时间）；
……——代表电报内容；
XXX——发报人署名；
=——代表电报结束的符号，也是两份电报之间的分隔符。

3. 电报中常用的缩写

电报中常用的缩写有：MNST 代表舱单，CNEE 代表收货人，SHPR 代表发货人，DOC BAG 代表业务袋，CGO、SHPT 代表货物，DEST 代表目的港，DEP 代表始发站，TRANS

代表中转，W/H 代表仓库，等等。

4. 常用电报类型

航空公司或其地面代理常用的电报类型有装载报、舱单报、运单报、分单报、拉货电报、特殊货物电报等，虽然内容不同，但在格式上是遵守电报的基本格式的。以下列举部分电报供参考。

（1）CPM、LDM（装载电报）：机上装载板箱的位置及重量的详情，并区分行李、货物、邮件。由平衡部门提供。

（2）FFM（舱单报）：货物的装载清单及重量情况。由出港操作部门制作。

（3）OFLD（拉货电报）：由于平衡、组装等原因造成的未上预配航班的货物的情况。由出港操作部门发送。

（4）特殊货物的电报：VAL（贵重品）、DGR（危险品）、DIP（外交邮袋）、PER（冷藏货）、ICE（冷冻货）、AVI（活动物）等。例如，贵重品电报如下：

QD KIXAPMU KIXFFJL KIXFTJL PVGFTMU
.PVGLIMU 041325
RE VAL CGO INFO EX MU515/02APR FROM PVG TO KIX
AWB NO 11240745121 P3K4.6 UPC DIAMOND TIPPED TOOLS
PLZ CHK N TKS
BRGDS/VIVIAN
=

二、不正常货物查询流程及处理

（一）进港航班货物非正常查询流程及处理

进港货物非正常情况分五大类，分别是少单、多单、少货、多货和破损。

1. 少单（MSAW）

MSAW 是 MISSING AIRWAYBILL 的缩写形式，是指由于始发站疏漏造成业务袋送机失误、经停站和目的港业务袋放置错误、本站工作疏漏造成漏接业务袋或其他工作差错等导致实际收到的运单与舱单显示的信息不符，缺少运单的情况。

查询工作人员确认少单信息后，应在航班到达后的 24 小时内发电报通知始发站，索要正本运单。如无法提供正本运单的，可索要运单复印件。

示例电报：
QD HKGKFCA HKGKFMU
.PVGFTMU 021022
RE MSAW INFO MU502/01JAN
CN 112-10000001 1/1K
PLZ RUSH FWD ORGN AWB TO PVG OR FAX AWB COPY
OUR FAX NBR:0086-21-XXXXXXXX
PLZ ATTN

RGDS/XX
=

电文释义：

接收方——香港机场东航办事处及货运地面代理；

拍发方——东方航空物流公司浦东不正常查询室；

电文内容——香港至上海浦东机场的 MU502/01JAN 航班一票货物 112-10000001 1/1K 缺少运单，请速补运正本运单或传真运单复印件至上海。

2. 多单（FDAW）

FDAW 是 FOUND AIRWAYBILL 的缩写，是指由于始发站的运单操作失误、漏上舱单等导致实际收到的运单与舱单显示的信息不符，发生多收运单的情况。

查询工作人员查看多收运单上的目的港信息，如非本站的运单，应及时安排退回，并电报通知始发站退运详情；如目的港属于本站，还需确认是否有货，进一步确认多单信息，在航班到达后 24 小时内发送电报通知始发站。

示例电报：

QD HKGKFCA HKGKFMU

.PVGFTMU 020935

RE FDAW INFO MU504/01JAN

CN 112-10000012 1/2K HKG/JFK

WE WL RTN ABV AWB TO Y/E BY MU501/02JAN

PLZ ATTN ON DUTY

RGDS/XX
=

电文释义：

接收方——香港机场东航办事处及货运地面代理；

拍发方——东方航空物流公司浦东不正常查询室；

电文内容——香港至上海浦东机场的 MU504/01JAN 航班多收一票货物运单 112-10000012 1/2K，始发站香港，目的站纽约，我们将由 MU501/02JAN 退回此份运单，请注意查收。

3. 少货（MSCA）

MSCA 是 MISSING CARGO 的缩写形式，是指由于分批运输货物、始发站错运或漏运、到达站的错卸或漏卸、理货工作失误等造成实际收到的货物与舱单信息不符，少收货物的情况。

查询工作人员核实航班是否有 OFLD 信息，通过舱单、FFM 报、CPM 报查看实际装机情况，确认少货信息在航班到达后的 24 小时内发电报至始发站要求协助查找。

示例电报：

QD HKGKFCA HKGKFMU

.PVGFTMU 021044

RE MSCA INFO MU506/01JAN

CN 112-10000034 1/4K HKG/PVG RCVD NONE

PLZ CHK N ADV

TKS N RGDS/XX

=

电文释义：

接收方——香港机场东航办事处及货运地面代理；

拍发方——东方航空物流公司浦东不正常查询室；

电文内容——香港至上海浦东机场的 MU506/01JAN 航班缺少一票货物 112-10000034 1/4K，请速查并告知货物情况。

4. 多货（FDCA）

FDCA 是 FOUND CARGO 的缩写形式，是指由于错卸、标签脱落、错运等工作失误造成实际收到的货物与舱单信息不符，多收货物的情况。

查询工作人员应针对多收货物的不同情况分别处理：对于目的港为本站的货物，发送电报通知始发站协助处理；目的港为非本站的货物或始发站不能确认的无运单号的多货，及时退回，并电报通知始发站。无法确认运单号及航班号的货物，3 个月后仍无人认领可交付相关部门处理。

示例电报：

QD HKGKFCA HKGKFMU

.PVGFTMU 091121

RE FDCA INFO MU508/08JAN

CN 112-10000045 1PC DEST PVG

PLZ RUSH FWD AWB TO PVG

TKS N RGDS/XX

=

电文释义：

接收方——香港机场东航办事处及货运地面代理；

拍发方——东方航空物流公司浦东不正常查询室；

电文内容——香港至上海浦东机场的 MU508/08JAN 航班多收一票货物 112-10000045 一件，请速将此货运单运至上海。

5. 破损（DMG）

DMG 是 DAMAGE 的缩写，是指由于货物包装不善或在搬运、装卸过程中的不当操作导致货物到达后发生破损的情况。查询工作人员在航班到达 24 小时将货物破损情况以电报形式通知始发站。

示例电报：

QD HKGKFCA HKGKFMU

.PVGFTMU 021135

RE OUT/PKG DMG INFO MU510/01JAN

CN 112-10000056 2/7K HKG/PVG

AMG 1PC SCRATCHED N BUMPED

PLZ CHK N ADV
RGDS/XX
=

电文释义：

接收方——香港机场东航办事处及货运地面代理；

拍发方——东方航空物流公司浦东不正常查询室；

电文内容——香港至上海浦东机场的 MU510/01JAN 航班中一票货物 112-100000562/7K，其中一件货物发生刮蹭破损，请速告知出运时的情况。

（二）出港航班货物非正常查询流程

查询工作人员接收到航班目的港的非正常货物查询电报之后，根据电报内容联系相关部门，在收到电报后的 24 小时内回复查询信息。电报形式与进港货物不正常的五种形式基本相同，处理方式也基本相同。

思 考 题

1. 填空题

（1）中转货物是指在运输过程中使用_____，需要通过_____或_____的航班及其他运输方式才能运抵目的地的货物。

（2）国内转国际中转货物的运单从始发站运抵中转站时，随附海关制作关封文件，其中主要为_____和_____两份文件。

（3）国内转国际货物转运后，中转操作人员应依据_____向海关发送出口舱单确认信息。

（4）航空运输企业向海关申报国际转国际货物时，需填制_____、_____一式两份，一份交海关，另一份由中转部门留存。

（5）中转操作部门在收到外站发来的关于中转业务电报后，应在_____内给予回复。

（6）填写相应的三字代码：贵重品_____，危险品_____，外交邮袋_____，活动物_____，冷藏货_____。

（7）填写相应的电文缩写：有货无单_____，多单_____，有单无货_____，多货_____，拉货_____。

2. 简答题

（1）危险品中转货物在转运过程中应有哪些注意事项？

（2）巴黎办事处发电报询问 112-12345675 1/20kg CDG/PVG/PEK 中转货物的中转情况，电报号 220712。经核查，货物已由 MU5103/22JUN 航班运往 PEK，请拟一份电报回复巴黎办事处。

（3）1 月 1 日香港到上海的 MU502 航班一票单号为 112-12345675 1/1K 的货物缺少货物运单。请拍发不正常货物电报。

第十章

航空货物进港操作

通过本章的学习，您将了解以下知识点。
1. 国际货物进港流程；
2. 货物的提取以及交付；
3. 仓储费收取计算；
4. 破损处理及无法交付货物处理。

建议课程教学安排 3 学时。

航空货物进港操作是关于货物从到达到提取或转运整个流程的各个环节所需办理的手续及准备相关单证的过程。在航空货物进港操作中，国内货物的交付较为简单，因此，本章主要介绍国际货物进港操作。

一般情况下，航空国际货物进港都遵循以下流程，如图 10-1 所示。

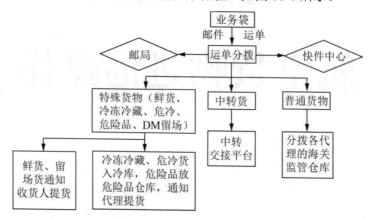

图 10-1　航空国际货物进港操作流程

第一节　航空国际货物进港到达

一、进港航班预报

进港航班预报是航空公司或其地面代理工作人员根据当日航班进港预报填制的航班预报记录，包括航班号、机号、预计到达时间。同时工作人员应预先了解班机进港的货物情况，在每个航班到达之前，通过 FFM 舱单电报、CPM 集装箱状态电报、LDM 载重电报等文件，了解航班机型、货物装机情况及特殊货物的装载情况等信息，以便提前安排好装卸人员、装卸设备和驳运车辆。

二、进港单证作业

进港单证工作人员从飞机上取下航空业务文件袋后，首先将货运单送到海关，在货运单上加盖海关监管章。随后，认真核对舱单和货运单，将货运单号、收货人、货物件数、重量、运单上显示的货物属性，如冷冻、冷藏、危险品、鲜活货物等信息录入电脑系统。根据收货人信息区分代理进行分单业务，将货运单分别交付给相应的代理公司，由其前往海关办理相关申报手续。如有联程中转货物则将中转货运单和中转舱单交出港操作部门，邮件的舱单交邮局。若收货人为实际货主，则发出到货通知书。到货通知书只能发送给：货运单上所列的收货人本人；收货人书面授权提取货物的代理人；由收货单位书面授权的其他提货人。

如图 10-2 所示为某公司的货物到达通知样例。

货物到达通知

NOTICE OF CARGO ARRIVAL

上海东方远航物流有限公司
SHANGHAI EASTERN LOGISTICS Co.,Ltd

……年……月……日（第　次通知）
Day Month Year ……Time Notice

尊敬的……

兹有贵司下述货物已于……月……日由……航班运达上海浦东/虹桥国际机场东航仓库。

Please be notified that shipment mentioned below has arrived at Shanghai on by Flight …… You can pick up the shipment at the Shanghai EasternAir Cargo Terminal, Shanghai Pudong/Hongqiao International Airport.

货运单号码…… 件数…… 重量……
AirWaybill No. Number Of Pieces Weight
包装 Package Type ……
收货人姓名和地址
……
Consignee's name and address
……

提货注意事项：
1. 全天二十四小时可以提货，周六、日及国定假期照常工作。
2. 请在提货前办妥海关手续和其他必要的政府手续。
3. 进口货物及其包装，必须持有关单证向出入境检验检疫机构申报/报检。
4. 自货物到达后十四日内如不提取，我公司将采取适当的措施与托运人联系并按其指示处理货物。
5. 普通货物自货物到达次日起收费，免费保管三天；鲜活易腐货物、危险品、贵重品自货物到达次日起收费，无免费保管期；活动物、尸体骨灰自货物到达当日起收费，无免费保管期。
6. 如运费到付，提货时需付运费和运费到付手续费，人民币……元
7. 提货地址：
……
电话：…… 传真：……

交付收据 DELIVERY RECEIPT IN LIEU OF AIR WAYBILL NO.
兹收到货物……件数……重量……
AirWaybill NO. Number Of Pieces Weight
货物完好无损
By the undersigned Shipment received in good condition.
收货单位（人）……（签章）
Nature stamped by consignee
收货日期……经手人……（签名）
Date of receipt Signature of handling personnel

图 10-2 货物到达通知单样例

舱单上有分批发运货物，应把分批货物的总件数列在货运单之后，且注明分批标志。核对舱单信息过程中，发现缺少舱单所列的货运单证即为少单，整理到舱单上没有的货运单证则为多单，无论多单还是少单都为不正常现象，应将这些情况上报至查询部门进一步处理。

当所有信息核对、录入完毕后，单证人员打印出国际进口货物航班舱单。如图 10-3 所示为某航空公司地面代理目前所使用的国际进口货物航班舱单。

核单结果舱单
I.C.A.O ANNEX 9.Appendix 3

航班号： NH155　　航班日期： 2014-10-28　　飞机号： JA612A
出发站： KIX　　到达站： PVG

运单号	代理	品名	件数	重量(KG)	始发机场	目的机场	处理代码	储运注意	货物流向	提货营业点	海关监管	备注	未结案
BULK													
ML-015510280	JCG	postal matter	58	476.4	KIX	PVG			1张	EL_PVG_E	Y		
205-79935984	USE	CNSLFNE C CNSLFNE C CNSLFNE C	1	18.3	KIX	PVG	SPX/XPS	EXP			Y		
205-75500272	OCS	PARTS SAMPLE ETC	5	87.5	KIX	PVG	SPX	EXP			Y		
205-75292534	OMT	CONSL KAC	6	1,486.5	KIX	PVG	SPX/ICE	DGR/KEEP COOL			Y		
205-75292560	OMT	CONSL KAC	1	347.0	KIX	PVG	SPX/ICE	DGR/KEEP COOL			Y		
205-75292630	OMT	CONSL KAC	12	192.0	KIX	PVG	SPX				Y		
总计：		货物：					5票		25件	2,131.3千克			
		邮件：					1票		58件	476.4千克			
总计：							6票		83件	2,607.7千克			

图 10-3　国际进口货物航班舱单样例

三、进港理货

负责机坪货物装卸和驳运的人员将飞机上所有的货物驳运至理货场地，理货人员与其做交接，检查外包装是否完好（发现破损和短少要及时做好不正常运输事故记录）、核对板箱号、拆箱拆板并清点货物件数，通过电脑系统打印出单证部门根据货运单信息已经录入完毕的舱单，根据该单证进行理货。冷冻冷藏、危险品、贵重品等特种货物放入对应仓库。不需要留场的货物通过海关监管的集装箱卡车驳运至代理公司的海关监管仓库并做交接。

根据货邮舱单理货的过程中，发现缺少舱单所列的货物即为少货，整理到舱单上没有的货物则为多货。无论多货还是少货都为不正常现象，应将这些情况上报至查询部门进一步处理。若确定为分批到达的，则等待货物全部补齐后交付代理或货主。

第二节　国际货物的提取和交付

一、货物到达通知

《中国民用航空货物国际运输规则》第 37 条规定，货物运达目的地后，承运人在未收到其他指示的情况下，应当及时向收货人或者货运单上载明的、经承运人同意的其他人发出货物到达通知。具体操作时，航空公司货运部门一般情况下应在货物到达的当天，通知货运单上所列的收货人前来提取货物，针对特别紧急和有时间性的货物或者需在机场交付的货物，包括危险物品、贵重物品、活动物、尸体、重大件、鲜活易腐货物等，则应在货物到达后立即向收货人发出到货通知。对于运费到付货物,按照有关规定计算费用,连同其他相关事项一并通知收货人。若货运单上既有收货人又注明另请通知人,应同时通知。

航空国际运输的到货通知通常有两种方式:一是电话通知,即将货物的有关事项和提货手续通知收货人,并将通知时间和受话人的姓名记录在货运单上;二是提货通知单书面通知,即填妥提货通知单后寄给收货人,将发出通知的日期记录在货运单上。

发出第一次到货通知后未见收货人前来提货,进港部门应再次通知催请提取。对于收货方未收到或未按时收到到货通知继而产生损失的情况,承运人不承担责任。如运单未能提供清楚的收货人信息,导致通知无法送达,进港部门应及时通知始发站。

二、货物保管及相关费用

货物在提取时也会发生一些费用,比如运费到付的货物在提取时应收取运费和运费到付的手续费。另外,还会产生仓储费、地面代理的进港货物操作费等一系列其他费用。

国际货物从进港卸机后到收货人完成进口清关提货前,处于航空承运人或其地面代理的入库保管之下。一般情况下,普通货物的收货人可以享有 3 天的免费保管期,该免费期从发出提货通知次日起算。超过免费保管期的保管费根据货物类型不同,以每天一定基准数量为单位价格进行计征,同时,以每票货运单为基准还有一个最低收费标准,将每票货运单的最低保管费和前者按照单位价格计算得到的保管费比较,选较高者作为实际征收的保管费。

和普通货物相比,特种货物的免费保管期普遍较短,一般仅免除到达当日的保管费。个别货物,如贵重物品、尸体骨灰等,没有免费保管期,从货物到达目的站的当日起即开始计费,不满一日的按一日计算。对于分批到达的货物,免费保管期限应从通知提取最后一批货物的次日起算。航空承运人或地面代理规定的各类货物免费保管期和保管费征收基准可能不同,具体收费方法应参照各企业公布的价格表执行。下面以某航空公司地面代理的货运站服务价格表为例说明进港仓储的免费保管期和收费标准,如表 10-1 所示。

表 10-1　某航空公司地面代理的仓库保管费列表(2014 年 11 月 1 日生效)

服 务 项 目	收 费 标 准	备 注 说 明
普通货物	0.20 元/千克/日	自货物到达目的站的次日起免费保管 3 天;3 天过后正式开始计费,3 天过后不满一日的按一日计算 最低收费:10 元/票
贵重品	5.00 元/千克/日	自货物到达目的站的当日起即开始计费,不满一日的按一日计算; 外交邮袋或外交货物若存放入贵重品仓库则准予免收 最低收费:50 元/票
危险品	0.50 元/千克/日	自货物到达目的站的次日起开始计费,自次日起不满一日的按一日计算 最低收费:50 元/票
冷冻冷藏 恒温货物	0.50 元/千克/日	自货物到达目的站的当日起即开始计费,不满一日的按一日计算 最低收费:50 元/票

续表

服 务 项 目	收 费 标 准	备 注 说 明
危冷货物（既是危险品，同时也属于冷冻冷藏恒温货物）	0.80 元/千克/日	自货物到达目的站的当日起即开始计费，不满一日的按一日计算 最低收费：80 元/票
精密仪器货物	0.50 元/千克/日	自货物到达目的站的次日起开始计费，自次日起不满一日的按一日计算 最低收费：50 元/票
活动物	（1）主运单实际毛重≤200 千克：100 元/票/日； （2）主运单实际毛重>200 千克：0.50 元/千克/日	自货物到达目的站的当日起即开始计费，不满一日的按一日计算； 主运单实际毛重>200 千克时的最低收费：200 元/票
尸体骨灰	（1）主运单实际毛重≤200 千克：150 元/票/日； （2）主运单实际毛重>200 千克：0.80 元/千克/日	自货物到达目的站的当日起即开始计费，不满一日的按一日计算； 主运单实际毛重>200 千克时的最低收费：200 元/票

例如：一票单号为 205-77586432 2PCS/190KGS 的货物，品名为活动物，于 2014 年 11 月 1 日进港、11 月 3 日出库，计算该票货物的仓库保管费的过程如下：根据公司仓储收费服务价格表，活动物仓库保管费自货物到达目的站的当日起即开始计费，不满一日的按一日计算，而收费标准采用毛重实际小于等于 200 千克的，按照 100 元/票/日来收取，无免费保管期，所以此票货物的仓储费用为 3 天×100 元/票/日=300 元。

再如，一票单号为 205-77536475 3PCS/210KGS 的货物，品名为尸体，于 2014 年 11 月 2 日进港、当天出库，计算该票货物的仓库保管费的过程如下：根据公司仓储收费服务价格表，尸体仓库保管费自货物到达目的站的当日起即开始计费，不满一日的按一日计算，收费标准采用毛重大于 200 千克的，按照 0.8 元/千克/日来收取，最低收费为 200 元/票，所以此票货物的仓储费用为 0.8 元/千克/日×210 千克=168 元，由于最低收费为 200 元/票，所以该票货物的仓储费用应收取 200 元。

三、货物交付程序

进港国际货物无论是卸机后在机场由收货人直接提取还是存入仓库待日后交付，都遵循如图 10-4 所示的交付程序。

（一）查验证明

收货人以公司名义提取货物时，应持有盖有公章的单位

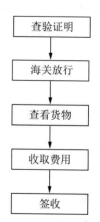

图 10-4 货物交付程序

介绍信或在到货通知的交付收据上加盖公章。当收货人为个人时，则应持个人有效证件，例如身份证或护照，若他人代提还需提供代提人的姓名及证件。货运工作人员查验证件是否完备、有效。

（二）海关放行

在查验收货人证件符合要求后，将货运单“交付收据”联交提货人，由其向海关办理放行手续。海关放行后，交付货物。不能放行的，由海关加封，等候处理。

（三）查看货物

请收货人当场检查货物是否完整无损。如收货人发现货物短缺、破损或其他异常情况，可以向航空公司提出异议，填制运输事故记录说明交付时的外包装状况，作为交涉索赔事宜的依据，如图 10-5 所示。

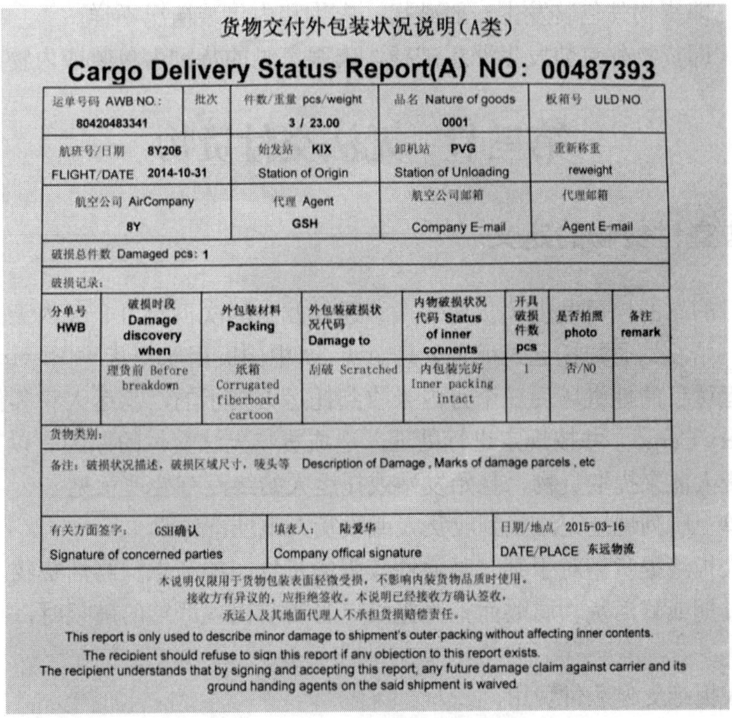

货物交付外包装状况说明（A类）

Cargo Delivery Status Report(A) NO：00487393

运单号码 AWB NO.： 80420483341	批次	件数/重量 pcs/weight 3 / 23.00	品名 Nature of goods 0001	板箱号 ULD NO.
航班号/日期 8Y206 FLIGHT/DATE 2014-10-31		始发站 KIX Station of Origin	卸机站 PVG Station of Unloading	重新称重 reweight
航空公司 AirCompany 8Y		代理 Agent GSH	航空公司邮箱 Company E-mail	代理邮箱 Agent E-mail

破损总件数 Damaged pcs：1

破损记录：

分单号 HWB	破损时段 Damage discovery when	外包装材料 Packing	外包装破损状况代码 Damage to	内物破损状况代码 Status of inner connents	开具破损件数 pcs	是否拍照 photo	备注 remark
	理货前 Before breakdown	纸箱 Corrugated fiberboard cartoon	刮破 Scratched	内包装完好 Inner packing intact	1	否/NO	

货物类别：

备注：破损状况描述，破损区域尺寸，唛头等　Description of Damage , Marks of damage parcels , etc

有关方面签字：　GSH确认 Signature of concerned parties	填表人：　陆爱华 Company offical signature	日期/地点　2015-03-16 DATE/PLACE　东运物流

本说明仅限用于货物包装表面轻微受损，不影响内装货物品质时使用。
接收方有异议的，应拒绝签收。本说明已经接收方确认签收，
承运人及其地面代理人不承担货损赔偿责任。

This report is only used to describe minor damage to shipment's outer packing without affecting inner contents.
The recipient should refuse to sign this report if any objection to this report exists.
The recipient understands that by signing and accepting this report, any future damage claim against carrier and its ground handing agents on the said shipment is waived.

图 10-5　货物交付包装状况说明

收货人请航空公司开具运输事故记录的情况通常有以下几个。

1. 包装货物受损

（1）纸箱开裂、破损、内种货物散落（含大包装损坏，散落为小包装，数量不详）。

（2）木箱开裂、破损，有明显受撞击迹象。

（3）纸箱、木箱未见开裂、破损，但其中液体漏出。

2. 裸装货物受损。

（1）无包装货物明显受损，如金属管、塑料管压扁、断裂、折弯。

（2）机器部件失落，仪表表面破裂等。

3. 木箱或精密仪器上防震、防倒置标志泛红

4. 货物件数短缺（运单与舱单吻合，但实际内包装货物短少）

（四）收取费用

凡是运费到付或在目的站发生的其他费用，如地面运输费、保管费、特种货物服务费等，待收货人或其代理全部付清后方可提取货物。

（五）签收

各项手续完备后，收货人应在货运单的"交付收据"联上签字，并存档备查。同时，发货人也在电脑系统中进行该批货物的出库操作信息核销。

货物破损分为 A、B、C 三类，分类的原则如下。

（1）A 类，即货物外包装有轻微破损，未发生货物内包装和内物损坏。

（2）B 类，即货物外包装发生一般破损，内物和内包装情况不详。

（3）C 类，即货物外包装发生严重破损，肉眼可见的货物内包装或内物破损。

第三节　无法交付货物

一、无法交付货物的定义

货物到达目的站的当日发出到货通知，该通知发出的次日起 14 天内无人提取和收货人拒绝接受货物，始发站通知托运人征求处理意见。《中国民用航空货物国际运输规则》第 41 条规定，货物运达目的地机场后三个月内未收到托运人指示的，承运人将其作为无法交付货物（Non-Delivery Cargo）并按规定进行处理。造成货物无法交付的原因有以下几项。

（1）无收货人前来提取货物，且始发站或托运人始终没有处理意见。

（2）货运单上所列地址无法找到收货人或收货人地址不详。

（3）收货人拒绝提货。对于某些时效性较强的货物，如杂志、鲜活货物，收货人有可能因所运输杂志过期或鲜活货物腐败而拒绝提货。当货物出现严重的破损时，也会碰到收货人拒绝提货。

（4）收货人拒绝支付应付费用。

（5）出现其他影响正常提货的原因。

二、无法交付货物的处理

对于无法交付的货物，除按照货运单上事先列明的办法处理外，进港目的站都应通过电报和始发站联系，在收到托运人对货物的处理意见后，按照托运人的意见做如下处理。

（1）将货物退给托运人（以国内运输为主）。

（2）变更收货人，变更后的收货人只能为一人，不能将货物分别转交给几个不同的收货代理人。

（3）变更目的地。

（4）放弃货物（国际货物上交海关由海关进行处理）。

除货运单上另有特别载明外，通常货物只能交付给货运单上所载明的收货人或者其代理人，但当货物到达三个月还是无法交付收货人，而托运人又未能提出针对无法交付货物的处理意见时，将该货物交付给海关或者其他政府当局也被视为有效交付。前文提到的三个月这一时间节点的依据是《中华人民共和国海关法》（简称《海关法》）第 30 条的相关规定：进口货物的收货人自运输工具申报进境之日起超过三个月未向海关申报的，其进口货物由海关提取依法变卖处理。《海关法》第 24 条规定，进口货物的收货人应当自运输工具申报进境之日起十四日内向海关申报。海关对逾期未申报货物并不立即进行处理，而是给收货人规定了自运输工具进境之日起三个月的宽限期，收货人若在三个月的宽限期内向海关申报，仍可以提取货物，否则进口货物将由海关依法变卖处理。如果进口货物不宜长期保存，海关可以根据实际情况提前处理。

三、无法交付货物的处理费用

海关依法变卖处理的所得价款在扣除运输、装卸、储存和税款等费用后，尚有余款的，自货物依法变卖之日起一年内，经收货人申请，予以发还；其中属于国家对进口有限制性规定，应当提交许可证件而不能提供的，不予发还。逾期无人申请或者不予发还的，上缴国库。如果变卖所得款项不足到付运费和在进港目的站发生的其他费用，不足部分可向始发站填开货运单的空运企业开账。

若货物不易变卖，可直接无价向海关移交。移交货物在目的站产生的到付运费和所有其他费用应一并向始发站填开货运单的空运企业开账。无法交付货物的运费支付方式为到付时，应在始发站发来的运费更改通知书（Cargo Charges Correction Advice，CCA）上更改，发电报向始发站结算所有费用。始发站负责向托运人收取到付运费和目的站产生的所有其他费用。

思 考 题

1. 填空题

（1）当货物到达目的站的时间达到_____还是无法交付收货人，而托运人又未能提出针对无法交付货物的处理意见时，将该货物交付给_____或者其他政府当局被视为_____。

（2）《中国民用航空货物国际运输规则》第 37 条规定，货物运达目的地后，承运人在未收到其他指示的情况下，应当及时以书面通知或者_____的方式，向_____或者货运单上载明的、经承运人同意的其他人发出_____。

（3）进港单证整理和进港理货都需要以_____为准。

（4）海关依法变卖处理无法交付货物的所得价款在扣除运输、装卸、储存和税款等费用后，尚有余款的，自货物依法变卖之日起_____内，经收货人申请，_____；逾期无人申请或者按规定不予发还的，_____。

2. 简答题

（1）简要说明货物交付的一般程序。

（2）列举造成货物无法交付的若干原因。

（3）某客户托运的零部件商品（10PCS/400KGS）分两批运输，第一批 100KGS 于 2014 年 11 月 1 日到达目的站，第二批 300KGS 于 2014 年 12 月 2 日到达目的站后存入仓库，进港部门于 12 月 2 日向客户发出到货通知，最终客户办完手续于 12 月 7 日前往货运站仓库提货，试计算这批货物产生的仓储费用。

注：自货物到达目的站的次日起免费保管 3 天；保管收费标准为 0.20 元/千克/日。

3. 术语英译汉

（1）FFM；（2）MSAW；（3）FDAW；（4）MSCA；（5）FDCA。

第十一章

索赔和理赔

通过本章学习，您将了解以下知识点。
1. 相关国际公约、国内法规；
2. 托运人和承运人各自的责任；
3. 索赔和理赔在实践中的工作流程。

建议课程教学安排3学时。

索赔（Claims）是指国际贸易业务的一方违反合同的规定，直接或间接地给另一方造成损害，受损方向违约方提出损害赔偿要求。理赔（Settlement of Claims）是指违约方受理受损方提出的赔偿要求。可见，索赔和理赔是同一个问题的两个方面。

索赔和理赔的依据主要有两个方面：一是法律依据，即索赔方提出的救济方法必须符合法律、法规的规定；二是事实依据，即理赔方在受理索赔时所需要的文件及其他证明材料。

第一节　法　律　依　据

一、国际公约、议定书

（一）1929年《统一国际航空运输某些规则的公约》

1929年，《统一国际航空运输某些规则的公约》订立于波兰华沙，故称《华沙公约》，其主要内容包括航空运输的业务范围、运输票证、承运人的责任、损害赔偿标准等。

《华沙公约》之后经过了多次修改和补充，其中涉及索赔和理赔的有1955年《海牙议定书》、1975年《蒙特利尔议定书》（第四号）。

（二）1999年《统一国际航空运输某些规则的公约》

1999年，《统一国际航空运输某些规则的公约》订立于加拿大蒙特利尔，故又称《蒙特利尔公约》，其在《华沙公约》及相关议定书的基础上进行了完善和整合，并试图在恢复性赔偿原则基础上，对运输货物的损失建立公平赔偿的规范体系。

《蒙特利尔公约》在其第55条中明确了其与《华沙公约》的关系。一般而言，如某国同为《华沙公约》及相关议定书和《蒙特利尔公约》的缔约国，则《蒙特利尔公约》应优先适用于该国。

二、我国的法律、法规

（一）国内法律

《中华人民共和国民用航空法》第九章中，对航空货运中的"托运人责任"、"承运人责任"、"理赔时限"、"赔偿限额"及"国际公约的适用"等均有相关规定。

（二）国内法规

依照《中华人民共和国民用航空法》的相关规定，中国民用航空局（民航局）相继出台一系列行业规章,对于航空货运索赔和理赔提供了法规依据。

（1）《中国民用航空货物国内运输规则》（民航局第 50 号令，CCAR-275R1）1996 年颁布并实施。

（2）《中国民用航空货物国际运输规则》（民航局第 91 号令，CCAR-274）2000 年颁布并实施。

（3）《国内航空运输承运人赔偿责任限额规定》（民航局第 164 号令）2006 年颁布并实施。

第二节 责　任

一、托运人的责任

收货人在接收货物时应检查货物数量及外包装情况，如未提出异议，则被视为货物以完好状态交付，并符合运输合同规定的初步证据。如有任何异议，收货人可向发行货运单的承运人（第一承运人或最后承运人），或者发生货物遗失、损坏或者延误的运输区段的实际承运人提出。

如果发生货物遗失、损坏或者延误，收货人必须在下列期限内向航空公司提出书面异议，否则就不能对航空公司提出诉讼。

（1）如果货物损坏，应该在提货之日起的 14 天内提出。

（2）如果延误到达，应该在收货人掌管货物之日起的 21 天内提出。

（3）如果货物部分遗失，应该在提货之日起的 120 天内提出，而如果货物全部遗失，应该自填开货运单之日起 120 天内提出。

某些法律体系规定收货人有保护受损货物，以免其受到进一步的损失的责任。换言之，收货人应采取所有可行的、合理的措施让货物的受损程度降到最低。如果收货人可以采取但未采取此种措施来保护货物，航空公司可以在确定最终的赔偿金额时将此因素考虑在内。如果收货人因为货物延误运输或者破损而拒绝提货，这也可以视为收货人没有采取有效措施来防止货物进一步受损，航空公司可以在与收货人协商解决方案时考虑这一因素。

例如，一票货物由洛杉矶运往上海，2014 年 3 月 1 日货物到达上海。收货人提货时发现其中 1 件货物的外包装破损，航空公司随后开具破损报告，收货人当日将货物提走。2014 年 3 月 16 日，收货人向航空公司提出书面索赔，航空公司调查后因超过索赔期限（提货之日起的 14 天内）而拒绝受理。

二、承运人的责任

（1）从货物收运时起，到货物交付时止，航空公司承担货物安全运输的责任。在航空货物运输期间[①]发生的货物毁灭、遗失、损坏而产生的损害，航空公司对收货人或托运人承担责任。

---

① 航空货物运输期间，是指在机场内、民用航空器上或者机场外降落的任何地点，货物处于航空公司掌管之下的全部期间。此期间不包括机场外的陆路、海上、内河等运输过程。但如果陆路、海上、内河等运输是为了履行航空运输合同装载、交付或转运，则在没有相反论据的情况下，所发生的损失也被视为在航空货物运输期间发生的损失。

（2）为了遵守法律、行政法规、命令或要求，或因托运人、收货人或其他有关人未能遵守法律、行政法规、命令或要求，或因航空公司无法控制，直接或间接造成货物毁灭、遗失、损坏或延误的，航空公司不承担责任。

（3）除经证明货物运输中的损害是由于航空公司或其受雇人、代理人的故意或者明知可能造成损害而轻率地作为或者不作为造成的，航空公司的责任将按照规定的限额办理。

（4）货物在航空运输期间因延误造成的损失，航空公司应当承担责任。但是，为了避免损失的发生，航空公司或其代理人或其授权人能证明已经采取了一切必要措施或不可采取此种措施的，不承担责任，但有关国际公约、国家法律、政府法规另有规定的除外。

（5）除国际公约另有规定外，货物运输或附属服务中发生的或者与该项运输或附属服务有关的任何性质的损坏、延误或遗失，除经证明是由于航空公司或其受雇人、代理人的过失或故意行为所造成的，承运人对托运人、收货人或其他有关人不承担责任。

（6）航空公司证明货物的毁灭、遗失或者损坏是由于下列原因之一造成的，航空公司不承担责任：

  a. 货物本身的自然属性、质量或者缺陷；
  b. 航空公司或者其受雇人、代理人以外的人包装货物的，货物包装不良；
  c. 战争或者武装冲突；
  d. 政府有关部门实施的与货物入境、出境或者过境有关的行为。

（7）因下列情况动物受伤、死亡而造成费用支出、损失或损害的，航空公司不承担责任：

  a. 动物因自然原因死亡；
  b. 动物因本身或其他动物的撕咬、踢打、抵刺或闷室行为而造成受伤、死亡；
  c. 动物因本身状况、本性或习性造成或者促成受伤、死亡；
  d. 动物因其包装不良而造成或促成受伤、死亡；
  e. 动物因不能承受航空运输中不可避免的物理环境变化而造成或者促成受伤、死亡。

（8）因自然现象、天气、温度、海拔高度等通常发生的变化，或因过境、中转所需时间而容易造成货物损坏、品质降低或腐坏的货物，航空公司可以接收运输，但对货物因此品质降低或腐坏而造成的损害或损失不承担任何责任。

（9）在与法律不相抵触的情况下，在符合本条件规定的运输中引起间接损害或损失的，无论是否知道此种损害或损失可能引起，航空公司对此不承担责任。

（10）在货物运输中，经航空公司证明，损害或损失是由托运人、收货人或其他索赔人的过错造成或促成的，航空公司所负的责任应当根据公约或适用法律的规定相应免除或者减轻。

（11）托运人和按照适用法律规定应当承担责任的货主及收货人，其财产、货物给其他货物或航空公司财产造成毁灭或损坏的，应当承担责任，并对由此给航空公司造成的全部损失和费用给予赔偿。因货物本身固有的缺陷、质量、瑕疵或包装不良而可能危及航空器、人员或财产安全的，航空公司可以不经通知随时抛弃或销毁货物，对此航空公司不承担责任。

（12）因动物的状况和行为造成或促成动物押运员受伤、伤害或死亡的，航空公司不承担责任。

（13）在国内运输中，对于货物的遗失、损坏或延误，航空公司的赔偿责任以毛重每千克100元人民币为限；在国际运输中，对于货物的遗失、损坏或延误，航空公司的赔偿责任以毛重每千克19个特别提款权（Special Drawing Right，SDR）为限；托运人在托运货物时特别声明在目的地交付时的价值并支付声明价值附加费的,航空公司的赔偿责任以货运单上声明的运输价值为限,但托运人声明的金额不得高于货物在目的地点交付时的实际价值。

(14) 货物的一部分或货物中的任何物件发生遗失、损坏或者延误的,用以确定航空公司赔偿责任限额的重量,仅为该一包件或数包件的总重量;但是货物的一部分或货物中任何物件的遗失、损坏或者延误,影响同一货运单所列其他包件价值的,确定航空公司的赔偿责任限额时,此种包件的总重量也将考虑在内。在没有相反证明的情况下,货物的遗失、损坏或者延误部分的价值计算,应当按照其重量在该货物总重量中所占的比例,从货物的总价值中扣除确定。

例如,一票货物共计 45 件 110 千克,由宁波经上海运往伦敦,2013 年 8 月 23 日货物启运,在上海中转过程中全部遗失,2013 年 9 月 3 日主运单发货人向航空公司提出索赔,索赔金额为 4230 美元(约合人民币 26103.41 元)。航空公司调查后认定:

(1) 索赔人在货物遗失后的 120 天内提出索赔,且提供的索赔材料齐全,因此应予受理。

(2) 按照国际货物运输最高赔偿限额为每千克 19 个 SDR 计算(1 个 SDR 按当时汇率换算为 9.38 元人民币),公司应赔付的责任限额应为

$$110 \text{ 千克} \times 9.38 \text{ 元人民币} \times 19 = 19604.2 \text{ 元人民币}$$

最终,航空公司以 19604.2 元人民币的赔偿限额与索赔人达成和解。

第三节　索赔、理赔流程

一、预索赔

(一)预索赔的提出

如收货人或其代理人在提货时发现异常,应在规定时限内将预索赔函以书面的形式发航空公司。实践中,预索赔函虽没有标准格式,但其中必须包括以下信息:

(1) 主运单号。
(2) 分运单号。
(3) 承运货物的航班日期。
(4) 货物品名。
(5) 货物件数和重量。
(6) 索赔的原因。
(7) 如能确定受损金额,可明确索赔金额。

(二)预索赔的接收

当航空公司收到预索赔后,应向索赔人明示已接收预索赔函并做好记录。之后,航空公司应立即组织对索赔案件进行调查。

二、正式索赔

索赔人必须提供书面材料来证明其有权向航空公司提出索赔,且索赔内容真实、金额合

理。为此，索赔人应在货物遗失、破损和延误发生后尽快提出正式索赔函，并将相关书面材料一并提交。

注：正式索赔函应在货物到达目的地之日起，或航空器应该到达之日起，或运输停止之日起二年内提出。否则，索赔人将被视为丧失诉讼权利，航空公司也可以按"超过时限"为由而拒绝受理。

三、索赔案件调查

航空公司对索赔案件的调查和相关材料的收集是处理索赔案件过程中非常重要的一个环节。航空公司一旦收到"预索赔"或"正式索赔"，应立即开始收集必要的内部信息和数据，包括以下内容。

（1）航班时间。
（2）关于货物的所有内部信息。
（3）货物操作过程中的所有材料。
（4）关于货物在规定温度下储存的任何材料。
（5）任何关于货物检查的材料，如活动物检查单。
（6）任何其他航站关于涉案货物的报告。
（7）任何开具的货物破损报告。

航空公司的内部调查应尽可能地确定该起事故是否发生在航空运输期间，这能够让航空公司确定其是否应该承担赔偿责任。

此外，越早开展调查，越能使航空公司对索赔人提出的主张得以迅速反应。

四、理赔受理

实践中，并非每个航空公司的理赔受理方式都一样。理赔受理的便捷程度、反馈速度及服务质量，都将直接影响客户对于航空公司的满意度和忠诚度。以下仅从三个方面简单列举。

（1）受理权限：有些航空公司在规定金额内可授权外站管理机构直接受理，而当索赔金额超过规定金额时，则必须由公司总部进行受理。有些航空公司则采用在公司总部设立理赔中心，由理赔专员或者受过培训的客服人员进行受理。

（2）技术手段：有些航空公司是通过信息技术来管理其理赔受理，且允许客户在互联网上进行查询和交流。有些航空公司则无法运用这样的技术手段。

（3）文件编号：文件编号的意义在于可以准确定位索赔案件，防止出现偏差。有些航空公司使用运单号和航班日期作为文件编号。运单号码是一串逻辑号码，具有唯一性，且与航空运输合同相关联，因此它常常被用于文件编号。有些航空公司则使用其特有的编号进行管理。

五、审查索赔材料

当所有相关信息和索赔材料收集齐全后，航空公司应对索赔材料进行审核。理赔专员首先审核的应是预索赔和正式索赔提出的时限。如果索赔人没有在规定的时间内书面提出预索赔，或者正式索赔提出时间已经超过二年，航空公司均可以拒绝索赔申请。

如索赔符合时限要求，理赔专员应审查航空公司是否应承担责任，以及现有的索赔材料是否能够支持索赔要求。此外，理赔专员还应考虑在当前适用的法律体系中，航空公司的责任限额是多少。

六、保险理赔

实践中，航空公司承运货物都在其合作保险公司参加了航空保险，每个航空公司与保险公司之间都会规定一个免赔额度。一旦索赔金额超过这个额度，航空公司一般会把案件交由保险公司处理。

七、航空公司理赔流程

本节内容和之后的案例均以东航集团旗下"中国货运航空公司"理赔流程为例，描述航空货物理赔处理的全过程。

（1）理赔受理部门接到索赔案件后，需对案件进行调查，并将理赔信息和处理过程在东航货运系统中进行登记。理赔案件涉及站点的理赔负责人必须配合理赔受理部门调查涉案站点的货运操作情况。

（2）理赔受理部门收到索赔人的预索赔函后，应在预索赔函上签署接收人姓名，填写接收日期，并在东航货运系统中进行登记。

（3）理赔受理部门受理正式索赔时，应审查索赔人提供的索赔资料是否齐全，提出的索赔是否在索赔期限以内，托运人是否就该货物向承运人声明价值。如索赔人未在索赔期限内提出索赔，理赔受理部门可不受理赔偿，但应及时书面通知对方。如索赔人未提供索赔资料或所提供的资料不全，应及时书面通知对方提供相关资料；如索赔人仍无法提供齐全资料的，理赔受理单位可不予受理。不属于东航受理的索赔，在接到索赔要求时，应当及时通知索赔人，告知其应将索赔要求转交相关的承运人。

（4）理赔受理单位应根据调查资料，确定赔偿责任并负责编写货物赔偿处理报告，后附赔偿所需文件。

货物赔偿处理报告包括以下内容：

a. 发货人信息、收货人信息；
b. 货运单号码、件数、重量、损失品名和重量、航班号、日期；
c. 事故的详细情况、处理情况；
d. 索赔人要求的赔偿金额；
e. 理赔受理单位的初步赔偿处理方案等。

由于货物破损而提出的索赔，货物赔偿处理报告后应附的文件包括但不限于以下内容：

a. 预索赔函和正式索赔函；
b. 货物主运单签收联正本或复印件、分运单正本或者副本；
c. 货物运输事故报告或不正常运输记录；
d. 商检报告或其他关于损失的有效证明；

e. 货物的商业发票，维修货物所产生的维修发票，装箱单；
f. 往来查询电报、传真报、信函等；
g. 货邮舱单（包括转运的货邮舱单）、载重平衡表、装机单、交接清单、托运书等；
h. 始发站、中转站、目的站的有关记录（包括各部门的交接清单、监控录像等）。

由于货物遗失而提出的索赔，货物赔偿处理报告后应附的文件包括但不限于以下内容：
a. 预索赔函和正式索赔函；
b. 货物主运单签收联正本或复印件、分运单正本或者副本；
c. 货物运输事故报告或不正常运输记录；
d. 货物的商业发票、装箱单；
e. 往来查询电报、传真报、信函等；
f. 货邮舱单（包括转运的货邮舱单）、载重平衡表、装机单、交接清单、托运书等；
g. 始发站、中转站、目的站的有关记录（包括各部门的交接清单、监控录像等）。

由于延误运输而提出的索赔，货物赔偿处理报告后应附的文件包括但不限于以下内容：
a. 预索赔函和正式索赔函；
b. 货物主运单签收联正本或复印件、分运单正本或者副本；
c. 提货证明；
d. 货物的商业发票、装箱单；
e. 往来查询电报、传真报、信函等；
f. 货邮舱单（包括转运的货邮舱单）、载重平衡表、装机单、交接清单、托运书等；
g. 始发站、中转站、目的站的有关记录（包括各部门的交接清单、监控录像等）。

东航客机和货机所承运的货物已在保险公司加入了航空保险，在下列情况下，理赔受理部门需在受理后的 48 小时内通知公司总部，由其向保险公司报案：
a. 索赔人提出的索赔金额超过 5000 美元的理赔案件；
b. 证实货物是由于被盗而遗失的理赔案件。

索赔金额超过 5000 美元的理赔案件，理赔受理部门需在公司主管部门和保险公司的指导下进行处理，不能在未经公司主管部门和保险公司同意的情况下与索赔人签署赔偿责任解除书。

如事故责任为除东航外的第三方，理赔受理部门应向第三方责任人提出追偿。

索赔金额低于 5000 美元（含 5000 美元）的货物赔偿诉讼仲裁案件，理赔受理部门需在受理后的 48 小时内通知公司主管部门，由公司主管部门上报公司法律部负责处理，公司主管部门负责对诉讼仲裁案件的业务指导和协助，诉讼仲裁案件的和解或者调解必须经过公司主管部门和法律部的确认，产生的成本由中货航承担。索赔金额高于 5000 美元的货物赔偿诉讼仲裁案件，由保险公司负责处理，但应诉方案需以公司主管部门的意见为主，诉讼中产生的成本由保险公司承担，中货航仅承担 5000 美元以下的赔付责任。

东航、中货航驻外办事处或营业部可自行处理理赔案件的权限为 500 美元（含 500 美元）或其等值货币，东航各分公司、子公司、国内营业部的权限为 3000 元人民币，在权限以下的案件，可由外站工作人员编写货物赔偿处理报告，经办事处或营业部总经理审批后直接进行赔偿,但案件需报理赔主管部门备案;赔偿金额在权限金额以上的案件由本站工作人员编写货物赔偿处理报告,经办事处或营业部总经理审核签字后,报公司主管部门批准。

理赔案件审批通过后需让索赔人签署责任解除书,索赔人签署责任解除书后,才能向索赔人支付赔偿款。

货物理赔受理部门负责本站点理赔材料的整理装册及建档管理。理赔档案的存档年限为5年。

八、案例

(一)索赔案件基本情况

一票货物 38 件,共计 530 千克,由德里启运经上海运往洛杉矶。货物于 2013 年 6 月 18 日和 19 日分批运至洛杉矶;2013 年 6 月 19 日,收货人在提货时发现 38 件货物全部受潮,航空公司在洛杉矶的地面代理开具了货损报告;2013 年 6 月 25 日,主运单收货人向航空公司在洛杉矶的地面代理提出预索赔。2012 年 7 月 8 日,主单收货人向洛杉矶办事处提出正式索赔,索赔金额为 29385 美元。

(二)案件处理过程

由于索赔人提出的索赔金额超过 5000 美元,需报保险公司,因此,洛杉矶办事处将案件上报公司主管部门,由公司主管部门将案件报保险公司,同时将理赔案件信息录入公司货运系统。

索赔人向洛杉矶办事处提供了以下索赔材料,同时洛杉矶办事处需向始发站德里调查货物出港情况,向中转站上海调查货物中转情况,查明货物受潮原因。

(1)向地面代理提出的预索赔函。
(2)向航空公司提出的正式索赔函。
(3)主运单复印件。
(4)地面代理出具的货损报告。
(5)商检报告。
(6)装箱单和商业发票。
(7)湿损照片。

根据调查结果,货物受潮发生在上海中转过程,因此航空公司必须承担事故责任;根据商检报告鉴定,38 件货物全损,因此公司主管部门结合保险公司意见,向洛杉矶办事处提供以下赔偿指导意见。

(1)根据商业发票,货物实际损失价值为 10778.1 美元。
(2)根据主运单,货物计费重量为 530 千克,因此最高赔偿限额为

$$530 \text{ 千克} \times 19\text{SDR} \times 1.54 \text{ 美元}/\text{SDR} = 15507.8 \text{ 美元}$$

由于货物实际损失价值低于最高赔偿限额,因此建议以 10778.1 美元赔付给索赔人。

洛杉矶办事处根据公司主管部门的处理意见,与索赔人按赔偿 10778.1 美元的方案进行协商并达成和解,双方签署了《赔偿责任解除书》。最后,洛杉矶办事处将全部案件材料进行归档,并将保存 5 年。

思 考 题

1. 正式索赔应在货物到达目的地之日起，或航空器应该到达之日起，或从运输停止之日起_____内提出。

    A. 一年   B. 二年   C. 三年

2. 某航空公司运输一批货物，自 A 国（《蒙特利尔公约》的缔约国）起运到 B 国（《华沙公约》和《蒙特利尔公约》缔约国），后发生货损理赔。此种条件下，应适用哪个公约？为什么？

3. 某国内航空公司运输一批货物（毛重 500 千克），自天津运往武汉，货主声明价值为人民币 200000 元，收货人在提货时发现货物在航空运输期间受潮，全部毁损，并在规定时限内提出索赔，所有理赔所需要的文件资料均齐全。经调查认定，货物的实际损失约合人民币 150000 元。请问航空公司依照民航规章的规定，应赔付人民币多少元？为什么？

第十二章

国际多式联运及海关报关实务

通过本章学习,您将了解以下知识点。
1. 了解国际多式联运的概念和特点;
2. 熟悉报关的流程步骤。

建议课程教学安排 2 学时。

国际货物的运输不仅仅只有空运一种形式,它们往往是包括海洋、铁路、公路运输多种形式的混合体,掌握多式联运知识可以帮助货主设计一个最经济、最快捷的运输方案,在经济和快捷之间寻找到最佳平衡点。

国际货物运输自始至终都离不开与海关的联系,为了合法、顺利、便捷地从事国际货物运输,必须始终依法从业。

第一节 国际多式联运

国际多式联运是指按照国际多式联运合同以至少两种不同的运输方式由多式联运经营人将货物由一国境内接收货物的地点运送到另一国境内指定交货地点的运输方式。根据此定义,可以看出多式联运有以下几个特点。

(1) 发货人和多式联运经营人签订一份多式联运合同,由于多式联运比单一运输工具运输复杂,由此更可能产生纠纷,所以签订此份合同十分必要。

(2) 国际多式联运至少使用两种不同的运输方式,在这里特别要指出多式联运主要的形式有海陆联运、海空联运、陆空联运,而单种运输形式如海海联运、空空联运、陆陆联运不属于多式联运,而是单一联运。

(3) 国际多式联运必须有一个多式联运经营人对整个货物的全程运输负责。

(4) 自从 1830 年英国首先在铁路上使用装煤的容器以来,集装箱运输经过 100 多年的发展,如今已经成为国际多式联运的基本单元。集装箱既是一种运输装备,又是一种货物,目前广泛使用的集装箱有 20 尺和 40 尺两种,人们常把 20 尺集装箱称为标准箱。

(5) 必须使用全程多式联运单证。

(6) 对货主而言,只需一次付费、一次保险,而全程运费的费率是单一的。从以上的特点可以看出,多式联运的优点是:运输时间缩短,劳动强度减轻,运输费用节省,运输手续简化,货物不易破损。

多式联运的一般操作程序如下。

(1) 货主或其代理人提出申请,与多式联运经营人签订多式联运合同。

(2) 货主或其代理人领取集装箱后进行出口报关、货物检验、货物订舱,并办理货物运输全程保险等。

(3) 货物到达交付领取。

国际上大多数货物的多式联运是以陆海联运的形式完成的,根据习近平主席提出的建设"丝绸之路经济带"的战略规划,中国将大力发展与周边国家的经济贸易。2013 年 9 月 7 日上午,中国国家主席习近平在哈萨克斯坦纳扎尔巴耶夫大学作重要演讲,提出共同建设"丝绸之路经济带"的宏伟设想,这个设想是在古丝绸之路概念基础上形成的一个新的经济发展区域，它的范围包括九个省、市、自治区，分别是西北五省区（陕西、甘肃、青海、宁夏、新疆）和西南四省区市（重庆、四川、云南、广西）。

目前，中华人民共和国与邻国铁路运输的主要车站有：辽宁丹东至朝鲜新义州、吉林集安至朝鲜满浦、吉林图们至朝鲜南阳、黑龙江绥芬河至俄罗斯格罗迭克沃、吉林珲春至俄罗斯卡梅绍娃亚、内蒙古的满洲里至俄罗斯后贝加尔、内蒙古二连浩特至蒙古国的扎门乌德、新疆阿拉山至哈萨克斯坦多斯特克、广西凭祥至越南同登、云南山腰至越南老街。

世界部分空运城市及机场三字代码如表 12-1 所示。

表 12-1 世界部分空运城市及机场三字代码

国　　家	机　　场	三字代码
中国	上海浦东国际机场	PVG
	北京首都国际机场	PEK
	香港国际机场	HKG
韩国	首尔金浦国际机场	SEL
日本	东京成田国际机场	NRT
泰国	曼谷素万那普国际机场	BKK
新加坡	新加坡樟宜机场	SIN
马来西亚	吉隆坡国际机场	KUL
印度	新德里英迪拉·甘地国际机场	DEL
阿联酋	迪拜国际机场	DXB
巴基斯坦	卡拉奇真纳国际机场	KHI
英国	伦敦希斯罗机场	LHR
法国	巴黎戴高乐机场	CDG
荷兰	阿姆斯特丹史基浦机场	AMS
德国	法兰克福美茵国际机场	FRA
	慕尼黑机场	MUC
西班牙	马德里巴拉哈斯机场	MAD
意大利	罗马菲乌米奇诺国际机场	FCO
比利时	布鲁塞尔机场	BRU
爱尔兰	都柏林机场	DUB
奥地利	维也纳国际机场	VIE
瑞士	苏黎世机场	ZRH
丹麦	哥本哈根凯斯楚普机场	CPH
俄罗斯	莫斯科谢列梅捷沃国际机场	SVO
土耳其	伊斯坦布尔阿塔蒂尔克国际机场	IST
澳大利亚	悉尼金斯福德·史密斯国际机场	SYD
加拿大	加拿大皮尔逊机场	YYZ
美国	纽约约翰肯尼迪国际机场	JFK
	芝加哥奥黑尔国际机场	ORD
	洛杉矶国际机场	LAX
墨西哥	墨西哥城华雷斯国际机场	MEX

世界部分海运城市及港口中英文名称如表 12-2 所示。

表 12-2　世界部分海运城市及港口中英文名称

国　　家	海　运　城　市	英　文　名　称
中国	上海港	Port of Shanghai
	香港港	Port of Hongkong
新加坡	新加坡港	Port of Singapore
韩国	釜山港	Port of Busan
日本	千叶港	Port of Chiba
	名古屋港	Port of Nagoya
马来西亚	巴生港	Port Klang
菲律宾	马尼拉港	Port of Manila
印度尼西亚	雅加达港	Port of Jakarta
泰国	林查班港	Laem Chabang
斯里兰卡	科伦坡港	Port of Kolomtota
印度	尼赫鲁港	Jawaharlal Nehru Port
越南	西贡港	Saigon Port
美国	休斯顿港	Port of Houston
	南路易斯安那港	Port of South Louisiana
巴西	桑托斯港	Port of Santos
阿联酋	杰贝阿里港	Port of Jebel Ali
	塞德港	Port Said
阿曼	塞拉莱港	Port of Salalah
荷兰	鹿特丹港	Port of Rotterdam
意大利	焦亚陶罗港	Port of Gioia Tauro
德国	汉堡港	Port of Hamburg
比利时	安特卫普港	Port of Antwerp
南非	伊丽莎白港	Port Elizabeth
英国	菲利斯杜港	Port of Felixstowe
西班牙	阿尔赫西拉斯港	Port of Algeciras
挪威	卑尔根港	Bergen Port
法国	勒阿佛尔港	Port of Le Havre
澳大利亚	黑德兰港	Port Hedland

中国主要沿海港口有：大连港、营口港、丹东港、葫芦岛港、龙口港、蓬莱港、烟台港、日照港、威海港、青岛港、京唐港、黄骅港、秦皇岛港、天津港、连云港、盐城港、南通港、张家港、上海港、宁波港、台州港、杭州港、温州港、福州港、厦门港、泉州港、广州港、深圳港、江门港、珠海港、湛江港、汕头港、中山港、茂名港、三亚港、海口港、八所港、防城港、北海港、钦州港、高雄港、基隆港、香港港、澳门港。

第二节　海关报关实务

海关报关是指实际操作中的报关，即进口货物收货人和出口货物发货人及他们的代理人向海关申报进出口货物的行为。一般分为四个步骤。

一、海关申报

根据《中华人民共和国海关法》，报关企业必须在海关办理了报关登记手册，办理申报手续的人员必须取得报关员资格并在海关注册登记，有进出口经营权的单位不一定有报关权，但是有报关权的单位必须要有进出口经营权。报关的主体通常是进口商和出口商；船舶、车辆、航空器等运输工具负责人；出入境物品所有者及其他们的代理人。

有些报关行仅代理报关业务，并不是货物的生产单位。出入境报关又分为两个方面：一是出入境货物报关；二是出入境物品报关。

在报关时间上，海关有严格的规定，具体如下。

（1）进口企业应当在运输工具入境之日起14日内向海关申报。

（2）出口企业应在货物到达海关监管区后装货的24小时前向海关申报。

海关申报除了常规的申报形式外，还有四种特殊申报方式：提前申报、集中申报、补充申报和定期申报。

二、海关查验

海关为确保申报企业所提出的申报内容的真实性，会对商品的归类、价格、原产地和数量进行查验。

通常海关采用两种方式查验进出口商品，即人工查验和机检查验。另外，根据查验的详细程度，还可以分为抽查、外形查验和彻底查验。

通常海关在接到进口商或出口商的申报材料后，需通知进出口单位或其代理人到场，然后进行查验。在进出口货物查验时必须填写查验记录单，查验结束后由进出口单位或代理人在查验记录单上签字，作为将来查处违规案件和征税的依据。如果在查验过程中发生货物破损，则根据《中华人民共和国海关法》和《中华人民共和国海关行政赔偿办法》的相关规定进行赔偿，除非发生以下情况。

（1）由于当事人或其委托的人搬移、开拆、重封包装或保管不善造成的损失。

（2）易腐、易失效货物、物品在海关正常工作程序所需要时间内（含代保管期间）所发生的变质或失效，当事人事先未向海关声明或者海关已采取了适当的措施仍不能避免的。

（3）海关正常检查产生的不可避免的磨损和其他损失。

（4）在海关查验之前所发生的损坏和海关查验之后发生的损坏。

（5）海关为化验、取证等目的而提取的货样。

海关查验一般在工作时间内进行。查验的地址一般在海关监管区，但是遇到大宗的散货、危险品也可以到现场查验。

三、海关征税

海关征税是国家中央财政收入的一项重要组成部分，也是国家调节宏观经济的一项重要手段，国家将征税的权力赋予海关来实施。通过征税，国家可以保护本国相关产业，限制重要商品出口。关税主要包含进口关税和出口关税。进口关税是由进口正税和进口附加税组成，反倾销税、反补贴税、保障措施关税属于进口附加税范围。走私就是逃避关税的一种违法行为。有些国家为了鼓励出口，对有些货物不但不征税，还会实行出口退税政策，目前我国出口退税的产品主要有纺织品、五金制品、电子产品、化工产品等。所以经常听到进口征税，很少听到出口征税，尤其是空运货物，在海运中国家对能源类产品、稀缺资源性产品往往征出口税。

四、海关放行

放行是指海关根据进出口企业或其代理人提出的进出口货物申报而完成对相关货物真实性的查验，并且相关企业按照国家的相关法律法规缴纳了相关税款后，海关在货运单据上签印放行，此时进口货物可以提取，出口货物可以装运。

海关放行大体可以分为征税放行和担保放行。征税放行是指根据《中华人民共和国关税条例》和《中华人民共和国进出口税则》，属于应征税款的进出口货物，在相关企业缴纳完税款后，海关签印放行。担保放行是指由于某些原因，货物暂时未达到放行要求，在企业提供担保的情况下海关先予放行货物的行为。

与海关报关相关的进口货物操作基本流程（以空运为例）如下。
（1）航空公司向进口商及其代理人发出货物提取通知单。
（2）进口商及其代理人凭货物提取通知单及其他文件向海关申请进口报关。
（3）海关进行查验。
（4）海关对相关进口产品进行征税。
（5）海关敲进口放行章。
（6）进口企业或其代理人从仓库提货。

与海关报关相关的出口货物操作基本流程（以空运为例）如下。
（1）国内出口商与国外的订货商签订货物买卖贸易出口合同，确定货物的品种、数量、规格、运输方式、保险、交货时间、价格等货物出口贸易的基本要件。
（2）根据双方的合同，国内出口商组织生产。
（3）国内的出口商或者国外的进口商联系相关运输公司安排运输。
（4）一般情况下货运代理人办理订舱手续。
（5）有报关资质的出口企业或委托报关代理人填写海关申报单，向海关申请出口报关。
（6）海关进行查验。
（7）海关敲放行章。
（8）出口企业或其代理人装货出运。

思 考 题

1. 简述国际多式联运和国际单式联运的区别。
2. 货物报关的四个步骤是什么？

参 考 文 献

[1] 杨洪涛. 东方航空公司浦东国际机场货运站设计概况[J]. 民航经济与技术，1999（12）：45-47.
[2] 罗勇，王柯. 国航 T3 航空货运站的设计[J]. 物流技术与运用，2011（7）：98-100.
[3] 邓利落. 昆明新机场航空货运站设计[J]. 山西建筑，2009（7）：47-48.
[4] 刘新力. 昆明新机场货运站绿色设计——工艺篇[J]. 物流工程与管理，2014（2）：66-67.
[5] 聂金艳. 从价值链理论看大韩航空货运站建设[J]. 空运商务，2011（17）：31-33.
[6] 王力. 浅析航空货运与货站的分业经营[J]. 空运商务，2009（4）：20-23，31.
[7] 谭晓洪，陈建国，顾承东. 航空货运站效率提升的分析研究[J]. 上海空港，2011（7）：109-112.
[8] 全球排名前十的空运站. 上海空港[J]. 2011（7）：118-120.
[9] MEGAFACTORIES—HIGH-SPEED DELIVERY
[10] 国际航协《危险品规则》第 54 期
[11] 中国民用航空国际运输规则
[12] 中国民用航空国内运输规则
[13] 孙继湖. 航空运输概论[M]. 北京：中国民航出版社，2009.
[14] 东航货运手册
[15] 国货航货运手册
[16] 国际航空运输协会. Airport Handling Manual（AHM）
[17] 国际航空运输协会. ULD TECHNICAL REGULATION
[18] 国标 GB/T723424-2009《超限货物在航空集装器上的捆绑固定》
[19] 民航行标 MH/T1022-2008《航空货物运输垫板使用规范》
[20] IATA. TACT RULES
[21] 肖瑞萍. 国际航空货物运输[M]. 北京：科学出版社，2011.
[22] 廉秀琴. 民航货运员中国民用航空总局运输司，民航总局职业技能鉴定指导中心，2002 年.
[23] 《中华人民共和国民用航空法》
[24] 《国内航空运输承运人赔偿限额规定》
[25] IATA. Cargo Claims and Loss Prevention Handbook 第一章
[26] 《华沙公约》及相关议定书
[27] 《蒙特利尔公约》
[28] Weight and Balance Fundamentals（Boeing）
[29] Operational Performance and Technical Methods（Boeing）
[30] Aircraft Weight and Balance Handbook（FAA）

[31]　747-400ERF-CIQ1-WBM01（Boeing）

[32]　777F-GEF1-WBM05（Boeing）

[33]　Loading Schedule Implications（Boeing）

[34]　777F SHORING GUIDELINES（Boeing）

[35]　LOADING SCHEDULE 777FSUBSTANTIATION DOCUMENT（Boeing）

[36]　Aircraft Weight and Balance Control（FAA AC-120-27E）FAA 咨询通告

[37]　张志魁，林彦群. 民用航空安全检查业务教材[M]. 中国民用航空总局公安局，2000.

[38]　王立军. 安全检查员（上、下）[M]. 民航局职业技能鉴定指导中心，2010.

[39]　"关务通·监管通关系列"编委会. 通关实务操作与技巧——货物、运输工具篇[M]. 北京：中国海关出版社，2012.

参考答案

第一章 航空基础知识

1. 试述国际航空运输协会的宗旨和目的。

（1）为全世界人民的利益，促进安全、正常和经济的航空运输的发展，扶持航空商业并研究与之相关的问题。

（2）为直接或间接从事国际航空运输服务的各航空运输企业提供协作的途径。

（3）与国际民航组织和其他国际组织合作。

2. 简述五种空中自由权。

（1）不降停而飞越其领土的权利。

（2）非商业性降停的权利，即只作技术性降停，如增加燃油、检修飞机等，而不上下旅客、货物、邮件的权利。

（3）卸下来自航空器国籍国领土的旅客、货物、邮件的权利。

（4）装上前往航空器国籍国领土的旅客、货物、邮件的权利。

（5）装卸前往或来自任何其他缔约国领土的旅客、货物、邮件的权利。

第二章 航空货运站

1. 简述下列航空货运站的类型。

（1）DHL 是以快件包裹操作为主的、隶属于航空公司的、仅为自己公司货物提供操作的航空货运站。

（2）东航昆明长水机场航空货运站是以集装货物和散货操作为主的、隶属于航空公司的、作为地面服务代理人为多家航空公司提供货物操作服务的航空货运站。

（3）新加坡 SATS 是以集装货物和散货操作为主的、作为地面服务代理人为多家航空公司提供货物操作服务的中性航空货运站。

2. 根据图 2-10 列出该航空货运站的功能区，并简述各功能区的作用。

国　　际	作　　用
国际营业大厅	办理单证交接、交提货、收费等业务
国际出港收货区（安检口）	货物安检、收运、入库
快件处理区	用于处理快件货物
大件（超限）货物处理区	超限货物装卸，适用大型吊装设备作业
国际出港集装货物组装区（货运站组装/代理组装）	集装货物组装（分为货运站自打板和代理人打板区域）
进港理货区	进港集装货物拆板拆箱、理货及散货理货
危险品暂存区	危险品在库区内的暂存区域，主要用于即将装载的危险品暂存
中转货暂存区	用于中转货物暂存
空侧待运区	货物组装后，进入机坪前的待运
冷冻、冷藏、温控库	存放有冷冻、冷藏或温控要求的货物

续表

国 际	作 用
活动物库	存放活动物
贵重品库	存放贵重品
危险品库	存放 1~9 类危险品
进港装车平台	用于进港理货完成后的货物装车

3. 简述航空货运站根据 IATA 标准地面处理协议提供的服务主要有哪些。

IATA 标准地面处理协议提供的服务主要包括：货物及邮件的处理、特殊货物处理（贵重品、危险品、活动物等）、单证处理、货物查询、ULD 控制及处理、中转货联程服务等。

第三章 航空货运操作实务

1. 简述特种货物的分类。

包括贵重品，活动物，危险品，尸体骨灰，湿货，鲜活易腐货物，强烈异味货物，超大超重货物，武器、弹药、战争物资，作为货物运输的行李。

2. 活动物运输有哪些注意事项？

活动物运输在航空运输中比较特殊，运输途中动物一定要放置在有氧舱，不可与其他普通货物混运，除非全部是活动物。由于活动物的特殊性，运价是附加的且运费不可到付。活动物的运输文件务必提供活动物健康证明书、动物检疫证明书及相关的进出口许可证。活动物的包装是活动物安全运输的重要保证，要清洁，容器应牢固，防止逃逸，同时要有防粪便外溢装置，附加食物应挂拴在动物容器上。容器的大小应考虑活动物合理活动范围。活动物尽量选择直达航班，如必须中转也应订妥全程航班，并收到确认方可起运。

每一种动物都有不同的习性，活动物在运输、寄养途中尽量按动物习性放置，如野生哺乳动物和爬行动物喜暗，应放置在安静、阴凉处，家禽或鸟类放置在敞亮处。实验类动物应与其他动物分开存放。活动物不能与食品、放射性物质、毒性物质、传染性物质、灵柩、干冰等存放一起。存放活动物的区域应定期清扫，每隔 24 小时进行消毒。

3. 什么是危险品？危险品分为几大类？

危险品是指对健康、安全、财产或环境构成严重危害，并在 ICAO《危险品安全运输技术细则》的危险品表中列出并进行分类的物品或物质。危险品分为九大类。

4. 危险品分为哪几个包装等级？

危险品根据其危险性分为三个等级：I 级危险性较大，II 级危险性中等，III 级危险性较小。

5. 例外数量危险品可作为航空邮件运输吗？

不可以。

6. 限制数量危险品可使用单一包装吗？

不可以使用单一包装。

7. 危险品的包装形式和包装类型分别可以分为哪几大类？

危险品的包装分为单一包装和组合包装。单一包装是指在运输过程中，不需要任何内包装来完成其盛放功能的包装，一般由钢铁、铝、塑料或其他被许可的材料制成。组合包装是指由木材、纤维板、金属或塑料制成一层外包装，由金属、塑料、玻璃或陶瓷制成内包装，根据不同需要，包装内还有可以吸附或衬垫材料。

危险品的包装类型分为 UN 规格包装、限制数量包装、例外数量包装和其他类型包装等（不包括放射性物质）。

8. 危险品的标签分为哪两大类？

危险品的标签分为两大类：危险性标签（45°角正方形），绝大多数危险品需要这种标签；操作标签（各种长方形）。

第四章　航空货物安全检查

1. 简要阐述航空货物的程序和范围。

程序：单证审核、X 射线机检查、开箱包检查、爆炸物探测检查。

范围：证件检查、人身检查、车辆检查。

2. 提供的航空货物运输条件鉴定书应满足什么要求？

提供的航空货物运输条件鉴定书应满足以下要求。

（1）航空货物运输条件鉴定书的鉴定机构必须是经过备案且为安检机构认可的。

（2）航空货物运输条件鉴定书必须在有效期内。

（3）航空货物运输条件鉴定书各项目的填写必须规范、齐全，不得有涂改、粘贴等伪造与变造痕迹。

（4）航空货物运输条件鉴定书的暗记及各页敲章必须相互吻合。

（5）对需要提供航空货物运输条件鉴定书原件的，不得仅提交复印件。

3. 证件检查的要求有哪些？

证件检查的要求如下。

（1）所有进入航空货物控制区的人员均需接受证件检查。

（2）证件的有效期应在规定的有效期内。

（3）使用临时通行证时，必须出示有效身份证件原件。

（4）持证人与证件照片必须一致，证件须本人持有。

（5）持证人到达的区域应与证件限定的范围相符。

（6）如证件内配有电子芯片，应在进入机场控制区时，在专用读卡设备上进行识读。

第五章　航空货物运输舱位控制

1. 简述舱位控制的定义。

航班舱位控制是指根据飞机货舱载量和容积的数据，将所接受的订舱货物的重量和体积控制在该数据之内，以便充分、合理地利用航班载量和舱位。

2. 航班舱位数据及计算公式是什么？

舱位航班数据包括货舱载量和货舱容积。其中，货舱载量一般使用飞机货舱的设计载量作为控制依据。货邮可用载量可以通过以下公式计算：

$$货邮可用载量=航班允许最大业载-旅客人数×旅客重量-行李重量$$

货舱容积一般使用飞机货舱的设计容积作为控制依据。其中，货邮最大可用容积可以通过以下公式计算：

$$货邮最大可用容积=货舱容积-旅客行李体积$$

3. 舱位分配的方式有哪些？

舱位分配可以分为协议舱位和开放舱位两种方式。

4. 订舱的内容一般有哪些？

订舱的内容往往包括以下的内容。

（1）航班日期、航班号、始发站、中转站、到达站；对于特种货物都要求全程订妥舱位。

（2）托运人或代理的单位、地址、联系人姓名、电话、传真。

（3）预订吨位货物的件数、重量、货物品名、包装、尺寸、体积和目的站；特种货物还应提供不同于一般普货运输的特种货物信息。

第六章　航空货物装载

1. 简述影响货物装载的几个主要因素。

机型、集装器、飞机货舱轮廓尺寸、飞机货舱结构载荷。

2. 简述飞机货舱结构载荷限制共有几个方面。

飞机货舱结构载荷限制共包含九个方面：线性载荷、面积载荷、货舱载荷、联合载荷、区域载荷、位置载荷、横向非对称载荷、累积载荷、接触面载荷等限制。

3. 简述为什么在集装器上组装超大超重货物时应该在货物下面使用垫板支撑。

为了增加货物的接地面积，使货物重量均匀分布在飞机货舱地板上，防止飞机货舱地板局部负载过大超过面积载荷导致事故发生。

4. 简述为什么超大超重货物组装集装器后必须使用系留带系留固定。

为了防止货物在飞机起飞、降落或转弯过程中发生位移、翻滚，导致飞行事故，影响飞行安全。

5. 要运输如图 6-44 所示的货物，机型为波音 777-300ER，回答以下问题。

（1）该货组装集装器时是否需加垫板？如需加垫板，计算垫板的尺寸。

（2）该货物在集装板上装载时，各方向系留限动所需系留带的数量是多少？

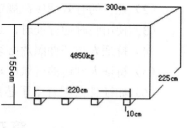

图 6-44　货物 6

（1）垫板计算：

第一步，判断是否需要加垫板。运输机型为波音 777-300ER，确定地板承受力为 976kg/m^2。4850kg÷(2.25m×0.1m×4)=5398kg/m^2，大于 976kg/m^2，所以需要加垫板。

第二步，计算需要加垫板的面积：4850kg×1.04976 kg/m^2=5.17m^2。

第三步，计算需要的垫板面积与受力面积之间的差：5.17 m^2-(2.2m×2.25m)=0.22m^2。

第四步，计算受力面积四周应延长的垫板尺寸：0.22 m^2÷[(2.2m+2.25m)×2]=0.024m。

第五步，计算垫板的长、宽、高：

垫板的长 L=2.2m+(0.024m×2)=2.248m=2.25m；

垫板的宽 W=2.25m+(0.024m×2)=2.298m=2.30m；

垫板的高 H=0.024m÷3=0.008m。

根据垫板高度（厚）至少应为 2cm 的要求，适用的垫板尺寸应为 225cm×230cm× 2cm。

(2) 该件货物在集装板上固定系留所需系留带数量：
向上限动：[(4850kg×1.04) ×3]÷(2267kg×2)=3.3=4（条）；
向前限动：[(4850kg×1.04) ×1.5]÷(2267kg×2)=2（条）；
向后限动：[(4850kg×1.04) ×1.5]÷(2267kg×2)=2（条）；
向左限动：[(4850kg×1.04) ×1.5]÷(2267kg×2)=2（条）；
向右限动：[(4850kg×1.04) ×1.5]÷(2267kg×2)=2（条）；
该件货物系留共需 12 条系留带。

第七章 航空货物配载原理与操作

请根据以下航班的 CBA，学习配载的一系列操作步骤，并填写组装单。

MU575/22JUL   AB6   PVGHKG   19:05   TTL: 198
MAIL   1C
EXPRESS
DHL   500/3
OCS   800/6
PER
REX   1500/9   MUSHROOM

781-87014233   12/150/1   MAGAZINE
87036412   100/1900/12   1L1C   HKG   NSE34023
87170322   50/1500/9   1L   HKG   DNE33381
38421866   20/2500/11   1L1C   HKG   TQT23390

（1）请分别填写快件组装单和鲜货组装单。

货物组装单

航班号/日期：MU575/22JUL   机型：AB6   卸机站：HKG   预计起飞时间：19:05

配载组装要求	运单号	件数	重量	代理人	品名	特货代码	组装记录
1C	/	/	500	DHL	/	EXP	
2C	/	/	800	OCS	/	EXP	

货物组装单

航班号/日期：MU575/22JUL   机型：AB6   卸机站：HKG   预计起飞时间：19:05

配载组装要求	运单号	件数	重量	代理人	品名	特货代码	组装记录
1L	/	/	1500	REX	MUSHROOM	PER	

（2）请填写小货组装单。

货物组装单

航班号/日期：__MU575/22JUL__　机型：__AB6__　卸机站：__HKG__　预计起飞时间：__19:05__

配载组装要求	运单号	件数	重量	代理人	品名	特货代码	组装记录
1C	781-87014233	12	150	/	MAGAZINE		

注：配载组装要求中，如填写"一车"应不为错。如填写"1L"，可视作为错误答案。如填写"拼XXX"也应视作为错误答案。

（3）以上习题中，如组装情况如下，请学习填写配载交接单。

邮件		1C	AKE90017MU	585KG		
快件	DHL	1C	AKE8136MU	650KG		
	OCS	2C	AVE0733MU	490KG	AKE1304MU	485KG
鲜货	EAS	1L	P6P0898MU	1800KG		
小货		1C	AKE99024MU	270KG		
普货	EES	1L1C	PAG20091MU	1650KG	AKE1131MU	460KG
	DNE	1L	P6P7797MU	1700KG		
	TQT	1L	P6P1557MU	2000KG		
总计		4L6C		10090KG		

配载平衡室出港航班交接单（国际客机）

航班/日期：__MU575/22JUL__　起飞时间：__19:05__　配载：_____　平衡：_____

类别	序号	集装器号	重量	备注	类别	序号	集装器号	重量	备注
普货	1	PAG20091MU	1650K		普货	9			
	2	P6P7797MU	1700K			10			
	3	P6P1557MU	2000K			11			
	4	AKE1131MU	460K			12			
	5	AKE99024MU	270K	散舱		13			
	6					14			
	7					15			
	8					16			
鲜货	1	P6P0898MU	1800K		鲜货	3			
	2					4			
快件	1	AKE8136MU	650K		快件	4			
	2	AVE0733MU	490K			5			
	3	AKE1304MU	485K			6			
邮件：AKE90017MU　585K									
OSI：									
TTL：4L5C 另邮 1C								10090K	

注：以上答案中，如AKE99024MU的备注中未注明"散舱"，应视为答案不全，作一定扣分。

第八章　航空货物载重平衡

1. 简述货物装卸的一般顺序。

装机——先装前、再装后：前下货舱→主货舱→后下货舱→散舱。卸机——先卸后、再卸前：散舱→后下货舱→主货舱→前下货舱。

2. 解释什么是无油重量、起飞重量和落地重量。

无油重量是指飞机在未携带燃油的情况下的商务载重量与机重的总和。

起飞重量是飞机在起飞瞬间的重量。

落地重量是飞机在落地瞬间的重量。

3. B2426 PVG—CGO 起飞油量 48000kg，航段耗油 40000kg，基本重量为 159459kg，最大无油重量为 277144kg，最大起飞重量为 412769kg，最大落地重量为 296195kg。请计算该航班的最大允许业载。

（1）APLD=MZFW-DOW=117685kg

（2）APLD=MTOW-(DOW+TOF)=205310kg

（3）APLD=MLDW+T/F-(DOW+TOF)=128736kg

（1）的值最小，故该航班最大允许业载为 117685kg。

第九章　航空货物中转与查询

1. 填空题

（1）中转货物是指在运输过程中使用 <u>同一份航空货运单</u>，需要通过 <u>两个</u> 或两个以上 的航班及其他运输方式才能运抵目的地的货物。

（2）国内转国际中转货物的运单从始发站运抵中转站时，随附海关制作关封文件，其中主要为 <u>出口报关单</u> 和 <u>出口转关运输货物申报单</u> 两份文件。

（3）国内转国际货物转运后，中转操作人员应依据 <u>出口舱单报文</u> 向海关发送出口舱单确认信息。

（4）航空运输企业向海关申报国际转国际货物时，需填制 <u>国际联程转运货物准运单</u>、<u>保证函</u> 一式两份，一份交海关，另一份由中转部门留存。

（5）中转操作部门在收到外站发来的关于中转业务电报后，应在 <u>24 小时</u> 内给予回复。

（6）填写相应的三字代码：贵重品 <u>VAL</u>，危险品 <u>DGR</u>，外交邮袋 <u>DIP</u>，活动物 <u>AVI</u>，冷藏货 <u>PER</u>。

（7）填写相应的电文缩写：有货无单 <u>MSAW</u>，多单 <u>FDAW</u>，有单无货 <u>MSCA</u>，多货 <u>FDCA</u>，拉货 <u>OFLD</u>。

2. 简答题

（1）危险品中转货物在转运过程中应有哪些注意事项？

① 危险品货物应检查该批货物的危险品申报单、检查单等资料是否齐全，货物是否可以使用客机运输，如果是仅限货机承运的货物必须安排货机航班转运。

② 核实货物目的港地面代理是否具备危险品货物操作资质，是否能够正常接收处理危险品货物。

③ 确认货物是否存放在相应的危险品货物仓库，包装和危险品标志是否完好。

④ 危险品货物因故无法中转到目的港或转运过程中发生不正常运输情况时，中转站应及时发电报同始发站联系，征求处理意见。

（2）巴黎办事处发电报询问 112-12345675 1/20kg CDG/PVG/PEK 中转货物的中转情况，电报号 220712。经核查，货物已由 MU5103/22JUN 航班运往 PEK，请拟一份电报回复巴黎办事处。

QD CDGFFMU
.PVGFNMU 231230
RYT 220712
RE 112-12345675 T1K20 CDG/PEK
SHPT HV FWD TO PEK BY MU5103/22JUN STP
RGDS/TONY
=

（3）1月1日香港到上海的 MU502 航班一票单号为 112-12345675 1/1K 的货物缺少货物运单。请拍发不正常货物电报。

.PVGFTMU 02XXXX
RE MSAW INFO MU502/01JAN
CN 112-10000001 1/1K
PLZ RUSH FWD ORGN AWB TO PVG OR FAX AWB COPY
OUR FAX NBR：0086-21-xxxxxxxx
PLZ ATTN
RGDS/XX
=

第十章　航空货物进港操作

1. 填空题

（1）当货物到达目的站的时间达到<u>三个月</u>还是无法交付收货人，而托运人又未能提出针对无法交付货物的处理意见时，将该货物交付给<u>海关</u>或者其他政府当局被视为<u>有效交付</u>。

（2）《中国民用航空货物国际运输规则》第 37 条规定，货物运达目的地后，承运人在未收到其他指示的情况下，应当及时以书面通知或者<u>电话通知</u>的方式，向<u>收货人</u>或者货运单上载明的、经承运人同意的其他人发出<u>货物到达通知</u>。

（3）进港单证整理和进港理货都需要以<u>货邮舱单</u>为准。

（4）海关依法变卖处理无法交付货物的所得价款在扣除运输、装卸、储存和税款等费用后，尚有余款的，自货物依法变卖之日起<u>一年内</u>，经收货人申请，<u>予以发还</u>；逾期无人申请或者按规定不予发还的，<u>上缴国库</u>。

2. 简答题

（1）简要说明货物交付的一般程序。

查验证明，海关放行，查看货物，收取费用，签收。

（2）列举造成货物无法交付的若干原因。

无收货人前来提取货物，且始发站或托运人始终没有处理意见；

货运单上所列地址无法找到收货人或收货人地址不详；

收货人拒绝提货；

收货人拒绝支付应付费用；

出现其他影响正常提货的原因。

（3）某客户托运的零部件商品（10PCS/400KGS）分两批运输，第一批 100KGS 于 2014 年 11 月 1 日到达目的站，第二批 300KGS 于 2014 年 12 月 2 日到达目的站后存入仓库，进港部门于 12 月 2 日向客户发出到货通知，最终客户办完手续于 12 月 7 日前往货运站仓库提货，试计算这批货物产生的仓储费用。

注：自货物到达目的站的次日起免费保管 3 天；保管收费标准为 0.20 元/千克/日。

分批货物的仓储费自最后一批到达后，目的站发出到货通知的次日开始起算，所以 12 月 3 日至 12 月 5 日三天为该票货物的免费仓储期，12 月 6 日至 7 日两天收取仓储费，共计 400×0.2×2=160 元。

3. 术语英译汉

（1）FFM——舱单电报； （2）MSAW——少单；

（3）FDAW——多单； （4）MSCA——少货；

（5）FDCA——多货。

第十一章 索赔和理赔

1. 正式索赔应在货物到达目的地之日起，或航空器应该到达之日起，或从运输停止之日起 __B__ 内提出。

A. 一年　　　　　　　B. 二年　　　　　　　C. 三年

2. 某航空公司运输一批货物，自 A 国（《蒙特利尔公约》的缔约国）起运到 B 国（《华沙公约》和《蒙特利尔公约》缔约国），后发生货损理赔。此种条件下，应适用哪个公约？为什么？

适用《蒙特利尔公约》。理由是：《蒙特利尔公约》在其第 55 条中明确了其与《华沙公约》的关系。一般而言，如某国同为《华沙公约》及相关议定书和《蒙特利尔公约》的缔约国，则《蒙特利尔公约》应优先适用于该国。

3. 某国内航空公司运输一批货物（毛重 500 千克），自天津运往武汉，货主声明价值为人民币 200000 元，收货人在提货时发现货物在航空运输期间受潮，全部毁损，并在规定时限内提出索赔，所有理赔所需要的文件资料均齐全。经调查认定，货物的实际损失约合人民币 150000 元。请问航空公司依照民航规章的规定，应赔付人民币多少元？为什么？

应赔付人民币 150000 元。按照民航规章："托运人在托运货物时特别声明在目的地交付时的价值并支付声明价值附加费的，航空公司的赔偿责任以货运单上声明的运输价值为限，但托运人声明的金额不得高于货物在目的地点交付时的实际价值。"本题中，货主实际损失为 150000 元，高于其声明价值，因此应按实际损失为限。

第十二章 国际多式联运及海关报关实务

1. 简述国际多式联运和国际单式联运的区别。

国际多式联运指至少两种交通工具在至少两个国家之间的连续运输。国际单式联运是单一交通工具在至少两个国家之间的连续运输。

2. 货物报关的四个步骤是什么?

四个步骤是申报、查验、征税、放行。